# 인간과 성서

# 인간과 성서

**초판 인쇄** 2026년 2월 20일
**초판 발행** 2026년 2월 27일

**지은이** 김명배, 김옥주, 김태연, 설충수, 성신형

**펴낸이** 박찬익 | **책임편집** 권효진 | **편집** 이수빈
**펴낸곳** (주)박이정출판사 | **주소** 경기도 하남시 조정대로45 미사센텀비즈 8층 F827호
**전화** 031)792-1195 | **팩스** 02)928-4683 | **이메일** pijbook@naver.com
**홈페이지** www.pijbook.com | **등록** 2014년 8월 22일 제305-2014-000029호
ISBN 979-11-7497-026-8(03230) | **가격** 20,000원

# 인간과 성서

김명배 김옥주 김태연 설충수 성신형 지음

박이정

　본 교재는 학생들이 기독교 전통이 걸어온 길과 그 사상의 깊이를 이해하며, 현대 사회 속에서 인간과 공동체에 대한 보다 넓은 관점을 갖도록 돕기 위해 기획되었습니다.

　본 교재는 크게 네 파트로 구성되어 있습니다. 첫 번째 파트는 공동 커리큘럼으로 숭실대학교의 역사에서부터 한국기독교의 흐름, 성서와 기독교의 핵심 개념, 그리고 인간 이해에 이르기까지 다양한 주제를 포괄하는 내용으로 구성되어 있습니다. 이는 기독교적 세계관이 단순한 종교 지식을 넘어 인간과 사회를 성찰하는 중요한 틀이 될 수 있음을 보여주기 위함입니다.

　두 번째는 '인류문명과 기독교' 영역으로 인간의 존엄성, 힘과 사랑, 아브라함 계통 종교 등 문명사적 관점에서 기독교를 탐구합니다. 과학과 기독교, 포스트모더니즘, 포스트휴머니즘, 생태 위기 등 현대 문명의 주요 흐름 속에서 기독교 사유가 마주한 도전과 가능성을 살펴봅니다.

　세 번째는 '인문학과 성서' 영역으로 성서를 인간 삶의 본질을 비추는 인문학적 텍스트로 읽어내고자 합니다. 용서와 화해, 지도자의 자격, 행복, 변화, 관계, 고난과 고통, 죽음과 부활, 이상 사회 등 삶의 근본적 질문들을 성서를 바탕으로 다룸으로써, 독자들이 자기 삶과 세계를 깊이 성찰할 수 있는 기회를 제공합니다.

　네 번째는 '현대사회이슈와 기독교' 영역으로 정치, 경제, 기후위기, 다문화 사회, 평화와 통일, 기술과 인간의 미래 등 오늘의 복합적 사회 문제를 기독교적 시각으로 바라봅니다. 이는 기독교 신앙과 사회 현실, 가치와 실천의 관계를 함께 고민하고자 하는 교육적 의도를 담고 있습니다.

　본 교재가 완성되기까지 많은 분의 헌신과 지혜가 더해졌습니다. 저와 함께 김명배, 김옥주, 김태연, 설충수 교수님 등 네 명의 전임교원이 집필에 참여하셨습니다. 또한, 함께 강의하시면서 여러 의견을 주신 다섯 분의 겸임 교수님과 여섯 분의 강사 선생님들도 계십니다. 이 모든 분께 진심으로 감사드립니다.

　다양한 전공과 배경을 가진 학생들에게 열린 시각을 제공하고, 인간과 사회, 신앙과 실천에 대한 성찰을 더욱 풍성하게 하는 길잡이가 되기를 바랍니다.

2026년 1월

숭실대학교 [인간과 성서] 주임교수 **성신형**

# Contents

# 공동 커리큘럼

# 1. 숭실대학교의 역사

## Ⅰ. 문제 제기 – 식민지 근대교육의 두 얼굴: 서울과 평양

조선에서의 근대교육은 흔히 서울의 '배재학당'과 '경신학당'의 교육과 평양의 '숭실학당'의 교육이 비교 연구되어 왔습니다. 1885년 조선에 들어온 언더우드와 아펜젤러는 복음전도의 자유가 허락되지 않았지만, 그해 곧바로 서울에서 교육사역을 시작하였습니다. 아펜젤러는 11월에 고종황제로부터 학교설립 인가를 얻어 근대교육의 효시인 '배재학당'을 시작하였고, 언더우드는 이듬해 5월 고아원 형태의 '경신학당'을 시작하였습니다. 평양에서는 청일전쟁이 끝나고, 1897년 10월에서야 베어드가 '평양학당'을 시작하였습니다. 이후 베어드의 평양학당은 1901년 '숭실학당', 1906년에는 '숭실대학'으로 발전하여 한국 최초의 근대대학이 되었습니다. 이 두 지역은 식민지 조선의 교회를 관통하고, 기독교 교육을 규정짓는 중심축이었습니다.

그런데, 이 두 지역 가운데 서울의 교육기관들은 조선총독부와 친화적 관계를 맺으며 학교를 존속시켰습니다. 반면, 평양의 교육기관은 일제의 신사참배에 저항하며 학교를 자진 폐교하는 아픔을 겪어야 했습니다. 이러한 차이는 학교의 교육이념으로부터 비롯되었습니다. 서울은 사회지도자 육성을 목표로 한 '기독교사회교육론'으로 인해 세속적이며 현실 타협적이 되었고, 그에 반해 평양은 교회지도자 육성을 목표로 한 '토착적 기독교교육론'으로 인해 복음주의적이며 정치권력에 저항적이었습니다. 이러한 신학적, 기독교 교육학적 관점의 차이는 1930년대 일제가 태평양 전쟁을 일으키며 신사참배를 강요하였을 때, 평양은 저항, 서울은 타협이라는 구도로 나타나게 됩니다. 그러므로 본 장은 숭실 설립자 윌리엄 베어드의 생애와 그의 교육이념, 그리고 평양과 서울 숭실의 역사를 종합적으로 살펴보고자 합니다.

# II. 개념 설명

## 1. 숭실의 설립자, 윌리엄 베어드(William Baird)

윌리엄 베어드

윌리엄 베어드는 1891년 내한하여 1931년 세상을 떠날 때까지 40년간 한국선교를 위해 헌신하였습니다. 그의 사역은 크게 세 시기로 나눌 수 있습니다. 첫째(1891-1896)는 부산과 대구에 선교지부를 설립하고, 한반도 남쪽의 선교를 담당한 시기입니다. 둘째(1897-1915)는 조선선교부의 교육정책인 "우리의 교육정책"을 입안하고, 평양에 숭실학당(1897)과 숭실대학(1906)을 세운 시기입니다. 이 시기 그는 숭실에서 '토착적 기독교교육론'에 입각한 교회와 사회 지도자 양성에 심혈을 기울였습니다. 셋째(1916-1931)는 1916년 '대학문제'로 숭실 교장 직에서 물러난 후, 1931년 사망할 때까지입니다. 그는 이 시기 주일학교 공과교재 번역 및 출판, 성경번역, 기독교 문서번역 등 문서선교사역에 전념하였습니다.

베어드는 한국 선교 초기 복음전도, 기독교교육, 문서선교에 있어서 탁월한 개척자였습니다. 특히 기독교교육 분야에서는 그만큼 탁월한 업적과 지대한 공헌을 한 선교사도 드물었습니다. 그러기에 미국 선교본부 총무 엘린우드는 베어드를 "언더우드와 마포삼열에 비견할 만한 인물"로 평가하였습니다.

## 2. 토착적 기독교 교육론

한국선교회는 1897년 8월 연례모임에서 선교본부의 총무 스피어(Robert E. Speer) 박사가 참석한 가운데 이 문제를 논의하였고, 베어드가 입안한 <우리의 교육정책>(Our Educational Policy)이 채택되었습니다. 그는 <우리의 교육정책>에서 "미션스쿨의 설립 목적을 토착교회의 발전과 그 지도자를 육성하고 훈련시키기 위해 세워진 것"으로 정의하였습니다. 요컨대 이것은 네비우스 선교방법의 교육방면에 대한 적용으로 소위 '토착적 기독교교육론'이었습니다(박은구, 1995:467). 이 교육정책은 교육기관을 선교현장의 여왕의 자리에서 교회의 시녀로 끌어내렸기 때문에 혁명적이었으며, 그동안 표류해온 선교회의 교육정책의 확고한 방안이었습니다(Richard. H. Baird, 1968:118). 더 나아가 베어드는 미션스쿨의 설립의 목적은 학생들에게 철저히 복음주의적인 기독교 세계관과 가치관을 심어주는 것이라고 말하였습니다.

## III. 주제 강의 1

### 1. 숭실학당의 설립: 중등교육반의 탄생

청일전쟁 후 평양지역에 초등학교 졸업생과 교회 수가 증가하자, 교회를 이끌어갈 지도자를 공급할 중등교육이 절실히 필요하였습니다. 조선선교회는 부산에서 교육경험이 있는 베어드를 조선선교회의 교육고문으로 임명하고, 1897년 평양에 파송하여 중등교육반을 시작하도록 하였습니다. 그러나 아무런 시설도 없고, 준비도 없었으므로 베어드는 우선 1897년 10월 초 그의 사랑방에서 중등교육반을 시작하였습니다. 이것이 '사랑방 학급'으로 불리는 숭실학당의 출발이었습니다.

1년이 지나면서 베어드는 중등교육의 제도화를 위해 1898년 가을 학기에 학생모집을 공고하였고, 약 60여 명의 지원자 가운데 학력, 건강상태, 경제상황 등을 고려하여 18명을 선발했습니다. 교과목은 성서, 지리, 산수, 역사 등을 가르쳤는데, 주요 교과목은 성서였으며, 약 60여 권의 중국과 조선의 각종 서적들을 비치한 도서관도 설치하였습니다. 베어드의 교육정책이 교회성장과 불가분의 관계에 있었기 때문에, 평양에서의 기독교인 수의 증가와 비례하여 숭실학당의 학생 수 또한 늘어났습니다. 학생과 학급 수가 증가하자, 베어드는 선교부지원금 700원과 스왈렌 선교사의 기부금 1,800원으로 1901년 4월 11일 신양리 39번지의 학교 부지에 7개의 큰 교실을 둔 첫 교사를 건립하였습니다.

교사가 완공된 후, 베어드는 자신의 교육철학을 반영하여 숭실학당의 교육언어를 조선어로 정하고, 부인과 함께 미국의 중등교육 교과서를 조선의 실상에 맞게 번역, 편찬하여 출판하였습니다. 베어드는 또한 숭실학당 내에 학생자조부를 설치 운영하였는데, 이는 선교부가 모든 교육비를 지출하는 예수교학당의 운영의 실패를 거울삼아, 학생의 반 정도는 등록금을 스스로 지불하면서 재학하고, 나머지 반 정도는 학생 자조부를 통하여 스스로 노동하여 그 수입으로 등록해 공부하도록 하였습니다. 이처럼 베어드는 숭실학당의 초기 단계부터 명확한 교육이념과 확고한 방법론으로 중등교육의 확립을 위해 온 힘을 다하였습니다.

## 2. 숭실대학의 설립: 국내 최초 고등교육의 효시

19세기 말 뉴욕과 에딘버러에서 에큐메니칼 선교대회가 개최되었습니다. 이 선교대회는 피선교지에서 교파간 연합사업의 추진을 장려하였습니다. 한국에서도 선교사들 사이에 교파간 연합사업 안이 공론화 되었고, 베어드는 1905년 6월 북감리교선교회 총회에 참석하여 한국 내 고등교육에 있어서 장로교와 감리교의 협동 방안을 제의하였습니다. 감리교가 이 제안을 받아들여 1906년 '숭실학당' 내에 '대학부'가 설치되었습니다. 이로

평양 숭실 캠퍼스

써 국내 최초의 근대대학, 고등교육의 효시인 '숭실대학'이 탄생하였습니다.

'숭실대학'이 출범하자, 장로교는 교수진으로 교장인 베어드 부부와 맥큔, 모우리, 맥머트리 등을 임명하였고, 감리교는 베커와 빌링스, 루퍼스 등 세 사람을 지원하였습니다. 장·감 선교회의 연합으로 학생 수가 급속히 증가하자, 교사 증축의 필요성이 대두되었습니다. 베어드는 평양 교인들과 주민들로부터 6,000원과 미국 제일감리교회로부터 2,500달러를 기부 받아 과학관을 건립하였습니다. 1912년에는 선교회의 기부금 7,000달러와 미국교회의 도움으로 3층 양옥의 대학본관 건물을 준공하였습니다. 이 밖에도 기상대, 박물관, 체육관, 기숙사, 기계창, 교수사택 등을 설치하여 당대 최고의 캠퍼스가 되었습니다.

한편, 베어드는 숭실대학의 수업연한을 4년으로 정하고, 초기 교과목으로 성서, 수

학, 물리학, 자연과학, 역사학, 인문과학, 어학(영어), 변론, 음악 등을 가르쳤습니다. 1912년에는 물리, 생물, 화학, 농학, 임학, 지질학, 광물학 등 자연과학과 경제학, 경제사, 사회학, 민법 등 사회과학분야의 과목들을 개설하여 명실상부한 대학의 교과과정을 마련하였습니다. 이 같은 '숭실대학'의 설립은 에큐메니칼 운동에 근거한 교회연합사업의 이상적인 모델이었으며, 대학의 시설과 교과과정은 조선선교회 교육시스템의 최정점에 위치하고 있었습니다. 베어드는 10년이라는 짧은 기간에 초등학교로부터 대학부까지 일관한 기독교학교체제를 관서지방에 건립한 것이었습니다.

## 3. 대학문제의 발생: 숭실대학과 연희대학의 탄생

에큐메니칼 흐름에 의해 '조선에 하나의 연합대학' 구상이 떠 오른 것이 1912년이었습니다. 하지만 그 설치 장소에 대해 평양이 좋은지 서울이 좋은지 여부가 초점이 되어 조선의 각 선교부에서 대논쟁이 일어났습니다. 이른바 '대학문제'였습니다. 이 문제의 발단은 1912년 3월 감리교 선교부의 결의였습니다. '전 한국에 하나의 대학을 설립하여 운영하되 그 대학의 위치는 서울로 한다'는 이 결의는 평양 숭실대학의 폐교를 의미하는 것으로 선교부를 대표하는 교육위원회에 상정되었습니다. 교육위원회가 각 선교부의 의견을 조사하자, 북장로교, 남장로교, 호주장로교 선교부는 모두 평양 숭실대학을 폐교하고 서울에 다른 대학을 설립하려는 감리교의 주장을 극력 반대하였습니다. 그러나 감리교 측이 주장을 철회하지 않자, 교육위원회는 이 문제를 표결에 부쳤습니다. 표결 결과 교육위원회는 대학위치로 평양을 지지하였고, 선교사들도 평양 63표 서울 37표로 평양을 지지하였습니다. 교육위원회는 그 결과를 미국의 합동위원회에 보고하고 이 문제의 결정을 위임하였습니다.

교육위원회로부터 위임을 받은 미국의 합동위원회는 이 문제를 검토하였습니다. 그러나 합동위원회는 대학의 위치로 서울을 정하였고, 미국 선교본부도 이를 승인했습니다. 한국선교부는 즉각 이를 거부하였고 길고도 격렬한 항의를 지속하였습니다. 1915년이 되면서 한국선교부는 대학문제의 최종해결책으로 미국 장로회 총회에 호소하였습니다. 총회는 이 문제에 대한 보고를 받고 또 많은 서신들을 검토한 후 평양 숭실대학의 존치와 서울에 새로운 대학의 설립을 허락하였습니다. 그리하여 감리교

는 1914년 평양 숭실의 경영에서 탈퇴하고 1916년 서울에서 장로교 선교사 언더우드
와 조선 기독교대학, 곧 연희대학을 발족시켰습니다.

대학문제의 후유증으로 베어드는 1916년 3월 31일 숭실대학 교장직을 사임하였고,
안타깝게도 언더우드는 암이 발병하여 1916년 미국에서 서거하였습니다. 이 대학문
제는 대학의 설치 장소분아니라 교육이념과 성격에 관한 문제였습니다. 선교사들 사
이에는 '평양이 복음적'이고 '서울은 세속적인 교육'을 중시한다는 이해가 있었습니
다. 곧 숭실대학의 '토착적 기독교교육론'과 연희대학의 '기독교사회교육론'의 대립
이었습니다.


## 4. 베어드가 숭실에 끼친 영향

1897년 조선선교부의 제안으로 장로교의 공식적 교육정책인 <우리의 교육정책>
을 입안했을 때, 베어드는 미션스쿨의 목적을 토착교회의 설립과 교회를 섬길 복음
전도자 양성에 두었습니다. 그의 교육이념은 그의 생애의 황금기를 몸담아 온 평양
숭실대학의 교육현장에서 구체적으로 실천되었고, 해방 후 서울에서 숭실대학교를
재건 한 후에도 그의 교육이념은 커다란 영향을 미쳐왔습니다.

첫째로 베어드의 <교육이념>에 양향을 받은 다수의 숭실인들은 학교를 졸업하고
신학교에 입학하여 한국기독교계의 쟁쟁한 지도자가 되었습니다. 숭실에서 배출한
대한예수교장로회 총회장으로 김선두, 정인과, 한경직, 명신홍, 강신명, 김형모, 안광
국, 신후식, 방지일, 이수연, 박종순 등이 있으며, 이외에도 박형룡, 김성락, 박윤선, 강
태국, 김양선, 신태식, 이승하, 이용남, 조성기, 임승안 등이 기독교계의 지도자로서 활
약했습니다. 현재도 전국적으로 활동하고 있는 숭실 출신의 목회자로는 오정현, 주승
중 목사를 비롯하여 2천여명에 이르고 있습니다. 이와 같이 숭실이 복음전도에 헌신
하고 다수의 한국 기독교계의 지도자를 배출할 수 있었던 것은 복음전파와 복음전도
자 양성이라는 숭실의 설립자 베어드의 교육이념에 기인한 바 크다 하겠습니다.

둘째로 조선어로 교육하는 베어드의 '토착적 기독교 교육론'은 숭실인들에게 민족
의식과 국가의 자주, 독립사상을 고취시켰으며, 숭실을 민족운동의 본거지로 만들
었습니다. 1910년 일어난 105인 사건에는 숭실의 교장 베어드, 교사인 마펫, 스왈른,

번하이젤, 벡커, 맥큔, 휘트모어, 그레엄 리, 블레어 등을 포함하여 재학생과 졸업생 21명이 연루되어 재판을 받았습니다. 1917년에는 숭실의 졸업생들인 장일환, 배민수, 김형직, 안세환, 김인준 등을 중심으로 비밀결사조직인 조선국민회를 조직하여 민족 독립운동에 나섰습니다. 3.1운동 때에는 숭실중학출신의 선우혁 선생이 서북지방의 기독교지도자들을 규합하여 평양을 중심으로 한 서북지역의 만세운동을 이끌었고, 숭실중학 출신의 김창준과 박희도는 민족대표 33인에 가담하였습니다.

1919년 손정도는 상해임시정부의 설립에 가담하여 임시의정원의 의장을 맡아 수고하였고, 1920년대 초에는 조만식이 조선물산장려운동을 주도하였고, 1920년대 말에는 숭실의 교장 맥큔은 조만식, 배민수. 정인과와 더불어 농촌계몽운동을 지도하였습니다. 1929년 광주학생의거 때에는 김양선이 숭실전문학교 학생들을 규합하여 평양학생만세시위를 주도하기도 하였습니다. 이 밖에도 숭실출신으로 독립운동에 가담하여 국가보훈부로부터 서훈을 받은 독립운동가가 92명이 되고 있습니다. 이처럼 일제시대 다수의 숭실인들이 민족운동에 나섰던 것은 숭실의 설립자 베어드의 조선어로 말하는 <토착적 기독교교육> 이념이 그 근저에 뿌리를 내리고 있었기 때문이었습니다.

셋째로, 숭실대학교의 과학기술교육은 베어드의 실용주의적이고 과학을 중시하는 교육이념에 영향을 받은 것이었습니다. 평양 숭실대학은 베어드의 영향으로 설립 초기부터 과학기술교육을 중요시했습니다. 1907년에 이미 과학관을 세워 과학교육에 관심을 기울였습니다. 숭실대학은 처음에는 문과로 시작하였으나 어느 시점부터 이과를 설치하여 교육하였고, 1925년 숭실대학이 전문학교로 개편된 뒤에는 문과와 이과 양과를 운영하다가 1928년부터는 농과를 인가 받아 운영하였습니다. 베어드는 숭실 기계창을 만들어 공학과의 설치를 모색하였습니다. 그는 숭실대학에서 한국사회의 '근대적 진보'에 공헌하기 위하여 공학과의 설치를 구상했던 것입니다. 이것은 베어드가 한국의 미래지향적 산업으로서 공업을 중시했고, 공업분야의 지도자를 양성하고자 했던 것을 말합니다.

그러나 한국근대산업의 발전을 위한 평양숭실대학의 공학과 설치의 꿈은 1971년 서울 숭실대학교에서 김형남 박사에 의해 공과대학이 설립됨으로써 이루어졌습니다. 뿐만아니라 공과대학은 IT 대학으로 분리되어 한국사회에서 과학기술교육을 선도하고 있습니다. 이러한 숭실의 과학기술교육은 설립자 베어드의 실용주의적이고 과학기술을 중요시하는 교육이념에 힙입은 것이라 할 수 있습니다.

## IV. 주제강의 2

### 1. 숭실전문학교 체제로 개편

1919년 3.1운동을 경험한 조선총독부는 사이토 마코토 총독의 교육방침에 따라 1921년 1월 임시교육조사위원회를 개최하여 일본 본토의 교육제도에 준거한 학제의 개혁을 심의케 했고, 1922년에는 교육령을 전면 개정하여 제 2차 <조선교육령>을 공포하였습니다. 그런데 일제는 1922년 <조선교육령>을 개정하면서 조선에 있는 전문학교나 대학도 일본의 '전문학교령'과 '대학령'을 따르도록 하였습니다. 이에 따라 숭실대학은 1925년 전문학교로의 개편을 강요당하였고, 기존의 문과와 이과 중 문과만 인가를 받아 숭실전문학교로 개편되었습니다. 비록 전문학교로 격하 개편되었지만 교육 내용은 더욱더 충실해졌습니다. 1934년 당시의 교과목은 성경, 수신, 국어, 국문학, 조선어, 문학개론, 영어, 영문해석, 동양사, 서양사, 논리학, 심리학, 윤리학, 동양철학, 철학사, 사회학, 교육심리학, 교수법, 경제원론, 법학통론, 정치학, 생물학, 천문학, 영국문학사, 미국문학사, 음악 체조 등 어학과 인문과학, 사회과학, 그리고 예체능에 이르기까지 다양한 교과목을 교수하였습니다.

한편, 1928년 교장을 취임한 윤산온은 기존에 교육해오던 이과의 전문부 인가와 농과의 신설을 위해 다양한 계획을 가지고 전문교육 수준의 제고에 노력하였습니다. 그는 이과의 인가를 위해 대강당과 기숙사를 신축하였고, 본관의 증축을 실시하였으며, 물리와 화학 실험실을 보강하였습니다. 또한 농과의 신설을 위해 교수진을 대폭 강화하고, 농업실습관을 건축하여 양돈, 양잠, 과수 실습장을 확보하였습니다. 이러한 노력의 결과 1931년 3월 조선총독부로부터 농과의 정식인가를 받아 수원고등농림학교(서울농대 전신)와 어깨를 겨루는 농과 고등교육기관이 되었습니다. 윤산온은 농과설치 이외에도 기존의 기계창 안에 있는 목공과 철공 양부를 확장하여 공과를 설치하고자 하였으며, 여자 가정과를 설치하여 장차 명실상부한 종합대학의 면모를 갖추어 나가고자 하였습니다. 하지만 1930년대 중반 이후 일제의 신사참배 강요로 인하여 숭실전문학교는 학교를 자진 폐교하였고, 공과대학의 꿈은 서울 숭실에서 이루게 되었습니다. 이처럼 숭실전문학교는 1920-30년대 국내의 최고의 교육시설과 교수진을 갖추고 근대교육을 실시하였습니다.

## 2. 신사참배 거부와 숭실의 폐교

일제는 1931년 만주사변을 일으켜 대륙침략을 시작하면서 이를 뒷받침할 사상통일을 이루기 위해 신사참배를 강요하기 시작하였습니다. 그리하여 평양에서는 1932년 9월 처음으로 '만주사변 1주년 기념 전몰자 위령제'를 개최하고 기독교계 학교도 참석하도록 하였습니다. 그러나 숭실전문학교를 위시한 10여개의 기독교학교는 신사참배는 종교적 의식으로 이해하고 행사참여를 거부하였고, 일제는 기독교학교에 대해 감시를 시작하였습니다.

일제가 신사참배 거부를 이유로 직접적인 제제를 가한 것은 '평양 기독교계 사립학교장 신사참배거부사건'이었습니다. 1935년 11월 평남 도청에서 개최된 공·사립 중등학교 교장회의에서 도지사가 평양신사에 참배할 것을 요구하자, 숭실전문 교장 맥큔은 교리와 양심상 이에 응할 수 없다고 거부하였습니다. 이를 계기로 평남지사 야스다케는 금후 신사참배 불응 시에는 단호한 조치가 있을 것임을 경고하였습니다. 일제의 강경한 태도에 평양선교사회는 12월 교장 윤산온의 집에 모여 신사참배문제를 토의하여 종교적 이유를 들어 거부키로 결정하고 이를 도 당국에 전달하였습니다. 이에 평남지사는 윤산온과 마포삼열을 도청으로 조치하여 신사참배를 재차 강요하였고, 불응 시 교장의 사표 제출과 학교를 폐쇄하겠다고 협박하였습니다. 일제의 강압에도 불구하고 윤산온과 마포삼열은 평양선교사회를 소집하여 신사참배 문제를 재차 토의에 붙이고, 평양신학교 교수 박형룡과 산정현 교회 주기철 목사의 의견을 물은 후 신사참배 거부를 다시금 천명하였습니다. 이에 총독부는 1936년 1월 20일 윤산온의 숭실전문 교장직을 취소하였습니다.

북장로회 선교회는 한때 교회지도자들 사이에 역사 깊은 학교의 폐교는 삼가야 한다는 여론이 있어 숭실전문 교장에 모의리 선교사를 선임하고, 학교의 존속을 꾀하

기도 하였습니다. 그러나 날이 갈수록 일제의 신사참배 강요가 노골화 되고, 남장로
회가 신사참배는 종교행위라는 것을 엄격히 규명하고 폐교를 불사한다는 '풀톤성명'
을 발표하자, 북장로회 선교회는 1937년 10월 29일 40년간 이어져 온 근대고등교육
의 효시 숭실중학과 숭실전문의 자진 폐교를 결정하고 총독부에 폐교원을 제출하였
습니다. 그리하여 1897년 창설된 숭실학당에서 발전한 숭실전문은 숭실중학, 숭의여
학교와 함께 1938년 3월 자진폐교하였습니다.


# V. 주제강의 3

## 1. 숭실대학의 재건: 서울 상도동 캠퍼스 시대의 개막

1945년 해방이 되자, 숭실동문들은 숭실대학 재건을 위해 기성회를 조직하였습니
다. 그러나 북한에 소련군이 진주하고 김일성의 공산정권이 수립되자, 동문들은 숭
실재건의 꿈을 접고 탄압을 피해 월남하지 않을 수 없었습니다. 월남한 동문들은 서
울에서도 숭실대학의 재건을 꾀하였으나 1950년 한국전쟁이 발발하자 또 다시 꿈을
접게 되었습니다.

1953년 7월 한국전쟁이 끝나자, 그해 12월 17일 동문들은 영락교회에서 모임을 갖
고 '제1회 숭실대학 재건 기성회'를 개최하여 숭실재건을 위한 재단을 구성하기로 하
였습니다. 30일에는 '숭실대학 재건을 위한 재단이사회'를 조직하고, 이사장에 배민
수, 학장에 한경직을 선임한 후 정부에 '재단법인 숭실대학'의 인가를 신청하였습니
다. 숭실대학의 설립청원서가 제출되자, 정부의 중앙교육위원회는 1954년 4월 12일
숭실대학 설립청원서를 통과시키고, 15일에 문교부가 문학부(영문학과, 철학과, 사학과)
와 법경학부(법학과 경제학과)로 이루어진 숭실대학 설립(정원 200명)을 인가하였습니다.
대학설립이 인가되자, 대학당국은 1954년 4월 16일 '재단법인 숭실대학' 이사회를 개
최하여 영락교회 교육관을 임시교사로 정하고, 이사회 등 학교 기구를 설치하였습니
다. 그리고 자진폐교 한지 16년이 지난 1954년 5월 10일 '숭실재건 1회 개교식과 입학
식'을 거행하여 서울에서 다시 대학교육을 실시하게 되었습니다.

그러나 서울 숭실대학은 아직 대학 부지도 교사도 없었습니다. 재단이사회는 교사 건축을 위한 기금조성위원을 선정하고 부지조성과 기금확보를 위해 노력을 경주하였습니다. 그 결과 1955년 4월 서울시로부터 상도동 1번지의 부지 3만 3,477평을 불하받았고, 이듬해 9월 8일 이 부지 위에 석조 2층 1,037평의 신축교사를 착공하였습니다. 신축교사 착공 후 1년이 지난 1957년 6월 마침내 석조본관을 비롯하여 기숙사 대운동장 조성공사를 마무리하고 입주함으로써 상도동 캠퍼스 시대의 막을 열었습니다. 초창기 상도동 캠퍼스는 교육환경이나 주변교통상황이 미비하였지만, 교육규모가 점차 확대되어가면서 대학으로서의 면모를 갖추어 가기 시작하였습니다.

## 4. 종합대학교 승격과 교명 환원: 숭전대학교과 숭실대학교

숭실대학이 재건된 후 1967년 제 3대 학장에 취임한 김형남은 공과대학 설립과 종합대학교로의 승격을 통해 숭실 중흥의 전기를 마련하였습니다. 그는 학장에 취임한 후 1968년 화학공학과와 섬유공학과, 1969년 전자공학과, 기계공학과를 신설하여 평양숭실대학의 숙원사업이었던 공학교육을 시작하였습니다. 이를 위해 제 1.2 공학관, 웨스트민스터 채플과 도서관 등 교육시설을 건립하여 대대적인 시설개선을 이루었고, 1967년에는 김양선 교수의 기증으로 대학부설 '한국기독교박물관'을 건립하기도 하였습니다.

한편, 1971년이 되면서 대학당국은 단과대학인 숭실대학을 명실상부한 종합대학으로 발전시키기 위해 ''대전대학과의 통합을 논의하였습니다. 그 결과 1971년 12월

서울숭실캠퍼스

문교부로부터 종합대학 인가를 받아 '숭전대학교'로 개명하였습니다. '숭전대학교'로의 개편으로 서울과 대전 두 캠퍼스에 대학원과 총 5개 단과대학(서울 3개, 대전 2개), 21개 학과의 종합대학으로 도약하였고, 인문교육의 강화, 과학기술교육의 선도, 사회봉사활동의 강조 등으로 본교의 교육이념을 실천해 나갔습니다. 그러나 문교부의 지방소재대학 육성책에 의해 발전한 대전캠퍼스는 통합된 지 12년만인 1982년 '한남대학교'로 분리 독립하였습니다. 분립 후 서울 숭전대학교는 6개 단과대학과 2부 대학에 34개 학과를 갖추고 새롭게 출발하였습니다. 대학원 석, 박사과정과 중소기업대학원, 산업대학원 등의 특수대학원을 설립하였고, 중앙도서관 신축과 전자계산원 증축을 통해 교육환경을 대폭 개선하였습니다.

　1986년이 되면서 숭실의 역사적 전통과 정신을 되찾기 위해 교명환원운동이 일어나 11월에 교명을 다시 '숭실대학교'로 환원하였습니다. 이때 정관도 변경되어 '학교법인 숭실재단'으로 바뀌었습니다. 교명환원을 계기로 정체성을 회복한 숭실은 시대적 요청에 부응하여 대학구조를 대폭 개편하면서 질적, 양적으로 성장해 나갔습니다. 우수교원을 확충하여 연구의 내실을 다지는 한편, 학원의 팽창에 맞추어 교육시설을 정비하여 현대화하고 학생복지 공간을 확충해 나갔습니다. 특히 2000년대에 들어서면서 통일시대와 4차 산업혁명시대의 교육수요에 맞추어 형남공학관, 조만식기념관, 학생회관, 창의관 등을 신축하여 교육환경의 질적 변화를 이루었고, 기독교적 창의인재양성을 위해 숭실공동체 구성원 모두가 매진하고 있습니다.


## VI. 참고문헌


김명배,『세계교회사 전통에 비추어 본 한국기독교』, 서울, 북코리아, 2011.
박정신,『숭실과 기독교』, 서울, 숭실대학교출판부, 2013.
숭실대학교 100년사편찬위원회,『숭실대학교 100년사』, 서울, 숭실대학교출판부, 2007.

1. 윌리엄 베어드 선교사의 선교활동과 기독교 교육이 조선의 근대교육과 숭실에 끼친 영향은 무엇인가요?

답:

_______________________________________________

_______________________________________________

_______________________________________________

_______________________________________________

_______________________________________________

_______________________________________________

_______________________________________________

_______________________________________________

_______________________________________________

_______________________________________________

_______________________________________________

_______________________________________________

_______________________________________________

1. 숭실대학교의 설립자 윌리엄 베어드의 교육사상인
토착적 기독교교육론은 무엇일까요?

2. 대학문제의 발생의 원인과 그 결과에 대해 토론해 보십시오.

3. 숭실대학교의 자진폐교의 원인이 무엇인지 토론해 보십시오.

4. 서울 숭실대학교의 재건의 의미에 대해 토론해 보십시오.

# 2. 한국 기독교의 역사-어떻게 한국에 기독교가 들어왔는가?

## I. 문제 제기

일반적으로 역사란 일어난 모든 사건을 말하기도 하며 또한 역사가가 기록한 역사를 가리키기도 합니다. 일어난 모든 사건을 누군가(역사가)에 의해 해석되고 표현되는 과정 즉 기록된 것이 역사라고 불릴 수 있습니다. 이 때문에 E. H. 카(Carr)는 역사를 일어난 모든 사건 즉 사실과 역사가의 부단한 상호작용 또는 과거와 현재의 끊임없는 대화라고 주장했습니다. 이런 역사에 대한 이해를 통해 우리는 흘러 지나간 시간과 사건들이 과연 지금의 나에게 어떤 의미를 주는지 부단히 대답을 찾아나가야 하는 자세를 지녀야 한다고 봅니다.

그럼 이런 역사에 대한 이해에 기초해 한국교회사를 어떻게 볼 것인가? 한국교회사에 대한 이해, 즉 기독교의 한국 전래와 수용과정을 이해하는 것은 기독교가 한국 사회와 문화의 토양 위에 뿌리를 내리는 정체성 확립과 관계된 일입니다. 특히 한국교회와 함께 해온 숭실대학의 역사를 살펴보면, 한국교회사에 대한 이해는 바로 숭실의 역사를 이해하는 기초이고 숭실이 한국교회와 어떤 밀접한 연관성을 지녔는지를 알아가는 길이라고 볼 수 있습니다.

숭실인이 바라보는 한국교회사는 어떤 입장이어야 할까요? 평양에서부터 시작한 숭실대학은 선교사가 세운 학교이지만 무수한 민족 지도자를 양성하며 한국교회와 사회의 중추역할을 하는 학교였습니다. 이에 우리는 숭실의 역사발전과 함께 좀더 포괄적인 시각에서 한국교회사를 대할 필요가 있습니다. 과거 평양숭실에서 보여줬던 실증적이고 과학적인 입장을 강조하며 인재를 양성했던 관점에서 한국교회사에 대한 총체적인 이해를 시도하며 또한 민족문제의 해결을 위해 선도적인 입장에서 폐교를 결심했던 모습처럼 한국교회사를 민족의 현실 문제 해결과 미래에 책임성 있는 관점으로 연구할 필요가 있습니다.

## II. 개념 설명-한국교회사를 어떤 관점으로 읽어낼까?

그 동안 한국교회의 역사를 연구하는 대표적인 관점은 선교사의 입장과 민족교회론적 입장으로 구분되었습니다. 선교사 입장은 즉 "교회사는 그 본질에서 선교사이다. 또한 선교사가 되어야 한다. 교회는 기독교사상의 한 중간적 존재이다. ─이 중간적 존재체인 교회의 철두철미한 사명은 복음선포이다. 기독교사는 처음부터 지금까지 선교사로 일관되어 왔다. 이러한 입장에서 볼 때 우리 한국개신교사도 선교사가 되어야 한다. 선교사를 외인 선교사에 의한 피선교의 과정으로 해석하여서만은 아니 된다. 기독교 2천년사에서 교회의 흥쇄는 교회에서 행한 전도활동의 소장에 있었고, 전도활동의 소장은 신도들의 신앙허실에 좌우되어 왔다. 전도는 교회의 지상명령이다." 그러나 이런 선교사중심의 관점은 곧 비판을 받습니다. 민경배 교수는 다음과 같이 지적하길, "사료의 대부분이 선교사를 파송한 나라의 교회와 인사들에게서 수집되었다고 하는 일방성을 가진다. 한국교회 입장의 고백과 증언이 전혀 고려되고 있지 못한 것이다."고 했습니다.

역사는 다양한데 이를 중심이 되는 한 집단으로만 보면 편향된 시각이 형성됩니다. 특히 선교사라는 복음을 전달하는 입장만 고려하면 이 복음(기독교)이 어떻게 수용되고 발전하며 사회적 영향을 미치는지에 대해서는 간과하기 쉽습니다. 이에 한국교회를 주체로 하는 민족교회론적 입장이 등장했습니다. 즉 한국교회가 민족의 문제에 어떻게 대응하고 해결해 나가느냐를 역사 서술의 중요 내용으로 삼았습니다. 이에 이 입장은 교회와 민족, 혹은 종교와 사회의 연결원리를 내연과 외연이라는 독창적인 체계로 이해해 한국기독교사를 내면에서 불타는 기독교 신앙의 내연 체험과 외연 현상으로 해석해 한층 생명력 있고 주체적인 역사서술을 시도했다고 평가됩니다.

그러나 민족교회사관의 한계는 "외연의 범위를 주로 그리고 우선적으로 외세에 국한시키려는 경향이다. 따라서 한국사회 내부의 문제 보다는 외세와의 정치적 대결에 초점이 두어짐으로써 한국사회 내부의 광범위한 사회 경제적 요인들은 초점거리에서 벗어나고 만다. 이것은 민중부재의 정치체제 중심의 사관이라고 할 수 있다."[1] 민족교회론 입장에서 보면, 민족의식을 일으키고 이를 체계적으로 해석해낼 수 있는 지식인들의 외세에 대한 저항 등이 한국교회사의 핵심이 되어야 한다는 것입니다. 그러나 이런 지식인 중심의 민족사관은 민중부재라는 비판을 받으며 교회의 역사가 민중 계층의 평신도, 무명의 헌신적 기독교인들로 이루어질 수 있음을 주목하게 했습니다. 이런 사관에 주의하여 포괄적인 역사이해를 시작할 필요가 있습니다.

## III. 주제 강의

### 1. 한국 땅 밖에서의 한국선교

개신교가 한국에 관심을 갖기 시작했을 때 한국의 상황은 국내외적으로 급격한 혼란이 만연해 있었습니다. 열강의 침략과 미약한 국력을 갖고 개방된 세계에 노출되어 느끼는 허탈과 초조는 널리 퍼져 있었습니다. 또한 종교의 진공상태가 조성되어 역사적으로 전성했던 선이나 불교 및 유교의 정신적 자산이 고갈되어 있었고 이 때문에 민중의 심원한 종교적 갈망은 채워질 경로가 없었습니다. 그리고 과거 천주교가 남긴 대역모반의 인상 때문에 개신교의 한국선교는 민족을 위하고 민중에게 위로를 주는 길로 나아갈 수 있었습니다.

선교사들은 한국에 들어오기(1885년) 이전부터 한국 땅 밖에서 한국선교를 시도했습니다. 이것은 성서번역과 밀접한 관련이 있었습니다. 1875년 만주에서 존 로스(John Ross)와 조선 청년들이 성서를 한국어로 번역했습니다. 로스는 1872년에 중국에 들어와 당시 상해의 스코틀랜드 성서공회 윌리엄슨(Alexander Williamson)의 요청으로 만주 개항장 영구(營口)로 갔습니다. 그곳에서 언어를 습득하고 한국선교를 준비했습니다. 그는 당시 청국과 조선국의 국경으로 합법적인 교역이 가능한 고려문으로 가서 한국 상인들을 만나 한문성경을 팔며 전도했습니다. 로스가 접한 사람은 이응찬, 김

---

1) 한국기독교역사연구소, 『한국기독교의 역사I』(서울: 기독교문사, 2008), 7.

진기, 백홍준, 이성하, 이익세, 최성균, 서상륜 등으로 주로 의주출신 지식인이며, 그들은 개방적이고 독립적인 의식을 소유했습니다. 로스를 통해 이들은 새로운 문화와 사회질서에 대한 도전을 받았습니다. 처음에는 한국어 교사로 이후 성서번역의 협력자로 그리고 매서인으로 서간도와 한국 땅에서 활동하며 기독교의 초석을 다졌습니다. 로스의 성서번역은 1882년에 <예수셩교누가복음젼셔>를 시작으로 1887년에는 <예수셩교젼셔>신약을 완성, 출판했습니다.

1883년 이수정은 일본에서 성서를 번역했습니다. 이수정은 개화파 지식인으로 임오군란 때 민비를 구출한 공을 인정받아 1882년 박영효를 따라 근대문물을 배우기 위해 일본에 갔습니다. 당시 그는 일본의 기독교인 농학자 츠다센(津田仙)을 통해 기독교를 접하고 그가 준 한문성서를 읽음으로 기독교인이 되었습니다. 이수정은 당시 일본주재 미국성서공회 일본지부(American Bible Society, Agency of Japan) 총무 루미스(H. Loomis)를 통해 한국어 성서번역을 권유받았습니다. "그의 최대 소망은 성서를 자기 민족에게 보내는 것입니다. --- 그는 한한(漢韓=Chino-Corean) 성서번역을 하는 것이 어떻겠느냐는 나(루미스)의 제안을 이미 받아들여 성서 번역작업을 시작하였습니다. 그리고 내가 어제 확인한 바로는 이미 마태복음 전체와 마가복음의 상당부분은 완성되어 있는 상태였습니다." 이수정은 1884년에 일본 요코하마에서 <현토한한신약전서>를 간행했으며, 이듬해 <신약마가젼복음셔언해>를 간행했습니다. 물론 이렇게 시작된 성서번역은 이후 한국에 온 선교사들에 의해 계승되어 지속적으로 번역사업을 전개했으며 또한 한국신도들이 이 일에 동참했습니다.

## 2. 선교의 자유와 초기 선교활동

우리나라에 처음 선교사가 들어온 것은 1885년 4월에 장로교의 언더우드(Horace G. Underwood)와 감리교의 아펜젤러(Henry G. Appenzeller) 그리고 스크랜튼(Mary F. Scranton)이 제물포항을 통해 한국에 들어왔습니다. 이들은 선교의 윤허를

언더우드와 아펜젤러 선교사

받은 것은 아니었습니다. 따라서 이들은 교육과 문화 의료 사업에 착수하여 기독교 문명의 거대한 이용후생의 힘을 발휘하였습니다.

## 1) 의료선교

개신교는 서구의 현대 의술을 도입해 의료선교를 주도했습니다. 한국의 전통의료기관은 대부분 한방의(韓方醫)와 무당의 활동뿐이었습니다. 알렌이 한국에 왔을 때 갑신정변이 일어났습니다. 이때 알렌은 수구파인 민영익을 치료함으로 고종의 궁정의사로 임명되었고 이후 한국 최초의 국립병원 광혜원(후에 제중원으로 개칭되고 세브란스병원이 됨)을 건립했습니다. 감리교 여선교사 하워드는 부인병원인 보구여관을 개설했습니다. 이외에 1893년 한국선교위원회는 의료사업을 선교사업의 하나로 결정하고 전국 각 도시에 병원을 세우기로 결정했습니다. 이에 따라 전국에 기독교병원이 설립되었으며 이로써 의료선교를 전개해 나갔습니다. 일본에서 활동한 북감리교 선교사 맥레이(R. S. Mclay)는 알렌보다 먼저 한국선교의 가능성을 타진하면서 개화파 김옥균의 중재로 1884년에 입국해 고종을 알현하고, '학교와 병원'사업을 할 수 있다는 허락을 받기도 했습니다.

복음전도와 교회설립 등 적극적인 의미의 선교활동은 조선 정부의 태도와 당시 사회의 보수적 분위기 때문에 본격적으로 실시하기가 어려웠습니다. 이 때문에 개신교는 직접적인 복음전도보다 학교와 병원사업을 통한 간접선교 방식을 취해야 했습니다. 서울과 지방에 많은 병원과 진료소가 개설되었고, 지방의 병원이나 진료소를 찾는 한국인들은 거의가 돈 없고 소외되는 민중계층이었습니다. 이들에게 거의 무료로 진료해 줌으로 민중계층이 기독교를 접하게 되는 좋은 계기가 되었고, 또한 기독교에 대한 편견을 교정하는데 큰 도움이 되었습니다.

## 2) 교육선교

개신교는 서방식 신교육제도를 도입해 교육선교를 주도했습니다. 아펜젤러는 배재학당(후에 배재대학)을, 언더우드는 1886년5월에 고아들을 모아 '언더우드 학당'으로 불리는 고아원학교를 시작했으며 이것은 1905년에 경신학당으로 정착해 오늘의 경신학교의 모체가 되었습니다. 1886년 스크랜튼 여사(M. F. Screnton)는 여성들을 위한 기독교학교인 이화학당을 세웠습니다. 이외에도 지방에서 선교부 또는 지역 교인들과 합동으로 설립한 기독교 학교들이 계속해서 늘어났습니다. 교육선교는 의료선교보다 복음전파에 보다 효율적인 도구였습니다. 평양 숭실학교에서 가르쳤던 샤록스(A. M. Sharrocks)는 1901년 보고에서, "학교 사업이라든가 학생들의 자질이나 성실성을 종합해 볼 때 확신하게 되는 바는, 점증하는 학교의 효율성과 가치성이 교회나 선교회에만 보람을 줄 뿐 아니라 한국을 복음화시키는 데에 생생하고도 가능성 있는 요인이 될 것이라는 점이다"라고 했습니다.

1885년부터 1909년까지 전국에 세워진 사립학교는 장로교가 605개, 감리교가 200개, 그리고 성공회와 천주교가 세운 학교를 합쳐 전체적으로 약 950개의 학교에 이르렀다고 합니다. 당시의 관공립학교의 총수는 불과 60개이며, 학생 총수도 12,732명에 지나지 않았습니다. 이외에도 맹인들을 위한 맹인학교와 고아원과 장애인 시설 등이 설립했습니다. 한국교회의 교육선교는 한국사회의 근대화에 공헌했다고 볼 수 있습니다.


## 3) 문서선교

개신교 문서선교는 성서번역으로부터 시작되었습니다. 만주와 일본에서 성서번역이 이루어졌으며, 선교사들이 정식적으로 한국에 온 이후에도 성서번역은 꾸준하게 이루어졌습니다. 1887년에 성서번역위원회가 조직되어 본격적인 성서번역 사업에 착수했으며, 이후 1893년에 상임성서실행위원회를 두고 그 밑에 성경번역자회를 두어 성서번역을 진행했습니다. 이런 결과로 1906년에 공인역본 <신약젼셔>가 나왔고 1910년에 구약 전체가 번역이 되었으며 1937년에는 <개역성서>가 출간되었습니다. 성경번역은 지식인분만 아니라 일반 민중계층을 염두에 두고 진행된 것으로 성서보급을 통해 당시 민중의 의식을 깨우는 영향을 미쳤습니다. 성서번역 이외에도 개신교는 <찬셩시>등 기독교 교리와 전도문서 등을 발간했습니다. 이외에도 1889년 "예수교서회"가 창립되어 많은 서적을 한글로 출판했으며 또한 한글주간지『조선그리스도인회보』,『기독신보』,『그리스도신문』,『신학월보(神学月報)』등과 영문저널 *The*

*Korean Repository(1892,1895-8), The Korea Review(1900-1905), The Korean Mission Field(1905-1942)* 등을 통해 당시 서구열강의 식민지 침탈 하에서 문호개방과 개화사상을 전개해 민중을 각성시켰습니다.

한국교회는 이외에도 청년, 여성, 계몽운동 등을 전개해 한국사회개혁을 주도했습니다. YMCA가 결성되어 개화파 지식인들, 예를 들어 박영효, 민영환, 윤치호, 이상재, 유성준 등이 배출되었고, 한국 여성에게 교육의 기회를 제공하기 위해 여자학교가 설립되었습니다. 또한 여우회를 통해 축첩을 반대했으며 교회 안에서 여성교육을 통해 여권을 신장했습니다. 한국교회는 여러 사회활동을 통해 기독교적 인권사상과 민주주의가 교회로부터 훈련되고 확장되어 나가도록 노력했습니다. 특히 한국교회는 일제 식민통치 상황을 인식해 보다 적극적인 민족계몽운동과 교육사업을 전개했습니다. 이로써 한국교회는 한국사회와 문화에 적응하면서 사회를 변혁하고 역사를 창출할 수 있는 능력을 지닌 종교임을 나타내었으며 이로써 당시 하층민뿐만 아니라 지식인들까지도 흡수할 수 있는 동력을 제공했습니다.

한국교회는 또한 교회의 토착화를 위해 중국의 네비우스 선교정책(Nevius Mission Method)을 수용했습니다. 1890년 네비우스는 장로교 선교사들의 초청으로 한국을 방문해 그 선교방법을 소개했습니다. 장로교 공의회는 오랜 토의를 거쳐 1893년 이 선교정책을 정식적인 한국선교정책으로 채택했습니다. 이 정책에 따라 한국교회는 첫째, 부녀자와 노동대중을 선교대상으로 삼았으며, 둘째, 초등교육사업에 치중했으며, 셋째, 한국교회의 자치적인 전도사업을 전개할 수 있었습니다. 사실 이 네비우스 선교정책에 대해 한국교회 안에 부정적인 평가도 있지만, 짧은 기간 안에 한국교회의 양적 성장과 재정자립 및 토착교인들의 자의식 개발에 기여했다는 긍정적인 평가도 있습니다.[2] 물론 이것은 이후 평양부흥운동에서 드러난 교회의 자립(Self Support) 운동과 자치(Self Government)운동 등에서 더욱 구체적으로 영향을 미쳤습니다.

---

2) 이덕주,『한국 토착교회 형성사 연구』(서울, 한국기독교역사연구소,2000), 35-36. 주재용,『한국 그리스도교 사상사』(서울: 대한기독교서회,1998), 54-55. 반면 부정적인 평가에는 토착 전도인 양성과 신학교육을 선교사들이 독점함으로 교회와 목회자의 질적 저하현상이 나타나고, 자립정책을 지나치게 강조하여 '개교회주의'가 팽배하여 교회의 사회적 책임이나 참여의식이 저하되며, 선교사에 의해 주입된 신학교육으로 인해 한국기독교의 극도로 보수적이고 배타적인 신앙과 신학이 형성되었으며 그리고 선교정책을 수행하는 과정에서 선교사들이 서방 기독교문화와 신학 우월주의를 극복하지 못하고 한국교회의 자율성을 억압함으로 '토착교회 육성'이라는 본래 의도와는 달리 한국기독교의 서구종속과 식민화를 강화시켰습니다.

## 3. 1907년 대부흥 운동

1907년 평양 장대현(章台峴)교회를 중심으로 대부흥 운동이 일어났습니다. 이 부흥운동은 선교사들의 기도모임이 도화선이 되었습니다. 1903년 원산에서 감리교 선교사들은 중국에서 선교활동을 하던 화이트(M. C. White) 여선교사의 내한을 계기로 기도회를 가졌습니다. 이 모임은 장로교 선교사 및 일부 한국 교인 그리고 동아기독교(침례교)의 인사들까지 참석한 연합기도회 모임으로 발전했습니다. 기도회 모임 중 하디(R. A. Hardie: 캐나다 출신 의료선교사로 남감리회에서 파송됨)선교사가 자신의 무력함을 고백하는 통회의 기도를 드렸습니다. 그는 과거 3년 동안 강원도 일대에서 나름대로 최선의 노력을 다하였으나 아무런 결실이 없었던 자신의 무능함을 솔직히 털어놓았던 것입니다. 뿐만 아니라 실패의 원인이 자신의 신앙적인 허물, 즉 한국인 앞에 백인으로서의 우월의식과 자만심에 찼던 권위주의에 있었음을 고백했습니다. 이런 회개운동은 원산, 평양, 삼남지방 목포(木浦)까지 전국각지에 부흥운동이 전개되었습니다.

한국교회는 이 부흥운동을 통해 기독교의 순수한 신앙과 정신을 한국사회에 뿌리내릴 수 있었으며 한국기독교인의 윤리의식 형성에도 크게 기여했습니다. 또한 성경공부와 기도를 강조해 이후 한국교회의 성경중심 신앙을 발전시켰습니다. 그러나 부흥운동은 지나친 정교분리원칙을 견지해 한국사회가 직면한 민족문제를 등한시했으며, 결과적으로 피안적인, 말세적인, 신비주의적인 신앙이 교회의 중심적인 신앙형태가 되게 했습니다. 이로써 이후 한국교회가 보수와 진보로 나뉘는 교회의 분열과 신학의 분열을 초래하는 원인을 제공했습니다.

한국교회의 조직 면에서도 부흥운동은 영향을 미쳤습니다. 부흥운동은 선교사 간의 협력뿐만 아니라 선교사와 한국인 신자 사이의 이해와 화해를 도모해 결국 1907년 9월17일 평양 장대현 교회에서 장로교 최초의 노회를 결성할 수 있었습니다. 이 독립된 노회(the independent Presbytery of Korea)[3]는 평양신학교 1회 졸업생 7인 즉, 한석진, 서경조, 양전백, 길선주, 방기창, 이기풍, 송인서를 목사로 안수했습니다. 이로써 조선장로교 최초의 목사들을 배출하게 되었습니다. 이외에 감리교도 1905년 한

---

3) 서방선교회와 교회로부터 직접적인 통제를 받지 않는 정치적으로 독립된 노회를 말합니다. 이 때문에 독노회라 불렀습니다.

국선교연회(Korea Mission Conference)와 1908년 한국연회(Korea Annual Conference)를 통해 서방선교회와 교회로부터 독립된 조직을 결성할 수 있었습니다.[4] 이와 같이 부흥운동을 통해 일어난 교회의 자치운동은 그 네비우스 선교정책의 방향을 계승할 뿐만 아니라 서방교회로부터 독립된 조직을 통해 한국기독교의 토착화 운동을 증진시켰습니다.

한국교회의 부흥운동은 외적으로 당시 주변국가 기독교에 영향을 미쳤습니다. 교회사학자 라투레트는 지적하기를, 1908년 한국교회의 부흥운동을 통해, 뚜렷한 종교적 운동(remarkable religious movement)이 만주에서 일어났다고 했습니다. 중국 요양과 봉천에서 선교활동을 하고 있던 장사정(张赐祯)과 호만성(胡万成) 목사 등이 평양 부흥운동을 직접 목도하고 돌아가 중국교회의 부흥과 재건을 위해 부흥사경회 운동을 전개했다고 합니다. 뿐만 아니라 한국교회의 부흥운동은 중국산동성에 보낸 한국 선교사들을 통해서도 중국교회에 전달되었습니다.

길선주 장로는 다음과 같이 말했습니다. "우리는 불원에 우리나라 전역에 복음을 전파하게 될 것이다. 그렇게 되면 흑암 속에 묻혀 있는 수억의 중국인들에게 미국 교인들이 우리에게 한 것처럼 선교사를 보내어 그리스도를 통한 구원의 도를 전하는 의무를 수행하게 될 것이다."

1907년은 한국 역사적으로 국권상실의 시기입니다. 이 시기에 한국교회는 부흥운동을 통해 도탄에 빠진 백성을 위로했습니다. 이로써 한국교회는 도덕성을 향상했으며, 성경을 중심으로 하는 복음주의적 자세(신학)를 확립했습니다. 그리고 점차 서방선교회와 독립된 조직으로 발전해 나갈 수 있었습니다. 다시 말해 부흥운동은 한국교회의 영적인 깊이를 더하는 신앙운동이었습니다. 부흥운동은 이제 한국교회가 더 이상 어린 교회가 아니라 영적인 성숙을 지향하는 교회로 발전하는 계기가 되었습니다. 부흥운동을 통해 점차 해외선교를 지향하게 되었습니다. 그러나 일각에서 부흥운동은 한국교회가 민족문제를 등한시 하는 비정치화 노선을 걷게 되었다고 비판합니다.

---

4) 이덕주,『한국 토착교회 형성사 연구』,158-160. 물론 세부적으로 보면 이 자치운동은 일부 선교사들에게 상당히 오해와 우려를 불러일으켰습니다. 선교사들은 한국교회의 재정적 자립은 충분히 지원하되 정치적 독립은 경계하였습니다. 이 때문에 장로교의 독노회 구성이나 감리교의 연회구성 등은 비록 정치적으로 완전한 독립을 성취하지는 못했지만 한국인에 의한 독자적인 조직이 점차 형성되는 발단을 만들었다는 점에서 의의가 있다고 볼 수 있습니다.

## 4. 한국교회의 민족운동

### 1) 국권상실과 기독교의 수난

1907년 한국교회의 대부흥 운동은 한편 개교회 중심의 개인신앙운동으로 발전해 나가는 면이 있었으며 다른 한편 신민회 활동과 같은 기독교 사회운동 내지 정치운동으로의 사회구원운동을 펼쳐나갔습니다. 기독교가 이렇게 민족운동을 전개하는데 큰 어려움이 없었던 원인은 당시 한국이 비기독교 국가인 일본에 의한 식민지화의 길을 걷고 있던 때에 기독교가 제국주의 세력에 저항하는 동력으로서의 기능을 발휘했기 때문입니다. 이런 기독교의 신앙특성과 더불어 1905년 을사조약체결과 1907년 정미7조약 체결로 일본은 한층 한국 통치자로 군림하려는 의도를 더욱 노골화시켰습니다. 이런 분위기 하에서 기독교의 비정치화는 많은 한국인들의 질타를 받아야만 했습니다. 한편 민족운동의 노선을 걸은 기독교는 일제의 탄압을 겪어야 하는 외로운 고투를 이어가야만 했습니다.

1910년 일제는 한일합방을 공식화하면서 기독교인들의 독립운동을 저지하려고 105인 사건을 일으켰습니다. 일명 데라우찌 총독암살미수사건으로 일컬어지는 이 105인 사건은 평안도와 황해도 일대의 기독교와 이들이 주도하는 신민회 활동을 탄압하기 위해 일제가 날조한 사건이었습니다. 초대 조선총독 데라우찌가 압록강 철교의 개통식에 참석하러 가는 길에 선천에 잠시 들렀을 때, 기독교인들이 저를 암살하려고 했다는 날조로 해서(海西)지역의 많은 기독교 인사들을 체포했습니다. 제1심에서 유죄선고를 받은 사람이 105인에 달했습니다. 105인 사건은 대부분 허위로 조작된 사건으로 일제는 이 사건을 통해 비밀결사조직인 신민회의 실체를 포착하고 더욱 기독교를 탄압하는데 앞장섰습니다. 그러나 기독교는 이런 고난을 통해 신앙적으로 더욱 성숙해져 나갔을 뿐만 아니라 그 동안 일제강점에 대해 비정치적 노선을 택하려고 했던 선교사와 민족운동 진영 간에 다소간 야기되었던 불신과 괴리의 현상을 크게 회복시킬 수가 있었습니다.

## 2) 3·1운동과 기독교

이후 일제는 무단(武斷)정치와 사립학교령 등을 통해 기독교 학교의 교육을 질식시킬 분만 아니라 여러 탄압 등을 통해 민족의 생존을 위협하고 교회의 근간을 위협했습니다. 3·1독립운동은 한국의 교회와 민족이 지금껏 계발시켜 온 근대 국민 의식과 민족 자결 그리고 민주주의에 대한 세계대전 이후의 조류에 합류하고자 한 결의로 거족적으로 일으킨 민족 운동이었습니다. 3·1운동의 독립선언문에 서명한 33인 중에 16명이 기독교인이었습니다. 일제는 이 운동의 진압 과정에서 박멸대상의 목표로 기독교를 지목했습니다. 진압 과정에서의 피해자가 18%에 이를 정도로 많은 수의 기독교인들이 체포 구금되었으며, 제암리 교회와 교인들이 일본군에 의해 방화, 학살 당했습니다. 이외에도 많은 교회와 교회 지도자들이 투옥되어 핍박을 당했습니다. 이를 통해 한국 사람들은 기독교를 민족종교로 이해하기 시작했습니다.

한국기독교는 일본식민통치를 통해 한국민족과 함께 고난과 종교적 핍박을 받으면서 한국종교로 거듭날 수 있었습니다. 일본은 식민초기부터 기독교를 적대시했습니다. 한국 사람들이 교회로 모여들어 반일운동을 전개한다고 여겼습니다. 실제로 많은 사회 지도자들이 교회에서 국가의 독립과 국민 계몽을 모색했습니다.[5] 3·1운동은 1920-30년대 한국기독교의 신앙양태에도 중대한 영향을 미쳤습니다. 즉 한편 한국교회 부흥운동가들(김익두, 길선주, 이용도 등)은 초월적 신비주의 신앙운동을 전개해 한국기독교의 현실도피적 내세신앙이 정착되는 계기를 제공했으며, 다른 한편 3·1운동을 체험한 기독교 지식인들이 적극적인 항일투쟁보다는 민족계몽운동을 통해 민족의식을 고취하고 독립역량을 향상시키려고 했습니다. 토착화 운동 입장에서 보면 이와 같은 교회의 보수 또는 진보의 분열은 그 역사적 상황 하에서 만들어진 것입니다. 다시 말해 기독교 신앙운동은 3·1운동 직후 허무주의적 패배주의적 사회 분위기를 극복하고 또한 기독교 정신을 통해 민족과 나라를 계몽, 개조하려는 노력을 나타내었습니다.

---

5) 1907년 안창호(安昌浩)와 전덕기(全德基)는 신민회(新民會)를 조직했는데 당시 대부분이 기독교인들로 구성되었습니다. 또한 전덕기 목사가 담임하는 상동(尙洞)교회는 민족해방운동의 요람 역할을 담당했습니다. 이 때문에 일본은 교회와 교인을 모두 정치성을 띤 종교단체로 간주했습니다.(김영재,『한국교회사』(서울: 이레서원, 2004), 167-8.

### 3) 신사참배 문제

일제는 만주사변(1931), 중일전쟁(1937), 그리고 대동아전쟁(1941-1945) 등을 거치면서 더욱 한국민의 일본화를 강요하면서 전쟁 협력과 황실에의 충성 그리고 그런 충성을 시험하기 위해 신사참배를 한국민에게 강요했습니다. 신사는 일본의 옛 천황이나 무사들의 영을 섬기는 것으로서, 종교적 차원에 일본 군국주의의 정신을 혼성하여 일본국민의 충성을 통일하는 방법으로 세워진 것이었습니다.

신사참배 강요는 처음 기독교 학교를 중점적으로 괴롭혀 그 불이행 시 폐교의 위협까지 몰고 갔습니다. 일제가 이렇게 강경책을 쓴 이유는 한국교회와 선교사 간의 분열, 이간을 책동하고 기독교 학교에 대한 선교사들의 영향력을 배제시킴으로써 이를 식민지 교육체제에 완전히 편입시키려 한 것이었습니다. 평양 숭실전문학교를 포함해 장로교 학교가 신사참배를 거부해 결국 폐교조치 되었습니다. 황민화 운동이 더욱 고조되면서 신사참배는 교육계를 넘어 그 강요의 마수를 교회로 향했습니다. 천주교와 감리교는 신사참배를 교단적으로 이미 인정한 상황이었습니다. 장로교 총회는 결국 1938년 협박과 강제 속에서 이 신사참배 안을 가결시켰습니다.

일부 한국교회는 이 문제에 대해 신앙적 양심과 민족적 양심을 갖고 저항하기 시작했습니다. 신사참배는 우상숭배로 신앙 양심에 위배됨으로 절대로 응할 수 없다는 것이며 또한 민족 교육과 민족 교회로 거듭나야 할 한국 기독교 학교와 교회가 어떻게 신사참배를 할 수 있느냐는 것입니다. 결국 이런 저항은 위에서 언급한 학교의 폐교뿐만 아니라 주기철을 비롯한 50여명의 교역자가 순교를 당했으며, 백여 개의 교회가 문을 닫아야 했고 2천여 신도가 투옥되었습니다. 선교사들도 한국교회를 지키려 했지만 대동아전쟁의 발발과 함께 1942년6월까지는 전부 추방되었습니다.

신사참배 문제는 한국교회에 엄청난 소용돌이를 일으켰습니다. 대부분의 교회와 학교가 이에 굴복해 한국교회의 변질을 급속히 진행시켰습니다. 그러나 신자들까지 모두가 이에 굴복한 것은 아니었습니다. 일부 기독교인들은 반일적 행동에 참여했으며 신사참배 거부운동을 전개했습니다. 이로써 신앙의 지조를 지켜나가려 했습니다. 신사참배 문제에 대해 한국교회는 일치된 의견을 내놓지 못했습니다. 일제의 강요와 탄압이 극심해 이에 굴복하여 더욱 민족과 교회의 변질을 가속시켰습니다. 반면 이런 강요와 탄압에도 불구하고 민족 정신과 순수 신앙을 지키기 위해 저항한 기독교가 있습니다. 이 소용돌이 속에서 한국교회의 변질과 분열을 막아낼 수 있는 방법이 무엇인지 다시 한 번 고민하게 됩니다. 이 문제는 과거만의 문제가 아니라 물질숭배를 추구하는 오늘날의 문제이기도 합니다.

## 5. 결론

한국교회는 초기 한국전래부터 한국사회와 문화에 긍정적인 영향을 미쳤으며 근대화 과정에 큰 영향을 미쳤습니다. 의료, 교육, 문서, 청년, 여성 등 각계 영역에서 민족 계몽에 힘썼으며 이로써 일제수탈로 주권마저 배앗긴 백성에게 희망을 주는 민족종교로 나아갈 수 있는 기틀을 형성했습니다. 1907년 대부흥운동을 통해 한국교회는 성장의 동력을 얻었습니다. 이 성장은 피선교지에서 선교국가로 나아가는 역량을 키워내기도 했습니다. 그러나 대부흥운동은 일제강점이 본격화되면서 한국교회의 비정치화를 조장시켰고 이로써 한국교회가 민족문제를 등한시한다는 평가를 받기도 했습니다. 결국 한국교회는 진보와 보수라는 교회의 분열, 신학 분열의 길로 나아갔습니다.

일제통치는 한국교회에 많은 고통을 가져왔습니다. 105인 사건을 통해 일제는 조직적으로 한국교회를 탄압했으며 이런 고난을 통해 한국교회는 다소간 비정치화 노선을 걸었던 선교사와 민족진영 간의 불신과 괴리를 회복할 수 있었습니다. 3·1운동을 통해 한국교회는 외래종교가 아니라 민족종교로 거듭날 수 있는 시간이었습니다. 그러나 일제강점이 장기화되면서 교회 안으로 모였던 민족독립의 열기는 차츰 식어졌으며 한국교회는 현실도피적인 내세신앙으로 또는 적극적인 투쟁보다 민족계몽의 길로 갈라지게 되었습니다. 이런 상황 속에서 신사참배 강요는 한국교회가 더욱 분열할 수 밖에 없는 길로 나아가게 만들었습니다. 언제 끝날지 모르는 일제강점 하에서 한국교회는 신앙의 순수성을 지켜내느냐 아니면 변질되느냐는 중요한 문제에 부딪히게 되었습니다. 이런 분열은 이후 신학적 갈등과 교회의 분열을 더욱 촉진시켰습니다. 특히 분단국가 상황에서 한국교회는 민족문제를 해결하지 못하고 사분오열하며 일치된 기독교의 역량을 사회에 보여주지 못했습니다.

# IV. 참고문헌

백낙준, 『한국개신교사』, 연세대출판부, 1973

민경배, 『한국기독교회사』, 대한기독교출판사, 1982

한국기독교역사연구소, 『한국기독교의 역사I』, 기독교문사, 서울, 2008

이덕주, 『한국 토착교회 형성사 연구』, 한국기독교역사연구소, 서울, 2000

주재용, 『한국 그리스도교 사상사』, 대한기독교서회, 서울, 1998

김영재, 『한국교회사』, 이레서원, 서울, 2004.

## 1. 개신교 이전의 천주교 한국전래는 어떤 특징이 있나요?

답:

## 2. 개신교 선교초기 한국의 종교에 대한 이해는 어떠했나요?

답:

1. 개신교가 한국에 전래될 때 의료, 교육, 문서, 청년, 여성 등 각계방면에서
긍정적인 작용을 일으키며 한국사회의 근대화 과정에 큰 영향을 미쳤습니다.
이런 한국교회의 성과가 오늘날에는 어떻게 반영되면 좋을지 함께 생각해 봅시다.

2. 1907년 대부흥운동은 한국교회 성장의 원동력이 되었을 뿐만 아니라 한국교회의 비정치화를 가져오는 원인이 되기도 했습니다. 이런 경험을 통해 오늘날 한국교회가 사회적 환경에서 어떤 길로 나아가는 것이 좋을지 함께 생각해 봅시다.

# 3. 성서란 무엇인가?

## Ⅰ. 문제의 발견 : 왜 성서인가?

오늘날 현대사회는 세속화가 심화되면서 종교적이고, 영적 세계에 관한 관심과 인식이 점점 더 약화되어 가고 있습니다. 특히 포스트모더니즘적 가치관이 팽배해지면서 반종교적, 혹은 반기독교적 정서와 일반사회와 대학의 지성사회 속에서도 더욱더 심화 되어가고 있습니다. 따라서 종교에 관한 관심이 약화 되고, 종교적 경전을 인류의 여러 고전 혹은 지혜의 문헌 가운데 하나로 인식하고 있는 경향이 지배적입니다.

인류 역사에서 인쇄술이 발달되기 이전부터 사람들은 개인의 이야기나 사연 그리고 그가 속한 사회의 역사와 종교에 관한 것들을 글을 쓰고 기록으로 남겼습니다. 그리고 수천 년이 지난 지금 우리는 그렇게 남겨진 기록의 모습인 책들을 통해 그 시대의 사회, 경제, 역사, 문화, 종교에 대해 이해합니다. 그러므로 인류의 역사는 글의 역사이며 기록의 역사이고 책의 역사라 해도 과언이 아닙니다.

기독교의 경전이 성서도 이러한 글과 기록의 과정을 통해 남겨진 역사의 흔적입니다. 그리고 독자들은 성서에 기록된 글들을 통해 수천 년 전 팔레스타인과 그 인근에 살았던 사람들의 삶의 형태였던 역사와 문화와 종교를 접근하고 이해할 수 있습니다. 그러므로 이 단원에서는 기독교의 경전인 성서가 어떤 사람들의 손에 의해서 기록되고 어떤 과정을 통해 현대에 사는 우리들에게 책으로 읽혀지게 되었는지, 그리고 이 성서가 오늘 우리들에게 말하려고 하는 것이 무엇인지를 살펴보려고 합니다.

# II. 개념설명

## 1. 성서란 무엇인가?

성서(聖書)는 영어로 "거룩한 책"(Holy Bible)으로 히브리어로는 "하 세파림"(Ha Sefarim, הַסְּפָרִים)이라 하고, 헬라어로는 "타 비블리아"(Ta biblia, τα βιβλια, the books)라 합니다. 영어로는 "성경"(The Bible)으로 표기하며 한 권의 책이라는 의미를 지닙니다. 성서는 구약(Old Testament) 39권과 신약(New Testament) 27권 총 66권으로 이루어져 있습니다. 그런데 이러한 성서에 대한 여러 가지 견해들이 있습니다. 첫째로 기독교인들은 하나님의 계시, 즉 신의 말씀으로 이해합니다. 둘째는 인류의 지혜의 문서로 이해하는 관점입니다. 이는 동서양의 다양한 종교문헌의 하나로 이스라엘의 지혜의 책이라는 관점입니다. 셋째로 과장된 허구의 책이라는 관점입니다. 이는 신구약 성서에 기록된 이야기들이 과학적 세계를 사는 현대인들의 관점에서 매우 비합리적으로 생각되기 때문입니다.

그러나 인간에게 생명을 주고, 삶의 지혜를 주고, 나아가 구원을 주는 특별한 책으로 받아들이는 기독교인들에게는 성서는 단순한 한 권의 책이 아니라 다른 책들과는 구별되는 "거룩한 책"(Holy Bible), 또는 정관사와 대문자를 붙여 '성서' 또는 '성경'(The Bible)이라고 불립니다.

## 2. 성서가 지닌 영향력

성서는 인간의 종교와 정신사에서 가장 큰 영향을 미친 책입니다. 인류최고의 베스트셀러이며 최고의 고전입니다. 세계 3대 종교인 기독교, 유대교, 이슬람교는 모두 구약성서에 뿌리를 두고 있습니다. 현재까지 인류역사상 가장 많이 출판된 책이고, 지구상의 약 8000개의 언어 중 절반 정도 번역되었습니다. 수많은 사람들을 변화시키고, 영감을 주었습니다. 지금도 공산주의 국가인 중국과 북한에도 수십만 권씩 배포되고 있습니다. 그러나 성서는 사람들에 따라 "The bible" 혹은 "a bible"이 됩니다. 특히 기독교인들에게는 단순한 한 권의 책이 아니라 생명을 주고, 삶의 지혜를 주고, 나아가서 구원을 주는 특별한 책으로 받아들여집니다.

# III. 주제 강의

## 1. 성서의 기록역사와 중심내용

성서는 40여 명의 사람들이 약 1,600년에 걸쳐 기록되었습니다. 구약은 B.C. 1400년부터 B.C. 200년까지 기록되었고, 신약은 A.D. 50년경부터 110년까지 기록되었습니다. 성서는 인간의 언어로 기록되었는데, 구약성경은 히브리어, 신약성경은 헬라어로 기록되었습니다. 구약은 A.D 80년경에 유대교 랍비들이 얌니아에 모여 성경을 현재와 같이 결정되었습니다. 신약은 A.D 387년 카르타고 공의회에서 27권으로 결정되었습니다. 그리고 최초의 신약성경은 A.D 50년 데살로니가전서가 기록되었고, A.D 70년 마가복음이 복음서 가운데 최초로 기록되었으며, 마지막으로 110년경 요한계시록이 기록되었습니다.

성서에는 주된 내용과 중심주제가 있습니다. 기본적으로 성서는 인간의 역사와 생활을 반영하고 있습니다. 성서의 내용을 먼저 살펴보면, 첫째 인류의 역사가 기록되어 있습니다. 창세기 1장부터 11장은 우주와 역사, 그리고 인간의 시작에 관한 내용이 신화적 이야기로 서술되어 있습니다. 그리고 창세기 11장부터 대부분의 구약성경은 이스라엘의 역사에 관한 기록을 포함하고 있습니다. 신약성경도 예수의 생애와 제자들의 행적에 관한 기록을 통하여 당시 로마제국과 식민지 속국이었던 이스라엘의 역사에 관한 내용을 담고 있습니다.

둘째, 고대근동과 그리스 로마제국의 서양고대인들의 철학이 담겨져 있습니다. 특히 구약성경의 창세기는 고대 근동의 인류가 가지고 있던 우주관과 세계관 그리고 인간관을 보여주고 있으며, 신약성경도 그레코-로만 세계의 신화와 철학들이 성경의 저자들을 통해 기독교 신앙을 변증하는 도구로 사용되고 있습니다. 셋째, 성경의 상당 부분은 문학적 양식으로 서술되어 있습니다. 이를테면 구약의 역사서나 신약의 복음서는 대부분 이야기(Narrative) 형식으로 이루어져 있고, 구약의 시편이나 잠언, 아가서 그리고 복음서의 여러 부분은 시(詩)의 형식을 빌려 서술되어 있습니다. 또한 구약의 룻기와 에스더는 소설의 형식을 띠고 있으며, 노래(Song)가 담겨져 있기도 합니다. 이 밖에도 제의서, 격언, 편지, 법조문, 비극, 희극, 전설, 수필 등의 형식으로 이루어져 있습니다.

그런데 성서는 1,600여 년간 40여 명에 의해 기록되었고, 다양한 문학적 장르로 되어 있지만 성서에는 중심 주제가 있습니다. 오랜 기간 동안 수 많은 사람들에 의해 기록되었음에도 내용과 주제에 있어서 통일성과 조화를 이루고 있습니다. 이것은 성서가 "하나의 약속"(Testament)의 책으로서 "하나님의 위대한 약속"이 성서 전체를 관통하여 중요한 주제로 흐르고 있기 때문입니다. 다시 말하면, 구약성경은 메시야에 대한 약속이 중심 주제이고, 신약성경은 예수 그리스도를 통해 메시야에 대한 약속의 성취가 이루어졌다는 것입니다.

## 2. 성서의 구조와 분류법

성서는 구약성서(Old Covenent)와 신약성서(New Covenent)로 이루어져 있습니다. 유대인들은 본래성서는 구약뿐이었습니다. 예수님 당시에는 이를 "율법과 예언서"라 불렀습니다. 유대인들은 구약을 그 머리말을 따서 "TaNak"이라 불렀습니다. 그런데 이는 모세오경(Law)을 의미하는 "토라"(Torah), 전기와 후기예언서(Prophet)를 의미하는 "네빔"(Nebiim), 그리고 시가서와 역대기를 포함한 성문서(Hagiographa)인 "케투빔"(Kethubim)의 머리글자를 따서 부른 것입니다.

신약성서(New Covenent)는 예수 이후 새로운 문서들의 등장하였습니다. 기독교인들은 이를 새로운 약속(New Testament)으로 불렀습니다. 신약은 총 27권으로 이루어졌는데, 복음서로는 마태, 마가, 누가, 요한 등 사복음서로 이루어져 있고, 역사서로는 사도행전, 서신서로는 목회서신과 옥중서신이 있고, 마지막으로 계시록으로 요한계시록이 있습니다.

그런데 구약성서는 유대교와 개신교 및 천주교 간에 다소 차이가 있습니다. 유대교와 개신교 는 히브리어 성서 39권만 인정하나, 천주교는 히브리어 성서 39권에 더하여 희랍어 성서 7권을 포함하여 총 46권을 성서로 인정합니다. 이 희랍어 성서 7권을 천주교에서는 '제2경전'이라 하여 성서로 인정하나, 개신교에서는 이를 '외경'이라고 합니다.

한편 유대교와 기독교, 천주교 간의 성서를 분류하는 방법상에도 차이가 있습니다. 유대교는 ① 모세오경(율법서=토라) 5권(창세기, 출애굽기, 레위기, 민수기, 신명기), ② 예언서는 전기 예언서 4권(여호수아, 사사기, 사무엘상하, 열왕기상하), 후기 예언서 4권(이사야, 예레미야, 에스겔, 12 소예언서), ③ 성문서 11권(시편, 잠언, 욥기, 전도, 아가, 룻기, 애가, 에스라-느헤미야, 역대기, 다니엘, 에스더)로 분류합니다.

그러나 그리스도교의 분류법(개신교 39권, 천주교 46권)은 ① 모세오경 5권(창세기, 출애굽기, 레위기, 민수기, 신명기), ② 역사서 12권(여호수아, 사사기, 룻기, 사무엘 上·下, 열왕기 上·下, 역대기上·下, 에스라, 느헤미야, 에스더), ③ 시가서 5권(욥기, 시편, 잠언, 전도서, 아가서), ④ 예언서 17권(이사야, 예레미야, 애가, 에스겔, 다니엘, 12 소예언서), 그리고 천주교는 ⑤ 제 2경전 7권(토비, 유딧, 지혜, 집회, 바룩, 마카베오上·下) 등으로 분류합니다.

## 3. 성서의 저자와 영감

성서의 저자들은 땅에 진실한 사람들이었습니다. 성서는 하나님이나 예수가 직접 쓴 글은 없습니다. 성서는 철저하게 구체적인 인류 역사 속에서 살아온 사람들에 의해 기록되었습니다. 따라서 그 당시의 문화와 사상적 제약 속에 기록되었습니다. 따라서 구약성서의 저자들인 모세와 다윗도 당대의 문화적 영향을 받아 일부다처제를 수용하였고, 신약성서의 다수를 저술한 바울도 고대 그리스의 문화적, 사상적 영향을 받아 남녀차별적인 사고를 지니고 있었습니다. 뿐만 아니라 성서의 저자들은 자신이 종사하는 직업에 영향을 받아 성서를 기록하기도 하였는데 누가는 직업이 의사로 의학적 용어를 사용하여 예수 그리스도의 말씀을 증언하였습니다. 특히 신약성서의 절반 이상을 기록한 것으로 추측되는 사도 바울은 당대의 헬라철학과 유대교의 율법에 능통한 최고의 지식인으로 기독교 신앙을 헬라철학 사상을 이용하여 변증하였고, 따라서 기독교를 범세계화 하는데 크게 공헌하였습니다. 반면 예수의 수제자였던 베드로는 직업이 어부로 신약성서의 일부를 기록하기는 하였으나 글이 조잡하거나 서투른 면을 보여주고 있습니다. 따라서 신구약성서의 기자들은 유랑자, 목동, 제사장, 왕, 농부, 어부, 세리, 의사 등  그 당시의 땅에 진실한 사람들이었습니다. 이들은 하나님의 말씀을 인간 실존의 한 복판에서 당대의 사람들이 이해할 수 있는 언어로 기록하고 전달하였던 것입니다.

그러나 성서가 땅에 진실한 인간들의 기록임에도 불구하고 성서는 하나님의 영감으로 기록된 책입니다. 하나님의 영감을 힘입은 성서의 저자들이 기록한 거룩한 책입니다. 따라서 신약성서는 "모든 성경은 하나님의 영감으로 된 것으로서 교훈과 책망과 바르게 함과 의로 교육하기에 유익합니다."(딤후3:16)라고 증언하고 있습니다. 이는 성서의 저자들이 자신들에게 주어진 상황 속에서 역사를 기록하고, 시를 짓고, 편지를 쓰고, 예언을 하고, 교훈을 써서 성서를 기록했지만 하나님의 영감(靈感, Inspiration)을 통해 기록했음을 말합니다. 그래서 하나님의 말씀의 영감성을 강조한 현대 신학자 칼 바르트는 하나님의 말씀의 삼중성을 이야기합니다. 즉 하나님의 말씀에는 첫째 기록된 하나님의 말씀, 곧 성경, 둘째 계시된 하나님의 말씀, 예수 그리스도, 그리고 셋째 선포된 하나님의 말씀, 설교가 있다는 것입니다.

## 4. 성서에 대한 여러 오해

성서는 기독교의 경전으로 하나님에 대한 인간의 증언인 동시에 하나님의 계시의 말씀입니다. 그러나 성서는 B.C. 14세기부터 A.D. 2세기 초반까지 약 40여 명의 저자들이 약 1,600여 년에 걸쳐 기록된 책입니다. 따라서 성서 안에는 성서가 기록될 당시의 다양한 문화적 사상적 한계와 인간의 오류, 그리고 성서 저자들의 오류가 들어 있습니다. 그러므로 우리는 성서를 축자적으로 영감된 하나님의 말씀으로 이해하거나 반대로 인간의 지혜의 산물이거나 고전 등 인간적 기록으로만 이해해서는 안됩니다. 따라서 우리는 성서를 공부할 때에 다음의 사실을 유념해야 합니다.

첫째로 성서는 역사책이 아니라는 사실입니다. 구약성서의 창세기에는 원역사(Proto-History)가 기록되어 있습니다. 즉, 아담과 하와, 가인과 아벨, 노아, 바벨탑 사건 등에 관한 기록이 그것입니다. 그런데 창세기 1장부터 11장에 이르는 이 부분을 역사로 해석하면 큰 문제가 생깁니다. 이 부분은 고대근동의 신화적 이야기들이 함께 녹아 있는 것으로 신화를 통해 궁극적 진리를 이야기하고자 하는 것입니다. 또한 창세기 12장부터 50장까지의 아브라함- 이삭- 야곱- 요셉의 족장사는 부자 관계로 기술되어 있으나 모두 역사적 사실로 보면 안됩니다. 성서의 많은 이야기들은 신앙고백적인 해석의 역사이기 때문입니다.

둘째로 성서는 과학 교과서가 아니라는 사실입니다. 중세 때까지 성서는 모든 지식과 학문의 기준이었습니다. 즉, 천문학, 인류학, 지질학의 근거를 성서에 두었습니다. 그러나 코페르니쿠스(1473-1543)와 갈릴레오(1561-1642)의 등장은 창세기적 우주관의 큰 변화를 가져왔습니다. 천동설은 성서를 과학 교과서로 잘못 인식한 것에서 기인한 것이었습니다. 예를 들어 구약의 창조 설화와 노아 홍수를 과학적으로 증명하려는 학자들이 존재하는데, 이는 올바른 성서해석이 아닙니다. 셋째로 성서는 거룩한 내용만이 담긴 책이 아닙니다. 성서에는 추악한 이야기들도 많이 있습니다. 창세기의 가인과 아벨의 이야기는 형이 동생을 죽이는 최초의 살인 사건이 기록되어 있습니다. 또한 노아의 두 딸이 아버지와 근친상간을 행하는 추악한 기록도 존재합니다. 동성애를 기록한 소돔성의 멸망도 있습니다. 그러나 성서를 거룩한 책이라 하는 이유는 인간의 죄에도 불구하고 지속적으로 인간을 사랑하는 하나님의 신실한 사랑 이야기 때문입니다.


## IV. 참고문헌


김은혜 외, 4인,『성서 다시보기』, 서울: 숭실대학교 출판부, 2010.

류순하,『성경의 이해』, 서울: 숭실대학교 출판부, 2002.

이경숙 외,『기독교와 세계』, 서울: 이화여자대학교출판부, 2009.

안병무,『갈릴래아의 예수』천안: 한국신학연구소, 1993.

월요신학서당,『신약성서는 오늘 우리에게 이렇게 증언한다』서울: 한국신학연구소, 1994.

## 1. 성서의 저자는 어떤 사람들인가요?

답: _______________________________________

## 2. 성서는 어떤 구조로 구성되어 있나요?

답:

________________________________________

________________________________________

________________________________________

________________________________________

________________________________________

________________________________________

________________________________________

________________________________________

________________________________________

________________________________________

________________________________________

질문과 대답

________________________________________

1. 성서가 인류 역사에 미친 영향에 대해 이야기 해봅시다.

2. 성서 기록의 역사와 그 중심내용이 무엇인지 이야기 해 봅시다.

3. 성서의 분류와 관련하여 유대교와 가톨릭, 그리고 개신교회의 차이가 무엇인지 이야기 해봅시다.

4. 성서를 이해하는데 오해하면 안 되는 부분에 대해 이야기 해봅시다.

# 4. 기독교란 어떤 종교인가?

## Ⅰ. 문제 제기

예수가 태어난 로마제국시대는 황제 아우구스투스(B.C. 63-A.D.14)부터 마르쿠스 아울렐리우스(A.D.161-180)까지 '로마의 평화'(Pax Romana)의 시대로 로마의 번성기였습니다. 상업과 농업 그리고 제조업의 발달로 경제적 생산량의 신장이 이루어졌습니다. 그러나 경제적 번영에도 불구하고 분배가 제대로 이루어지지 않아 상류계층에게만 부가 집중되었습니다. 농촌의 소작농과 속주의 하층민들은 평화시대였음에도 경제적 어려움에 처해 있었고, 지주들의 높은 착취구조와 납세의무로 수입의 2분의 1이 수탈되었습니다. 결과적으로 유산층과 빈민층의 양극화가 심화되어 사회적 모순이 극대화되어 있었습니다.

당시 이스라엘은 로마제국의 속주로 유대지역은 로마황제가 보낸 총독이 다스리는 지역과 분봉왕 헤롯이 다스리는 지역으로 양분되어 있었습니다. 이스라엘은 농업 위주의 사회였으나 대부분 박토로 생산량이 적었고, 이마저도 로마제국의 징세청부업자들에 의해 수탈을 당하는 구조 속에 있었습니다. 로마제국은 항복하는 식민지 속주에 대해서는 관용정책을 실시하여 정치적, 종교적 자치권을 부여하였습니다. 따라서 이스라엘은 종교지도자들인 사두개파와 바리새파를 중심으로 산헤드린을 구성하여 자치권을 행사하고 있었습니다.

이러한 역사적 상황 속에서 예수는 로마제국 황제 아우구스투스가 지배하던 B.C. 4년경 팔레스틴에서 아버지 요셉과 어머니 마리아 사이에서 태어났습니다. 그런데 신약성서는 이 예수의 탄생은 인류를 구원할 기쁨의 좋은 소식(Good News), 즉 복음(εὐαγγέλιον)으로 표현합니다. 왜 예수의 탄생이 복음이었을까요?

# Ⅱ. 개념 설명 - 예수의 핵심사상

## 1. 하나님 나라 선포

예수는 30세쯤 되어 세례요한에게 세례를 받은 후 갈릴리 지역을 중심으로 사역을 시작하여 유월절에는 예루살렘에 와서 군중들에게 하나님의 말씀을 선포하였습니다. 그런데 예수의 선포의 중심은 하나님 나라의 도래입니다. 예수는 공생애에 들어가면서 "때가 찼다. 하나님의 나라가 다가왔습니다. 회개하고 복음을 믿으라(막1:15)."고 선포하였습니다. 그런데 이 하나님 나라에 들어가는 첫 번째 조건은 회개 메타노이아입니다. 회개는 도덕적 죄에 대한 단순한 반성이 아니라, 신으로부터 벗어나 있는 우리 삶의 모든 방향을 신에게로 돌이키라는 종말론적 부름입니다.

그런데 하나님 나라 바실레이아 투 데우는 공간이나 시간상의 개념이 아닌 하나님의 주권, 즉 다스림이 이루어지는 곳입니다. 따라서 하나님 나라는 하나님의 다스림을 받아들이는 사람들의 마음속에서 이루어지는 심리적 개념으로도 이해되며 예수와의 친교와 교제 속에서 나타납니다. 따라서 하나님의 나라는 하나님의 주권을 받아들인 사람들의 공동체적 모임으로 역사적 교회가 하나님 나라의 모형이기도 합니다. 그런데 이 하나님 나라는 현재성과 미래성의 긴장 속에 있는 개념입니다. 이미(Already)와 아직 아님(Not Yet)의 긴장 관계 속에 있습니다. 즉, 하나님의 나라는 예수의 선포와 더불어 이 땅에 이미 도래하기 시작하였으나, 하나님 나라의 완성은 아직 이루어지지 않은 종말론적 미래에 있습니다.

## 2. 하나님의 부성(父性)과 주권(主權)의 보편성 선포

예수는 하나님을 '아바' 아버지라 불렀습니다. 아람어 '아바'는 한국어의 '아빠'에 해당됩니다. 따라서 예수는 하나님을 아버지라 부른 것입니다. 이는 이스라엘 사람들이 하나님을 심판자로, 공의 하나님으로 생각했던 것과는 전혀 다른 하나님관이었습니다. 예수는 하나님을 철저히 "사랑과 은혜"의 하나님으로 이해한 것으로 이는 그의 탕자의 비유(눅 15:21이하)와 잃어버린 양 비유(눅 15:1-17)에 잘 나타나 있습니다.

또한 예수는 하나님 주권의 보편성을 선포하였습니다. 예수는 하나님 나라는 세리, 창녀, 어부, 병자는 물론이고, 이방인들에게도 모두 개방되어 있음을 선포합니다. 하나님 나라는 지역과 민족, 인종을 넘어서는 세계적이고 보편적인 실체임으로 드러냅니다. 따라서 예수의 하나님 나라 선포는 일체의 특권이나 기득권을 부정함으로 당대의 지배계층과 충돌할 수 밖에 없었습니다.

## III. 주제 강의 1: 예수의 십자가 처형과 부활사건

### 1. 예수의 십자가 처형과 부활

#### 1) 죽음의 원인: 예루살렘 성전지배체제에 대한 도전

예수 당시 이스라엘은 분봉왕 헤롯과 로마 총독 빌라도가 각각 정치적으로 통치하고 있었습니다. 종교적으로는 유대인 제사장들과 바리새인들이 산헤드린 공의회를 구성하여 유대인의 의사를 대변하고 실질적으로 민중을 다스렸습니다. 제사장들은 사두개파로 대제사장을 중심으로 예루살렘 성전을 중심으로 제사제도를 통해 민중을 착취하였다, 율법교사인 바리새파는 가난하여 제사를 못 드리는 사람들을 '종교적 죄인'으로 낙인찍고 자신들만이 의인이라 주장하였습니다. 이에 예수는 예루살렘 성전에 올라가 환전상의 상을 엎고 채찍으로 팔기 위해 가져온 동물들을 내어쫓았습니다. 당시 유대인들은 성전세를 내기 위해 이방화폐를 환전하기 위해 환전상이 필요했고, 흠이 있는 제물을 바꾸어 주는 상인들이 있었습니다. 예수는 "너희는 성전을 강도의 굴혈로 만들었다고" 이들을 힐난하였습니다. 이는 사두개인들의 예루살렘 성전지배체제에 대한 명백한 도전으로 이는 죽음을 각오한 것이었습니다.

한편, 예수는 세리, 죄인, 병자, 창녀들의 친구가 됨으로 바리새인들에게는 율법의 근본정신이 하나님의 인간에 대한 사랑임을 보여줍니다. 또한 예수는 바리새인들의 형식주의를 비판하였습니다. 예수는 바리새인들을 위선자로, 회를 칠한 무덤과 같은 자로 비난하였습니다. 결국 예수는 이들에 의해 고발당하여 빌라도의 재판을 받게 되었습니다.

## 2) 십자가 처형과 부활의 의미: 하나님의 종말론적 구원사건

예수는 공생애에 들어가면서 ˮ하나님 나라의 도래ˮ(막1:15)을 선포하였습니다. 그런데 이 하나님 나라에 들어가는 첫 번째 조건은 회개 메타노이아입니다. 그러나 이 부름에 예수 당시 종교적 지도자들인 사두개인과 바리새인들은 도저히 예수의 요청을 받아들일 수 없었습니다.

종교지도자들은 예수가 세리와 죄인들과 병자들과 함께 먹고 마시는 것을 도저히 용납할 수 없었습니다. 특히 바리새파인들은 안식일 날 예수가 병자들을 고치고 율법을 범하는 것을 용납할 수 없었습니다. 사두개파인들은 예수가 자신을 그리스도라 칭하자 신성모독으로 정죄하였습니다. 예수도 종교적 형식주의에 빠져 있는 이들을 신날하게 비난하였습니다. 결국 사두개파인들과 바리새인들은 예수를 죽이기로 공모하고 총독 빌라도를 압박하여 십자가 처형을 하였습니다.

그런데 성서는 십자가에서 처형된 예수는 삼일 만에 부활하였다고 증언합니다. 그래서 초대교회는 예수의 부활사건을 설교의 원형으로 사용하였습니다. 사도행전 2장 24절 “하나님께서 너희들이 죽은 예수를 죽은 자 가운데서 다시 살리셨도다”고 나옵니다. 이와 같이 성서는 예수가 십자가에 죽은 후 삼일 만에 부활한 것을 증언합니다. 복음서는 예수의 부활을 두 가지로 증언합니다. 하나는 빈 무덤을 발견한 이야기이고, 다른 하나는 예수가 여인들과 제자들 앞에 나타난 사건입니다. 예수의 제자들과 초대교회는 예수의 부활을 전적으로 신뢰하였습니다.

그런데 예수의 제자들과 초기 기독교인들은 예수의 십자가 처형과 죽음을 하나님의 구원론적 사건으로 이해하였습니다. 즉, 하나님의 아들인 예수 그리스도께서 인류의 죄를 대신 짊어지고 죽으신 하나님의 구원사건으로 보았습니다. 또한 예수의 부활을 전적으로 신뢰하였습니다. 그들은 예수의 부활사건을 하나님의 종말론적 구원사건으로 이해하였습니다.

# IV. 주제강의 2: 역사적 기독교의 탄생과 그 핵심교리

## 1. 기독교의 탄생과 전파(A.D. 30-110)

A.D. 29년경 이루어진 예수의 십자가 처형과 부활 사건 후 예수의 제자들은 오순절 날 성령의 임재를 체험하고 각 나라의 말로 복음(예수는 그리스도다)을 전하기 시작하였습니다. 부활한 예수를 만난 후 제자들은 이전의 두려움에서 벗어나 담대히 복음을 전하기 시작하면서 기독교가 시작되었습니다. 예수의 제자들은 가장 먼저 팔레스틴 지역의 유대인들에게 복음을 전파하였습니다. 그러나 제자들의 가르침이 유대교 전통과 다르다는 사실을 발견한 유대인들은 기독교인들을 박해하였습니다. 이 박해 사건을 계기로 기독교인들은 팔레스타인을 넘어 지중해 연안, 즉 시리아, 소아시아, 북아프리카, 그리스, 그리고 로마지역까지 복음을 전파하였습니다.

## 2. 로마제국의 박해와 국교화(A.D.110-500)

A.D. 60년 베드로와 바울에 의해 로마에 전파된 기독교는 A.D. 313년 콘스탄틴 대제의 밀란칙령을 통해 신앙의 자유를 얻기까지 수많은 박해와 고난을 경험하였습니다. 기독교가 로마제국의 박해를 받게 된 원인은 기독교의 만민평등사상에 있었습니다. 기독교의 만민평등사상은 노예의 노동력을 근간으로 지탱되던 로마제국의 정치적 질서를 혼란케 하였고, 결국 제국의 박해를 받게 되었던 것입니다. 또한 기독교의 유일신 사상은 로마제국의 정치적 통일원리로 작용하던 황제숭배사상과 충돌하였습니다. 기독교는 A.D. 313년 콘스탄틴 대제가 밀란칙령을 발표하기 300년간 박해를 받았습니다.

콘스탄틴 대제의 회심사건으로 기독교는 박해받던 종교에서 제국의 보호를 받는 국가종교가 되었습니다. 콘스탄틴은 A.D. 325년 니케아에 기독교 지도자들을 불러 종교회의를 소집하였고, 이를 주재하여 기독교의 핵심교리인 삼위일체론(Una Substantia, Tres Persone)을 정립하였습니다. 그는 기독교인들에게 교회건물을 주었고, 교회의 제도와 조직을 정비하는데 영향력을 행사하였습니다. 또한 A.D. 451년에 지중해 연안에 기독교 지도자들은 칼케돈에서 기독론(Vere Deus, Vere Homo)을 정립하였습니다. 이로써 고대 동서방 기독교는 삼위일체론과 기독론을 정립함으로 이후 기독교 신앙의 핵심교리를 세웠습니다.

## 3. 로마카톨릭과 동방정교회, 그리고 개신교의 탄생

A.D. 476년 게르만족에 의해 서로마제국이 멸망하면서 행정조직이 붕괴되자, 로마주교가 세속에 대한 지배권, 곧 행정권을 행사하게 되었습니다. 또한 로마주교는 고대 지중해 연안의 5대 대관구(예루살렘교회, 안디옥교회, 알렉산드리아교회, 콘스탄티노플교회, 로마교회)의 수장 가운데 하나였으나 자신이 베드로의 후계자로서 수위권(首位權)을 주장하면서 지중해 연안의 보편교회에 대한 관할권(管轄權)을 행사하였습니다. 그리하여 A.D. 6세기경 로마주교는 세속사회에 대한 행정권을, 교회에 대해서는 관할권을 주장하면서 자연스럽게 교황권(Pope)로 발전하였습니다.

그러나 서방의 로마가톨릭교회와 동방의 정교회는 성직자 서임권과 성상논쟁을 거치면서 A.D. 1054년 동서방교회가 분열함으로써 기독교 세계는 제1차 분열을 경험하였습니다. 또한 A.D. 1517년 루터가 교황청의 면벌부 판매를 비판하면서 구교(로마가톨릭)와 신교(개신교)로 분열하면서 서방 기독교세계는 다시 한번 제2차 분열을 경험하여 오늘에까지 이르고 있습니다.

## 4. 기독교의 핵심 교리

### 1) 삼위일체론

A.D. 313년 콘스탄틴 대제는 밀란칙령을 통해 기독교신앙의 자유를 선포하고 황제가 교회에 감독권을 행사하는 제국하의 교회시대(Calsaro-papism=황제가 아버지)를 열었습니다. 그는 당시 종교지도자들간에 하나님과 예수 그리스도의 본성과 위격에 관한 논쟁이 일어나자, A.D. 325년 니케아에서 에큐메니컬 종교회의를 개최하여 기독교의 핵심교리인 삼위일체론(Una Substantia, Tres Persone)을 정립하였습니다. 그런데 삼위일체론은 타종교와 구별되는 기독교 신학의 가장 중요한 특징이며 꽃으로 이해하기

어려운 부분입니다. 삼위일체론은 하나님은 한 분이지만, 그 한 분이신 하나님 안에 각각 구별되는 세분의 다른 위격이 존재한다는 것입니다.

다시 말하면 하나님이라는 한 본성 안에 성부 하나님, 성자 예수님, 그리고 성령 하나님이라는 세 위격이 서로 모순되고 충돌하거나 나뉘어짐 없이 존재한다는 것입니다. 이러한 삼위일체론은 A.D. 325년 니케아공의회에서 처음 논의된 후 A.D. 381년 콘스탄티노플 공의회에서 성령론을 보강하여 성부, 성자, 성령의 삼위일체 신론(神論)을 확정지었습니다. 이후 기독교세계는 지금까지 기독교 신앙의 가장 핵심적인 본질로 믿어오고 있습니다.

## 2) 기독론

A.D. 451년 칼케돈에서 개최된 제3차 에큐메니컬 공의회는 기독론을 확정지었습니다. 예수 그리스도가 누구인가에 대한 논쟁으로 시작된 이 공의회는 예수 그리스도는 "참 하나님, 참 인간(Vere Deus, Vere Home)"이시다로 결론 맺었습니다. 이는 예수 그리스도는 인간이 되신 하나님(the God-man)으로 완전한 하나님이시면서 인간이시라는 것입니다. 성서는 예수 그리스도가 사람의 몸을 입고 이 세상에 오시기 전에 이미 영원한 성자 하나님, 즉 하나님의 아들로 존재하고 있었음을 강조합니다. 따라서 예수 그리스도가 가진 두 가지 속성인 신성(deity)과 인성(humanity)를 통해서 그가 역사상의 한 인물임과 동시에 절대적이고 영원한 구원자가 된다는 것입니다. 따라서 기독론은 기독교 신앙과 신학에 있어 삼위일체론과 더불어 가장 핵심적인 본질을 구성하며 정통과 이단을 구분하는 결정적 내용으로 여겨 왔습니다.

## V. 참고문헌

월요신학마당,『신약성서는 오늘 우리에게 이렇게 증언한다』, 서울: 한국신학연구소, 1994.
현대인과성서 교재출판위원회 편저,『현대인과 성서』, 서울: 숭실대출판부, 2018.
박경미, 신약성서 새로운 삶의 희망을 전합니다. 서울: 사계절, 2014.
박태식,『나자렛 예수』, 서울: 바오로딸, 2000.
안병무,『갈릴래아의 예수』, 천안: 한국신학연구소, 1993.

## 1. 하나님 나라는 무엇인가요?

답:

## 2. 예수 부활은 객관적 사실인가요?

답:

**1. 예수의 핵심적 사상은 무엇이었나요?**

**2. 예수가 구현하고자 했던 '하나님 나라'는 오늘 이곳에서도 가능한가요?**

---

### 3. 기독교회의 탄생은 어떻게 이루어졌고 교회는 어떻게 발전하였나요?

---

### 4. 예수의 삶은 오늘 우리에게 어떤 의미일까요?

# 5. 인간이란 어떤 존재인가?

## I. 문제의 발견

인류 역사 속에서 수많은 철학자들과 사상가들은 인간 존재에 대한 끊임없는 물음을 던져왔고, 이에 대한 다양한 대답을 제시해 왔습니다. 가장 대표적인 정의 가운데 하나는 인간을 생각하는 존재, 곧 호모 사피엔스(Homo sapiens)로 이해하는 것입니다. 인간은 한없이 나약한 존재이지만, 사유할 수 있다는 점에서 위대하다는 인식입니다. 이러한 관점에서 인간은 이성적 존재로 규정됩니다. 또 다른 정의는 인간을 도구를 사용하는 존재, 즉 호모 파베르(Homo faber)로 보는 관점입니다. 이는 인간이 지적 능력을 바탕으로 기술을 발전시켜 왔으며, 그 결과 문명과 문화, 그리고 역사를 형성해 온 존재임을 강조합니다. 인간을 종교적 존재, 곧 호모 렐리기오수스(Homo religiosus)로 이해하는 관점도 있습니다. 이는 인간이 일찍이 자신의 유한성을 자각하고, 절대자에 대한 의존을 통해 그 유한성을 극복하고자 해 온 존재라는 이해에 기초합니다. 이처럼 철학적, 종교적 전통 속에서 제시된 인간 이해 외에도, 근대 이후 인간은 각 학문 분야에 따라 서로 다른 방식으로 규정되어 왔습니다. 예컨대 경제학에서는 인간을 경제적 인간(homo economicus)으로 이해합니다. 또한 현대에 들어 인간은 도구를 사용하는 존재를 넘어, 기술적 환경 속에서 사고하고 살아가는 존재인 호모 테크니쿠스(Homo technicus)로 이해되기도 합니다.

기독교에서는 인간을 하나님, 자연, 그리고 타자와의 관계 속에서 살아가는 존재로 바라봅니다. 이러한 관계적 이해의 바탕에는 보다 근본적인 인간 이해가 놓여 있는데, 기독교 인간론에 따르면 인간은 하나님에 의해 창조되었으나(created humanity), 동시에 스스로의 한계와 실패를 안고 살아가는 타락한 인간(fallen humanity)입니다. 인간은 자신의 노력이나 성취를 통해 완성되는 것이 아니라, 그리스도 안에서 변화하여 새로운 인간(new humanity)로 나아가야 하는 존재입니다. 이러한 인간론은 세계 어느 종교에서도 찾아볼 수 없는 독특한 인간에 관한 정의이며 이해입니다. 어떤 의미에서 기독교의 생명력은 이 기독교 인간학에서 유래하고 있는지도 모릅니다.

## II. 개념설명

### 1. 하나님의 형상으로서 인간

기독교의 인간론에서 가장 먼저 언급되는 것은 인간이 하나님의 형상(Imago Dei)을 따라 창조되었다는 것입니다. 구약성서, 창세기 1장 26-27절에는 "우리의 형상을 따라 우리의 모양대로 우리가 사람을 만들고, 그로 바다의 고기와 공중의 새와 육축과 온 땅과 땅에 기는 모든 것을 다스리게 하자 하시고 하나님이 자기 형상 곧 하나님의 형상대로 사람을 창조하시되 남자와 여자를 창조하시고"라고 기록되어 있습니다. 기독교 신학에서 '하나님의 형상'(the image of God)라는 표현은 다양한 의미로 해석되어왔습니다. 첫째는 신인동형론적(anthropomorphic) 이해입니다. 그러나 하나님의 초월성과 감추어짐을 강조하는 신약·구약성서는 하나님과 인간의 육체적 유사성이 있다는 견해를 지지하지 않습니다. 둘째는 하나님의 형상을 사고하는 능력에서 찾는

<아담의 창조> 미켈란젤로 (1511)

관점이 있습니다. 토마스 아퀴나스(Thomas Aquinas)는 인간의 이성이 이 세계를 창조한 신적인 로고스(Logos, λόγος)의 반영인 동시에 그 로고스에 참여한다고 생각했습니다. 인간의 이성을 높이 평가하지만 인간 존재의 감성적이고 육체적 차원을 경시하는 경향이 있습니다. 셋째, 하나님의 형상을 인간이 땅을 다스릴 지배권을 받는 것으로 해석하는 관점입니다. 이러한 해석은 모든 관계를 위계적으로 이해하는 세계관과 관련이 있으며 타자에 대한 돌봄이나 존경을 배제할 수 있습니다. 넷째, 하나님의 형상을 인간의 자유를 강조하는 해석이 있습니다. 이는 인간을 자유롭고 스스로 결정할 수 있으며 자신을 초월하는 존재로 묘사합니다. 하지만 이러한 해석도 자유를 단지 다른 존재로부터 독립적인 것으로만 보거나 자기 마음대로 하는 것으로 이해할 때 심각한 문제가 발생합니다.

기독교 신학에서는 창세기에서 인간이 "하나님의 형상을 따라 창조되었다"는 기록에 의거하여, 인간이란 하나님과 다른 피조물들과 관계를 맺는 존재라고 이해합니다. 인간됨이란 자유롭고 기꺼이 서로 존경하며 사랑하는 관계 안에서 살아가는 것을 의미합니다. 이 관계적 삶은 영원 가운데 불안하고 고독한 존재로 살지 않고, 공동체 안에서 사시는 하나님의 삶을 반영하는 것이라는 점입니다. 따라서 인간이 하나님의 형상으로 만들어졌다는 것은 성부 하나님, 성자 예수님, 성령 하나님이 내재적 삼위일체의 사랑의 관계성 속에서 살아가시는 것처럼 인간이 하나님과 자연 그리고 타자와의 사랑의 관계 속에서 살아가도록 만들어졌음을 의미한다는 것입니다.

## III. 주제 강의

### 1. 피조물로서의 인간

창세기 1장에 의하면, 인간은 하나님에 의해서 세워진 우주질서의 일부입니다. 창세기 2장에서는 여타 피조물들이 이미 존재하는 가운데 인간이 흙으로 만들어져 창조된 세계에 놓여진 것으로 묘사됩니다. 특히 창세기 1장은 인간을 포함한 우주만물이 '무로부터 창조'(creatio ex nihilo) 되었음을 말합니다. 인간은 하나님의 말씀으로 만들어졌다는 것입니다. 하나님의 형상으로 지음을 받은 인간은 하나님께서 자유롭게 말씀을 걸어 주신 인간이며 하나님께 자유롭게 응답할 수 있는 존재입니다. 그리스도인들은 하나님에 의해 창조된 생명과 그 생명의 육신적 구현(具現)이 선하다는 것을 인정하며, 육신의 부활을 믿는다. 이런 의미에서 기독교 신앙은 분명히 물질을 중시하는 종교임이 잘 드러납니다.

그러나 하나님의 형상으로 피조된 인간이라는 의미는 인간이 어떤 고정된 상태에 머문다는 뜻이 아닌, 목표를 향해 운동하는 존재라는 것입니다. 인간은 아직 실현되지 않은 그 삶이 충만히 성취되기까지 쉼을 얻지 못합니다. 다른 동물은 특정한 욕구나 분명한 대상에 의하여 야기될 때만 충동이나 본능을 가지는 것에 반하여 인간은 거의 제한이 없는 가운데 무엇인가를 지향하여 갈망합니다. 인간은 육체적이고 감정적인 만족만을 추구하는 존재가 아니라 무엇인가를 규정하고 '삶의 의미'를 추구하는 존재입니다. 나아가 인간은 자신의 주어진 자연적, 문화적 환경을 언제나 뛰어넘으려 하는 존재입니다. 인간은 미래를 향한 철저한 개방성을 지닌 존재이며 아직 오지 않은 것을 추구하며 개인적, 사회적, 문화적 삶의 성취를 이루고자 합니다.

## 2. 타락한 죄인으로서 인간

기독교 인간학은 인간을 하나님의 선한 피조물로 이해하면서도, 인간 본성에 대해서는 낙관적이지 않고 현실적인 이해를 추구합니다. 인간의 삶이 무질서와 파괴성,

<에덴동산에서 타락과 추방> 미켈란젤로 (1509-10)

소외와 압제 등에 의해 심각한 위협을 받는 현실에 대한 철저한 성찰 때문입니다. 이러한 인간 삶의 상황에 대하여 성서는 인간이 타락한(fallen) 죄인이기 때문이라고 봅니다. 창세기 2장과 3장에서는 인간이 하나님으로부터 소외된 존재일 뿐만 아니라, 우리 자신과 이웃, 창조세계로부터 소외된 존재임을 말하고 있습니다. 인간은 창조 때에 인간에게 부여된 하나님의 형상성을 상실하여 죄에 물든 왜곡된 본성을 지니게 되었다고 바라보기 때문입니다.

성서에 따르면 죄란 하나님과의 관계성을 부인하고 하나님의 은혜에 대한 인간의 근본적 필요성을 거절하는 행위입니다. 이는 인간이 자신의 유한성과 한계를 인정하지 않고, 자신이 다른 존재를 필요로 한다는 사실을 거부하는 데서 비롯됩니다. 이러한 죄는 인간 자신을 극대화하고 절대화하며 자기중심적인 삶을 영위하려는 능동적 죄로 나타나는데, 이는 교만으로서의 죄이며 인간이 스스로를 우상화하는 행위입니다. 그러나 성서는 또 다른 형태의 죄를 말합니다. 그것은 하나님의 은혜를 거부함과 동시에 자기 자신을 부정하고, 타자에게 하나님의 자리를 내어주는 자기 거부의 죄입니다. 이 죄는 자신을 무가치한 존재로 여기며 타자 중심적으로 살아가려는 수동적 죄로서, 인간이 하나님과 맺어야 할 관계를 타인이나 구조, 권력에 전가하는 왜곡된 태도를 의미합니다.

죄는 인간이 다른 피조물들과 관계를 맺는 과정에서도 왜곡된 형태로 드러납니다. 이는 타인을 지배하고 정복하려는 태도, 곧 자기 높임의 모습으로 나타나기도 하고, 반대로 타인에게 자신을 종속시키며 굴종하는 자기 파괴의 모습으로 나타나기도 합니다. 전자의 경우 죄는 권력과 지배의 형태를 띠며, 후자의 경우에는 무기력과 도피, 비판 없는 순응, 자기학대, 자기비하, 소심함, 그리고 주도적인 삶에 대한 두려움으로 표현됩니다. 나아가 죄는 하나님께서 인간에게 부여하신 궁극적인 삶의 목적을 거부하는 태도로도 나타납니다. 이는 단순한 실패가 아닌, 삶의 변화 가능성 자체에 대한 무관심과 무감각, 포기로 이어지는 것입니다. 이러한 죄는 인간이 보다 나은 방향으로 변화될 수 있다는 희망을 부정하고, 세계와 자기 자신을 향해 냉소와 회의의 태도를 취하는 데서 분명하게 드러납니다.

## 3. 그리스도 안에서 새로운 피조물로서 인간

기독교 인간학에서는 예수 그리스도 안에서 새롭게 창조된 존재, 곧 새로운 피조물로 거듭난 인간을 이야기 합니다. 그리스도인이 된다는 것은 예수 그리스도 안에서 믿음, 사랑, 소망을 갖고, 성령의 능력에 의해 새롭게 형성된 인간성에 참여하는 것을 의미합니다. 인간 존재 방식 전체의 근본적인 전환을 뜻하는 것입니다. 예수 그리스도 안에서 성령을 통하여 우리에게 드러난 하나님의 선하심을 전적으로 신뢰하고 확신하는 태도를 믿음이라고 부릅니다.

<성삼위일체> 안드레이 루블레프(15세기 초)

이러한 믿음은 자기 자신을 섬기든, 자기 자신을 대신한 타자를 섬기든 모든 형태의 우상숭배를 종식시키는 것입니다. 사랑은 타인과 더불어 살아가는 삶의 실천 속에서 구현되는 새로운 인간됨의 방식입니다. 이는 예수 그리스도 안에서 계시되고 성령에 의해 일깨워진 삶의 형식으로서, 다른 이들과 함께 살아가며 동시에 다른 이들을 위한 삶을 사는 것입니다. 소망은 다가오는 하나님 나라를 바라보며 하나님의 미래를 향해 열려 있는 새로운 자유 가운데, 예수 그리스도 안에서 주어진 하나님의 은혜로운 약속이 성령의 능력으로 성취될 것을 고대하며 살아가는 것을 뜻합니다.

## IV. 참고문헌


다니엘 L. 밀리오리 저, 신옥수, 백충현 역, 『기독교 조직신학개론』, 서울: 새물결플러스, 2012.
마이클 고힌, 크레이크 바르톨로뮤, 『성경은 드라마다』, 서울: IVP, 2016.
C. S. 루이스, 『인간폐지』, 서울: 홍성사, 2009.
알버트 월터스, 마이클 고힌, 『창조, 타락, 구속』, 서울: IVP. 1985.

**1. 기독교 인간론이 지니는 의미는 무엇인가요?**

답:

1. 철학자들과 사상가들의 다양한 인간이해에 대해 이야기해 보시오.

2. 기독교 인간 이해의 특징을 말하고, 이것이 현대인들에게도
적절성이 있는지 각자의 생각을 말해 보시오.

# 인류문명과 기독교

# 1. 인간, 존엄한 존재가 맞는가?

## I. 문제 제기: 왜 인간의 '존엄'을 말하는가?

우리는 첨단 과학기술 문명의 사회 속에서 살아가고 있습니다. 그럼에도 불구하고 산적한 문제들이 많습니다. 세계 각지에서 벌어지고 있는 분쟁과 전쟁, 갈등과 난민 문제 등 위급한 상황이 계속되고 있으며, 장애인, 아동, 노인, 난민, 인종차별 문제 등 여전히 인권이 신장되어야 할 과제도 적지 않습니다. 더 나아가 인간의 무분별한 개발로 인해 지구 환경의 극심한 파괴가 진행되고 있으며 그 결과 기후 위기와 각종 재난이 일상적인 현실이 되고 있습니다. 인간의 이기심으로 말미암아 초래된 생태계의 위기와 인간 집단 내부의 갈등, 자기 파괴적인 문제들에도 불구하고, 인류는 문명의 전개 과정 속에서 인간의 존엄성에 대한 믿음과 사유를 지속적으로 발전시켜 왔습니다. 그렇다면 이러한 현실 속에서 우리는 어떻게 인간의 존엄성에 대해 말하고 사유하며 발전시킬 수 있을까요? 인간의 존엄성은 단지 이상적인 선언에 그치는 개념일까요, 아니면 오늘의 위기 속에서 더욱 절실하게 재고되고 심화되어야 할 윤리적 기준일까요? 이 강의는 이러한 질문에서 출발하여, 인간을 어떤 존재로 이해해 왔는지를 역사적·사상적으로 살펴보고자 합니다.

## II. 개념설명

### 1. 인간의 존엄성

'인간 존엄성'이란 인간이 어떠한 능력, 성취, 사회적 지위와 상관없이 그 존재 자체로 존중받아야 할 고유한 가치를 지닌 존재라는 생각을 의미합니다. 이는 인간이 유용하기 때문에, 혹은 사회에 기여하기 때문에 존중받는 것이 아니라, 인간이라는 사실 그 자체가 존중의 근거가 된다는 점을 강조합니다. 이러한 존엄성 이해는 인권 사상의 토대가 되며, 인간의 생명과 자유, 평등이 보호되어야 하는 이유를 설명해 줍니다. 동시에 인간 존엄성은 단순한 권리 주장에 그치지 않고, 인간을 어떤 존재로 이해할 것인가에 대한 근본적인 물음을 포함합니다. 역사적으로 인간 존엄성에 대한 이해는 문화와 사상에 따라 다양하게 형성되어 왔으며, 이후 살펴볼 고대 문명과 철학, 그리고 유대·기독교 전통의 인간 이해는 이러한 사유가 어떻게 발전해 왔는지를 보여주는 중요한 사례가 됩니다.

## III. 주제 강의

### 1. 고대 메소포타미아 문명의 인간이해

고고학적 발굴, 및 고대 근동 문헌학의 발전을 통해 우리는 기원전 18세기경의 신화인 '아트라하시스 서사시'의 내용을 알 수 있게 되었습니다. 이 서사시에는 고대 바빌로니아 문명의 인간 이해가 반영되어 있습니다. 우주는 하늘의 아누, 땅의 엔릴, 물의 엔키의 담당으로 나누어졌고, 엔릴은 하급 신들에게 메소포타미아의 티그리스-유프라테스 강의 관개 시스템 건립을 맡깁니다. 그러나 중노동에 시름하던 하급 신들은 불평과 불만을 토로하며 반란을 일으킵니다. 이에 신들을 회의에서는 노동을 대신할 존재를 창조하기로 결의합니다. 엔키 및 나누, 마미 등으로 일컬어지는 모신(mother goddess)은, 반란 주모자 중 하나의 피를 진흙에 섞어 인간을

아트라하시스 서사시가 새겨진 석판
(대영박물관 소장)

빚어내게 됩니다.

인간들은 사멸하지 않는 존재이면서 번성하게 되면서, 엔릴은 수많은 인간들이 내는 소음에 시달리게 됩니다. 화가 난 엔릴은 인간에게 전염병을 돌게 하기도 하고 가뭄과 기근을 일으키지만, 엔키가 자신이 아끼는 인간인 아트라하시스에게 극복방안을 알려주어 엔릴의 계획은 번번이 실패로 돌아갑니다. 엔릴은 대홍수를 일으켜 인간을 말살시키려하고, 아트라하시스는 엔키의 도움으로 방주를 건설하여 여타 동물들과 함께 살아남게 됩니다. 대홍수 이후 신들은 자신들의 인간 노동력에 대한 의존성, 중요성을 깨닫고 인간을 사멸하는 존재로 만들어서 수를 제한하는 방식으로 인간이 살아가게 만듭니다.

고대 바빌로니아 지배계급은 인간의 도시가 천상의 질서를 모범으로 삼아야만 번영할 수 있다는 믿음을 지니고 있었습니다. 천상을 다스리는 신들은 전지전능하기보다는 우주의 질서, 즉 자연 법칙에 종속되는 존재로 그려집니다. 하늘과 땅, 물 등을 관장하는 신과 노동을 담당하는 신에서 이를 확인할 수 있습니다. 상위의 신은 귀족 지배계급을 가리키며, 노동을 관장하는 하위의 신과 가장 낮은 노동계급은 하급신과 진흙의 산물인 인간입니다. 이는 전근대적 우주론과 그에 의거한 사회 질서상을 잘 반영하고 있습니다. 지배계급은 신에 가깝고 피지배 계급은 흙에 가깝기에 보편적 인간 존엄성은 성립하지 않습니다.

## 2. 고대 로마시대 키케로의 인간이해

고대 로마의 철학자이자 정치가였던 키케로(Marcius Tullius Cicero, B.C. 106-43)는 자신의 아들, 마르쿠스가 수신자인 『의무론』(*De Officis*)에서 인간에 대해 다음과 같이 말했습니다.

자연이 우리에게 두 가지 역할을 부여했음을 알아야 한다. 하나는 모든 인간에게 공통된 역할로, 우리 모두가 탁월한 이성을 가지고 있다는 사실에서 비롯된다. 이성이 있기에 우리는 짐승보다 우월할 수 있는데, 모든 도덕적 올바름과 적절함이 이성에서 나오기 때문이다. 의무를 찾아내고 탐구할 수 있는 것도 이성 덕분이다. 반면, 다른 하나는 개개인에게 고유하게 부여된 역할이다. 개개인의 신체는 서로 크게 다른 키케로는 인간에게 본성적으로 두 가지 역할이 위임되어 있다고 봅니다. 첫째는 모든 인간에게 공통된 역할로서 인간이 이성을 지닌 존재라는 점입니다. 이성은 인간을 다른 동물과 구별하는 근거이자 인간이 자신의 행위를 성찰하고 옳고 그름을 판단할 수 있게 합니다. 이성적 능력으로 인해 인간은 존엄한 존재이며 스스로 어떻게 살아야 하는지를 도덕적으로 탐구할 책임을 지닙니다. 그는 인간의 존엄함이 특정 능력이나 사회적 지위가 아닌, 이성을 소유한 존재라는 사실 자체에서 보편적으로 성립한다고 본 것입니다.

둘째는 각 개인이 지닌 고유한 특성과 정신적인 부분입니다. 키케로는 사람마다 육신의 외모가 다르듯, 정신성의 부분은 더 다양한 차이가 나타난다고 말합니다. 존엄함은 각 개인의 내면에 내재되어 있으며, 이는 각자가 자신만의 삶의 방식과 소명을 갖고 있음을 뜻합니다. 키케로가 인간 존엄성을 모든 사람에게 동일하게 주어지면서도, 각 개인의 개별성과 독자성을 통해 구체적으로 드러나는 것으로 이해하고 있음을 보여줍니다.

키케로의 이러한 인간 존엄성 이해는 단순한 인간의 권리 주장에 머무르지 않고 윤리적 삶의 기준을 제시하고 있습니다. 인간은 이성적 존재로서 보편적인 도덕 원칙을 따라야 함과 동시에 자신의 고유한 성품과 능력에 맞는 삶을 실현해 나가야 합니다. 인간 존엄성이란 이성에 따른 도덕적 자기통제와 개인적 개성의 조화를 통해 완성되는 인간 존재의 가치라고도 할 수 있을 것입니다.

## 3. 유대·기독교에서의 인간이해

유대·기독교 전통에서 창세기 1-2장의 인간 창조 이야기는 바빌로니아 신화와 근본적인 차이를 보여줍니다. 이 인간 이해의 핵심은 인간이 신의 형상, 즉 하나님의 형상(image of God; *imago Dei*)으로 창조되었다는 점에 있습니다. 하나님의 형상이라는 의미는 인간이 신의 단순한 피조물이나 도구가 아니라, 신적 존엄과 자유의지, 그에 따르는 책임을 동시에 부여받은 존재임을 뜻합니다. 여기서 '형상(image)'은 외형적 유사성을 가리키기보다는, 하나님께서 인간을 소중히 여기셨을 뿐만 아니라 창조 세계를 잘 돌보고 다스릴 책임을 맡기셨음을 의미합니다. 그러므로 인간이 창조 세계를 무분별하게 착취하는 것을 창세기 말씀으로 정당화해 왔던 과거는, 성서 구절을 타인과 자연의 착취를 합리화하는 방식으로 오독하고 오용한 결과라 할 수 있습니다. 피조된 인간의 본래 소명은 '돌봄'과 생명을 살리는 '살림'인 것입니다.

인간은 이처럼 하나님의 형상으로 피조되었고 하나님의 숨결로 생명을 얻었으나, 동시에 유한한 존재입니다. 히브리어로 흙은 아다마(*adamah*)이며, 라틴어로는 후무스(*humus*)입니다. 첫 사람 '아담'이라는 이름의 의미도 이제 이해할 수 있을 것입니다. 라틴어 호모(*homo*)는 이 후무스에서 유래한 말이며, 라틴어 형용사 후밀리스(*humilis*) 또한 짐작할 수 있듯이 '겸손'이라는 의미의 영단어 humility의 어원입니다. 이는 인간이 본질적으로 흙에서 왔으며, 자신의 유한함을 인식하는 존재임을 상기시켜 줍니다.

그러나 인간은 자신의 자유의지를 오용하여 하나님과의 약속을 저버렸고, 아담은 하와를 탓하며 하와는 뱀을 탓함으로써 자신의 책임을 타인에게 전가합니다. 이는 인간이 스스로를 성찰하기보다 잘못과 죄를 자신이 아닌 다른 존재에게 돌리는 모습을 보여줍니다. 이러한 타락으로 인해 본래 선함과 하나님의 좋으심, 기뻐하심으로 창조된 세계에는 관계의 단절이 찾아왔고, 노동과 출산의 고통, 그리고 죽음이 인간의 현실이 되었습니다. 그럼에도 이 타락이 인간의 존엄성과 가치 그 자체를 부정하는 것은 아닙니다. 성서는 하나님의 구원의 약속을 통해 인간이 회복 가능한 존재이며, 자신의 행동에 책임을 지는 윤리적 주체로 이해될 수 있는 근거를 제시합니다. 인간은 하나님 앞에서 겸손함으로 자신을 성찰하는 삶을 살아갈 때, 비로소 하나님의 형상으로서의 참된 인간 존엄성을 드러내며 살아갈 수 있는 고귀한 존재입니다.

이 창세기적 의미는 기독교에서 예수 그리스도에게로 확장되며 인간에 대한 이해를 한층 더 심화시킵니다. 신약성서는 예수 그리스도를 "하나님의 독생자"(요한복음 3:16)로 고백하는 한편, "하나님의 형상"(고린도후서 4:4)이며 "하나님의 영광의 광채이자 하나님의 본체의 형상"(히브리서 1:3)이라고 증언합니다. 이는 인간이 창조 시에 부여받은 하나님의 형상이 그리스도 안에서 온전히 드러나고 완성되었다는 믿음을 표현한 것입니다. 이 말은 인간 예수 자신이 신적 존재가 되었다는 의미가 아닌, 참된 인간성의 모델이 예수 그리스도에게서 계시되었다는 뜻입니다.

하나님의 케노시스, 곧 '자기 비움'은 예수 그리스도의 삶과 죽음을 통해 세상에 드러났으며, 이는 힘과 지배가 아니라 사랑과 섬김이야말로 하나님의 형상을 회복하는 삶의 방식임을 분명히 보여줍니다. 이러한 이해 속에서 인간의 구원은 단순히 죽음 이후의 보상에 머무는 것이 아니라, 왜곡된 인간성과 관계의 회복을 의미합니다. 예수 그리스도 안에서 인간은 그 분을 본받아 하나님과의 관계, 타인과의 관계, 그리고 피조 세계와의 관계를 새롭게 일구어 나가는 존재로 이해됩니다. 이처럼 기독교적 인간 이해에서 겸손과 존엄은 서로 대립하는 개념이 아니라, 인간이 자신의 유한성을 인식할 때 비로소 하나님의 형상으로서의 참된 인간 존엄성을 드러내며 살아갈 수 있음을 강조합니다.

이러한 기독교적 인간 이해는 사도 바울의 선언을 통해 사회적·공동체적 차원으로 분명하게 확장됩니다. 바울은 "유대인이나 헬라인이나, 종이나 자유인이나, 남자나 여자나 다 그리스도 예수 안에서 하나"(갈라디아서 3:28)라고 말함으로써, 인간의 존엄성이 혈통, 성별, 사회적 신분과 같은 모든 차별적 기준을 넘어선다는 점을 분명히 합니다. 이는 인간 사이의 차이를 부정하거나 모두를 획일화하겠다는 뜻이 아니라, 인간의 근본적 가치를 규정해 왔던 기존의 위계적 질서가 그리스도 안에서 근본적으로 해체되었음을 선언하는 것입니다. 사도 바울의 갈라디아서 집필 시기가 1세기 중반임을 고려한다면 얼마나 앞서간 혁명적 사유였는지를 알 수 있습니다. 그리스도 안에서 인간은 더 이상 지배자와 피지배자라는 위계적 관계로 규정되지 않으며, 모두가 하나님의 형상을 지닌 존재로서 상호 책임과 존중 속에 관계 맺는 동등한 인격적 주체로 새롭게 이해됩니다. 바울의 이 선언은 인간 존엄성이 개인의 내적 가치에 머무르지 않고, 공동체 안에서 차별과 배제를 극복해야 할 윤리적 요청으로 구체화되어야 함을 분명히 보여줍니다.

# IV. 참고자료

『성경전서: 표준새번역 개정판』, 대한성서공회, 2001.

마르쿠스 툴리우스 키케로 저, 박문재 역, 『키케로 의무론』, 서울: 현대지성, 2025.

Benjamin R. Foster, *Before the Muses: An Anthology of Akkadian Literature*, Bethesda: CDL Press, 2005.

김태연, "다시 흙으로," 「한국종교문화연구소 뉴스레터」 862호 (2024.12.17) https://crrc.tistory.com/2802

**1. 왜 인간의 존엄성은 능력이나 성취가 아닌, '존재 그 자체'에 근거할까요?**

답:

1. 현대 첨단 과학기술 문명 속에서 발전하고 있는 유전자 편집, 인공지능, 생명 연장 기술 등은 인간 존엄성을 확장시킬 것인가 아니면 위협할 것인지 생각해봅시다.

2. 생태 위기의 책임이 인간에게 있다면, 인간 존엄성은 약화되어야 할지 아니면 오히려 더 강한 책임으로 이해되어야 할 것인지 생각해봅시다.

# 2. 힘이냐, 사랑이냐?
## -그리스 철학과 예루살렘 종교의 "신" 이해와 기독교, 그 현대적 함의-

## I. 문제 제기

여러분도 잘 아시는 이솝 우화 하나가 있습니다. 바람과 햇님이 길을 가는 나그네의 외투를 스스로 벗도록 하기 위해 내기 하는 이야기 말입니다. 이 우화의 초점은 승패에 있지 않습니다. 핵심은 관계에 있습니다. 강압적 힘으로는 이루기 어려운 일이 때로는 따뜻한 사랑과 다정함을 통해 자연스럽게 성취될 수 있다는 깨달음에 대한 요청 말입니다. 만약 이들이 나그네의 외투를 벗게 하는 일이 아닌, 더욱 꽁꽁 입히는 것으로 내기했다면, 차가운 바람의 승리는 당연했을 터입니다. 나그네는 자신을 보호하는 장벽으로서의 외투를 더욱 꼭꼭 여미고, 바람을 피하기 위해 심지어 어딘가로 몸을 숨겼을 것이지요. 하지만 그럼으로써 바람과 나그네의 관계는 더 멀어지고, 더 닫힌 관계가 되었을 것입니다. 나그네는 따뜻한 해님을 갈망했을 것이고요. 이 우화는 따뜻함으로 인해 스스로 외투를 벗는 나그네의 모습을 통해, 우리 또한 따뜻하고 다정한 관계 속에서 닫힌 우리의 문을 열고 타인과 진정으로 교류할 수 있다는 사실을 보여줍니다.

더 나아가 이는 고대인이 신과의 관계를 상상했던 것과 겹칩니다. 그리스 철학적 사유에서 신은 대표적으로 잘 짜인 '질서', 즉 코스모스와 '힘'이었습니다. 히브리·기독교적 사유에서의 신은 인격적 관계 속에서 이루어지는 신적 '사랑'이었습니다. 각각의 문명에서 신 혹은 절대적 진리를 어떻게 이해했는가는, 곧 인간을 어떻게 이해했는가의 문제이기도 했습니다.

<아테네 학당> 라파엘로 (1509-1511, 성베드로성당 벽화)

## II. 개념설명

### 1. 고대 그리스 철학(Ancient Greek philosophy)

고대 그리스 철학은 대략 기원전 600년경부터 기원후 600년 무렵까지의 사유 전통을 가리키며, 소크라테스 이전 시기, 고전기, 헬레니즘 시기, 고대 후기 철학 시기로 구분됩니다. 문명의 발전은 늘 타 문명권과의 교류 속에서 이루어지기에, 고대 그리스 철학 역시 근동 지역의 천문학과 수학적 사유를 흡수하며 발전해 나갔습니다. 이 글에서는 고전기 철학의 거장이었던 플라톤과 아리스토텔레스의 사유를 중심으로 논의를 전개합니다.

### 2. 히브리적 사유(Hebrew thought)

히브리적 사유는 기원전 1200여년 경부터 시작되어 지속적으로 발전되어 왔습니다. 기원기 (ca. B.C. 1200년- B.C. 586년), 제2성전기 (ca. B.C. 516년-AD. 70년), 랍비 시대 (AD. 70년 이후), 중세에서 현대까지, 이렇게 네 시기 정도로 크게 분류하고 있습니다. 기독교 종교문화 문해력을 위해 공통으로 배운 "성서란 무엇인가"에서 배웠듯이 창세기에는 아브라함, 이삭, 야곱과 같은 족장들이 등장하는데, 이들의 활동시기는 저 기원 기에 속합니다. 히브리적 사유는 구약성서를 통해 만날 수 있습니다.

### 3. 사도 바울(Paul the Apostle, AD. 5-64)

사도 바울은 기독교적 사유의 발전과 확산에 결정적인 역할을 한 인물입니다. 헬레 니즘 세계 속에서 로마 제국의 공용어였던 코이네 헬라어에 능통했던 그는, 기독교 가 특정 민족과 율법에 국한된 신앙을 넘어 고대 세계 전체를 향한 인간 이해로 확장 되는 데 크게 기여했습니다. 예수 생전의 제자는 아니었으나, 삶을 전적으로 변화시 키는 신앙 경험 이후 누구보다도 열정적으로 예수 그리스도의 십자가와 부활을 증언 했습니다.

### 4. 성 아우구스티누스(St. Aurelius Augustinus, AD. 354-430)

성 아우구스티누스는 북아프리카 출 신의 신학자로서 로마 제국 시대에 활 동한 인물입니다. 아버지는 이교도였으 나, 어머니 모니카는 독실한 기독교 신 자로서 아들의 삶을 위해 끊임없이 기도 했으며 아우구스티누스의 신앙에 큰 영 향을 끼쳤습니다. 그는 젊은 시절 방탕 한 생활을 경험하였고, 한때 육체와 영 혼의 본성을 대립적 양극으로 파악하는 마니교에 심취하기도 하였습니다. 마니 교 사상의 한계를 경험한 후, 기독교로 개종하면서 그는 누구보다도 열정적으 로 신학적·철학적 작업에 몰두하여 다

<성 아우구스티누스> 필리프 드 샹파뉴 (17세기)

수의 저술을 남겼습니다. 『고백록』은 오늘날까지도 서양 자서전 문학의 대표적인 고 전으로 평가받고 있습니다. 서양 철학에서 아우구스티누스 영향은 현대까지도 이르

고 있습니다. 예를 들어 현대의 중요한 정치철학자, 한나 아렌트는 <사랑개념과 성 아우구스티누스>라는 주제로 박사학위 논문을 썼는데, 아우구스티의 사랑과 자비에 대한 이해를 통해 '이웃사랑'의 사회 공동체적, 정치적 유대와 연대의 의의에 대한 철학적 논의를 펼쳤습니다.

## III. 주제 강의

### 1. 힘·질서의 신(고대 그리스 철학적 사유)

고대 그리스 철학적 사유에서 신은 완전한 질서와 불변성을 상징합니다. 그러므로 신은 인간과 관계 맺는 인격적 주체로 경험되기보다, 인간과 세계가 지향해야 할 궁극적 기준으로 이해됩니다. 이를 잘 보여주는 것이 플라톤의 이데아론입니다. 플라톤은 감각적 세계와 초감각적 세계를 엄격히 구분하며, 감각적 세계를 변화와 소멸의 영역으로, 초감각적 세계를 불변하고 영원한 실재의 영역으로 사유했습니다.『파이돈』에서 플라톤은 "보이는 것들은 항상 변하지만, 보이지 않는 것들은 항상 동일하다"고 말하며, 감각적 세계의 불완전성과 이데아 세계의 완전성을 대비합니다.

이러한 구분 속에서 덧없는 생을 지닌 인간과 끊임없이 변화하는 세계는 온전하고 완전한 신적 이념과 아름다움에서 파생된 것으로 이해됩니다. 초감각적 세계가 참된 실재이자 본질이라면, 감각적 세계와 인간의 삶은 그 본질을 불완전하게 반영하는 비본질적 영역에 머무릅니다. 따라서 인간과 세계의 사명은 스스로 의미를 만들어가는 데 있지 않고, 신적인 코스모스와 이데아를 인식하고 그것을 향해 나아가는 데 있습니다. 플라톤에게서 철학이란 곧 "영혼이 육체로부터 벗어나 참된 실재를 향해 나아가는 연습"입니다. 그리고 인간은 신적 질서를 우러러보며 그것을 닮아가야 할 존재로 규정됩니다. 신은 인간이 향해야 할 대상이지, 인간의 사정에 관심을 기울이며 응답하는 존재는 결코 아닙니다.

플라톤 이후 고대 그리스 철학은 이러한 신적 질서를 더욱 철학적으로 정제해 나갑니다. 아리스토텔레스에 이르면 신은 더 이상 이데아들의 초월적 세계에 머무는 존재가 아니라, 세계 운동의 궁극적 원리로 사유됩니다.『형이상학』에 관한 저술에서 아리스토텔레스는 신을 '부동의 동자(the unmoved mover)'로 규정합니다. 신은 세계에 직접 개입하여 움직이는 존재가 아닌 모든 존재가 궁극적으로 지향하는 완전성으로 작동하는 원리입니다. 신은 의지를 통해 명령하거나 세계를 돌보는 존재가 아니며 완전한 질서, 사유의 활동으로 이해되고 있습니다.

이러한 신 이해는 필연적으로 '힘'의 논리와 연결됩니다. 고대 그리스 철학에서 신은 인간을 설득하거나 부르지 않기 때문입니다. 인간은 신 앞에서 응답하는 존재라기 보다는 신적 질서를 인식하고 그 질서에 자신을 맞추어 나아가야는 존재여야 합니다. 변화는 관계 속에서 일어나는 사건이 아닌 인간의 인식과 수련을 통해 이루어지는 상승의 과정입니다. 신적 질서를 관조하고 모방함으로써 인간은 자신의 자리를 확보할 수 있습니다. 고대 그리스 철학의 신은 사랑과 인격적 관계를 맺는 존재이기 보다는 인간과 세계를 규정하고 한계 짓는 질서와 필연성, 곧 힘의 원리로 기능함을 알 수 있습니다.

## 2. 인간의 역사와 함께하는 신(히브리적 사유)

히브리적 사유 방식 속에서 신은, 앞서 살펴본 고대 그리스 철학적 사유에서의 초월적 질서 그 자체라기보다, 역사 속에서 인간에게 자신을 드러내는 존재로 이해됩니다. 구약성서는 이를 가장 분명하게 보여줍니다. 구약성서는 추상적인 개념 체계나 형이상학적 논증이 아니라, 이야기와 사건, 다양한 인물과 갈등으로 구성된 역사적 텍스트들의 집합이라고 할 수 있습니다. 여기에서 신은 관조의 대상이 아니라, 인간의 삶 한가운데에서 말씀하시고 인간을 부르시며 응답을 요청하는 존재로 등장합니다. "여호와께서 아브람에게 이르시되"(창세기 12:1)라고 반복되는 성서적 표현은, 히브리적 신 이해의 출발점이 신이 인간에게 '말을 걸어옴'에 있음을 잘 보여줍니다.

그러므로 이때 신은 완전성의 정점의 형이상학적 존재가 아닙니다. 오히려 신은 인간의 시간과 고통, 실패 속으로 찾아오시는 분입니다. 출애굽기의 한 대목은 다음과 같습니다. 신은 "내 백성의 고통을 분명히 보고, 그들의 부르짖음을 듣고, 그 근심을 안다"(출애굽기 3:7)고 말씀하십니다. 세계의 질서를 무감정적으로 유지하는 원리적 신이 아닌, 인간의 고통에 반응하며 행동하는 관계적 주체임을 분명히 드러냅니다. 이러한 신의 모습은 감정과 변화로부터 자유로운 그리스 철학의 신 개념과 뚜렷한 대조를 보입니다.

그러므로 히브리적 사유에서 신은 인간의 선택과 실패, 순종과 배반 속에서 끊임없이 관계를 맺으며 역사를 만들어 갑니다. 아브라함을 부르고, 야곱과 씨름하며, 모세와 대화하고, 예언자들을 통해 분노하고 슬퍼하는 신의 모습은, 심지어 신이 인간의 역사 앞에서 '한탄하고 근심하신다'(창세기 6:6)고 표현될 정도로 관계의 깊이를 드러냅니다. 신의 불완전함을 의미하기보다, 인간과의 관계를 진지하게 받아들이는 신의 태도를 의미합니다.

신과 인간의 관계는 위계적 모방의 관계가 아니라, 언약(covenant)의 관계입니다. "나는 너희의 하나님이 되고, 너희는 내 백성이 되리라"(출애굽기 6:7)는 선언은, 신과 인간의 관계가 일방적 지배가 아니라 상호적 책임 위에 서 있음을 보여줍니다. 신은 인간을 먼저 찾아와 말을 거는 주체이며, 인간은 그 부르심에 응답해야 하는 존재입니다. 세계와 인간의 역사는 신이 자신을 드러내는 장소가 되며, 인간은 신과의 관계 속에서 자신의 행위에 윤리적 책임을 지는 역사적 삶을 살아가야 할 의무를 가집니다.

## 3. 사랑·자기 비움의 신(기독교적 사유)

기독교적 사유에서 신에 대한 이해는 고대 그리스 철학과 히브리 사유 모두를 전제하고 있습니다. 하지만 저 둘을 자양분으로 삼되 기독교는 기존의 신 개념을 근본적으로 재구성하여 나아갔습니다. 그 전환의 중심에는 예수 그리스도의 십자가 사건이 있었습니다. 사도 바울은 십자가를 신의 권능이 드러나는 찬란한 영광의 순간으로 간주하지 않았습니다. 그는 십자가야말로 하나님께서 의도적으로 신적 전능을 철회한 자리로서, 인간의 눈으로 보기에 가장 무력한 방식으로 하나님께서 자신을 드러내시고 비우신 사건이라고 보았습니다. 바울은 "하나님의 어리석음이 사람의 지혜보다 더 지혜롭고, 하나님의 약함이 사람의 강함보다 더 강하기 때문입니다(고린도전서 1:25)"라고 선언하였습니다.

이는 신적 능력을 힘과 지배, 완전성의 범주로 이해하던 고대 그리스 철학의 전제를 무너뜨리는 것이었습니다. 사도 바울이 증언하는 신적 권능은 인간을 압도하거나 굴복시키는 힘이 아닌, 인간의 신의 뜻에 대한 저항과 실패를 감내 하시면서도 관계를 포기하지 않는 사랑입니다. 즉 예수 그리스도를 통해 하나님께서 보여주신 것은 사랑의 힘이었습니다.

이러한 사유 속에서 인간의 변화 역시 전혀 다른 방식으로 이해될 수 있었습니다. 인간은 신적 질서와 완전함을 향해 상승을 추구하는 존재이기 보다는 오히려 자신의 약함과 한계 가운데 신의 자애와 은혜를 경험함으로써 변화되어가는 존재입니다. 사도 바울은 자신의 약함을 고백하며 다음과 같이 기록하였습니다. "주께서는 "내 은혜가 네게 족합니다. 내 능력은 약한 데에서 완전하게 된다" 하고 말씀하셨습니다. 그러므로 그리스도의 능력이 내게 머무르게 하려고, 나는 더욱더 기쁜 마음으로 내 약점들을 자랑하려고 합니다."(고린도후서 12:9) 바울은 신적 힘의 장소를 인간의 강함이 아닌 약함 속으로 이동시킨 것입니다. 기독교적 사유에서 변화의 동력은 자기 강화나 자기 통제가 아닌 먼저 신으로부터 주어진 사랑에 대한 응답입니다.

바울이 기독교 종교문화의 확장과 확산에 결정적 인물이었습니다면, 성 아우구스티누스는 서방 기독교 사상을 확장하고 심층화 하는데 기여한 인물이었습니다. 아우구스티누스는 사도 바울의 사상에 깊이 영향을 받았고, 자신이 살았던 시대의 사상적 조류였던 스토아 철학과 신플라톤주의에 매우 정통하였으며 그와 진지하게 씨름했던 기독교 지식인, 성직자였습니다. 그는 당시 지배적이었던 플라톤 사상과 신플라톤주의의 영향을 받았으나, 이를 그대로 받아들이지 않고 비판적으로 수용하였습니다. 기독교 사유와 공명하는 요소를 발견하고 수용하면서도, 복음과 어긋나는 지점에 대해서는 분명한 거리를 두며 나아갔습니다.

성 아우구스티누스는 인간이란 자신의 이성과 의지를 통해 신에게 도달할 수 있는 존재가 아니라고 보았습니다. 인간의 근본 문제는 인식의 부족이기라기 보다는 사랑의 방향이 왜곡되어 있다는 데 있다고 보았습니다. 그는 이를 '사랑의 질서'로 설명하며, 인간의 삶은 무엇을 가장 사랑하느냐에 의해 규정된다고 보았습니다. 고대 그리스 철학에서 질서가 구조와 필연성의 문제였다면, 아우구스티누스에게 와서는 질서의 개념 자체가 사랑의 방향의 문제로 변화합니다. 신은 인간이 모방해야 할 초월적 형식이 아니라, 인간의 사랑을 바로잡는 관계적 중심이 됩니다. 그러므로 인간의 윤리적 삶은 외적 규범, 형이상학적 질서에 순응하는 데서 출발하지 않고, 신을 사랑하고 이웃을 사랑하는 관계적 전환에서 시작되게 됩니다.

그러므로 기독교적 사유에서 신은 인간적 조건 안으로 들어와 스스로 약해지며, 사랑을 통해 인간을 변화시키는 존재입니다. 힘으로 질서를 유지하는 신이 아닌 자기 비움(kenosis)을 통해 관계를 회복시키는 신이 바로 기독교적 신 이해의 핵심이라고 할 수 있습니다. 앞서 언급했다시피, 이는 고대 그리스 철학과 히브리적 사유 모두를 전제하면서도 그 둘을 근본적으로 재구성하여 나아간 것입니다. 기독교는 그리스 철학이 말한 신의 초월성과 히브리 전통이 말한 신의 역사성과 관계성을 모두 계승하지만, 그 관계가 유지되는 방식에 있어 신은 단지 인간에게 말을 거는 존재에 머무르지 않고, 인간의 자리로 직접 내려오는 존재로 이해됩니다. 기독교 신앙의 핵심을 이루는 성육신 사상 - "말씀이 육신이 되어 우리 가운데 거하시매"(요한복음 1:14) - 은 신이 더 이상 인간이 향해 올라가야 할 질서, 기준으로만 존재하는 것이 아님을 분명히 하고 있습니다. 하나님께서는 인간의 유한한 조건, 시간성 안으로 들어오시며, 인간의 삶을 바깥에서 규정하는 힘이 아닌, 삶에서 함께 더불어 살아가는 존재로 자신을 드러냅니다.

십자가 사건은 바로 신이 인간과 함께 하신다는 것의 정점입니다. 사도 바울이 말하듯, 예수 그리스도께서는 "자기를 비워 종의 형체를 가지사 사람들과 같이 되셨고"(빌립보서 2:7), 그 결과로 수치와 고난, 죽음을 감내하셨습니다. 이는 신의 약화나 실패가 아닌, 인간의 어리석음과 죄마저 끌어안고 용서로 나아가는 신적 자기 비움이었습니다. 기독교는 신적 권능이 인간을 강압적으로 변화시키는 것이 아닌, 사랑을 통해 인간 스스로 변화하도록 이끈다는 급진적인 주장을 제시합니다. 즉 기독교의 신 이해는 고대 그리스 철학의 '힘의 논리'를 근본적으로 전복합니다. 신은 더 이상 인간을 규정하고 한계 짓는 질서의 원리가 아닌, 인간의 저항과 거부마저 감내하며 관계를 지속하는 존재입니다. 인간은 신으로부터 먼저 사랑받음으로써 변화되는 존재입니다. 변화의 첫 동력은 신으로부터 조건 없이 받아들여지고 품어지는 자애입니다.

기독교적 사유는 고대 그리스적 사유와 히브리적 사유를 비판적으로 수용하여, 예수 그리스도의 십자가에서의 희생, 자기 비움과 부활을 통해 새롭게 신과 인간의 관계를 이해하며 이를 삶의 원리로 제시하였습니다. 신은 인간에게 언약과 율법의 관계를 넘어서 겸손, 자기 성찰과, 희생으로 신뢰하며 나아가는 동반자 관계로 확장됩니다. 신은 인간에게 책임을 요구하기 이전에 먼저 책임을 짊어지는 존재로 나타납니다. 인간의 윤리적 삶은 이로써 신으로부터의 강제나 신을 향한 두려움에서 비롯되는 것이 아닌, 사랑과 은혜에 응답과 감사에서 출발하게 됩니다. 기독교는 힘으로 질서를 유지하는 신도, 역사 속에서 말씀하시는 신도 넘어, 사랑으로 자신을 내어주는 신이라는 이해를 통해 신 개념 자체를 새롭게 드러내었습니다.

## Ⅳ. 참고자료

아우구스티누스(Augustinus) 저, 성염 역,『신국론 1 (1-10)』,『신국론 2 (11-18)』,『신국론 3 (19-22)』, 분도출판사, 2004.
오트프리트 회페(Ortfried Höffe) 저, 이강서·한석환·김태경·신창석 역,『철학의 거장들: 고대·중세편』, 한길사, 2002.
토르라이프 보만(Thorlief Boman) 저, 허혁 역,『히브리적 사유와 그리스적 사유의 비교』, 분도출판사, 1975.
한나 아렌트(Hannah Arendt) 저, 손유경 역,『사랑 개념과 성 아우구스티누스』, 필로소픽, 2022

1. 인간이 진실함과 선함을 향해 근본적으로 변화하는 계기는 어떻게 일어날 수 있을까요?

답:

인간과 성서

1. 여러분은 설득과 압박, 인격적 관계와 법과 제도를 통한 감시와 처벌 중 어느 것이 더 설득력 있다고 생각하시나요? 우리 사회에서 사람의 변화를 위해 어떤 방법을 우선적으로 선택하는지 생각해봅시다.

# 3. 아브라함 기원의 세 종교

## Ⅰ. 문제제기

영문 교양 잡지, 뉴스 기사 등을 접할 때 우리는 "abrahamic religions" 혹은 "abrahamic traditions" 라는 표현을 접할 수 있습니다. 비단 영문이 아니더라도 다양한 문화사, 문명사적 발전에 대한 서적에 아브라함 기원의 종교라는 용어를 마주할 수 있습니다. 이는 대표적인 유일신론적 종교인 유대교, 기독교, 이슬람을 가리키는 개념입니다. 그럼에도 불구하고 우리는 공존보다는 갈등의 맥락에서 더 자주 이들 종교를 인식하게 됩니다. 역사적으로 십자군 전쟁, 유대인 및 이슬람 혐오, 홀로코스트, 중동 지역을 둘러싼 지속적인 분쟁은 이들 종교가 단순한 신앙 체계를 넘어 정치·사회적 갈등과 깊이 얽혀 있음을 보여줍니다. 여기에서 우리는 근본적인 문제 하나를 제기할 수 있습니다. 아브라함이라는 동일 인물을 신앙의 조상으로 공유하는 이들이 왜 서로 다른 종교 전통으로 분화되었고, 과거의 공존과 달리 지속적 대립과 긴장으로 드러나고 있는가? 동일 인물을 신앙의 조상으로 공유하는 이들 종교는 왜 서로 다른 종교 전통으로 분화되었으며, 먼 과거와 달리 오늘날에는 지속적인 대립과 긴장의 형태로 드러나고 있는지에 대한 것 말입니다. 이들의 공통점과 차이점, 그 역사적 성립 과정을 알아봄으로써 종교적 관용을 요청하는 차원을 넘어서, 현대 사회의 갈등 구조를 분석할 수 있는 중요한 인문학적 시각을 얻을 수 있을 것입니다.

## Ⅱ. 개념설명 - 아브라함 기원 종교의 의미

유대교와 기독교, 이슬람이라는 순서는 발생 연대에 따른 나열 방식입니다. 유대교와 유대교에서 등장한 기독교에서 '아브라함'이라고 부르는 인물은, 이슬람 코란의 아랍어로는 이브라힘(Ibrāhim)입니다. 세 종교 전통은 모두 아브라함을 신앙의 조상으로 삼으며, 아브라함은 유일신을 섬기는 최초의 모범이었습니다는 이해 속에서 공동의 뿌리를 지니고 있습니다.

아브라함은 유대교의 히브리 경전, 기독교의 성서, 이슬람의 꾸란 모두에 등장합니다. '아브라함 기원 종교'라는 표현은 종교의 창시자가 아브라함이라는 뜻은 아닙니다. 이는 각 종교적 신앙의 정당성과 유일신 신앙의 계보를 아브라함에게서 찾고 있음을 나타내는 개념입니다. 아브라함은 유대교의 히브리 경전, 기독교의 성서, 이슬람의 꾸란 모두에 등장하는 인물로서, 세 종교가 성립하기 이전에 존재했던 인물로 이해됩니다. 그는 최초로 유일신을 인식하고 그 뜻에 순종하여 언약을 맺은 모범으로 기억되고 있습니다.

아브라함에 대한 해석과 신학적 의미 부여는 종교 전통에 따라 다르게 형성되어 왔습니다. 유대교에서는 아브라함을 '이스라엘 민족의 조상'으로 이해하며, 기독교에서는 믿음으로 의롭다 함을 받은 인물로 해석합니다. 연대적으로 가장 후기에 등장한 이슬람에서는 아브라함을 유대인이나 기독교인이기 이전의 인물로서, 우상숭배를 떠나 순수한 유일신에게 자신을 맡기고 전적으로 순종한 최초의 예언자로 존경합니다. 이처럼 동일한 인물을 공유하면서도 상이한 해석이 존재한다는 점은 아브라함 기원 종교의 중요한 특징이라 할 수 있습니다. 각 종교가 처한 여러 정치, 경제, 문화, 역사적 상황, 서로 공존, 대립하기도 하며 주고받은 영향관계에 따라 상이한 종교 문화적 정체성이 형성되었다고 볼 수 있습니다.

## III. 주제 강의

### 1. 공통점과 차이점

#### (1) 유일신 사상과 계시 종교라는 공통점

아브라함은 당시 각 천체와 자연물에 나름의 신이 존재한다는 다신교적 세계관을 거부하고, 세상을 창조하고 역사를 이끄는 절대적 유일신의 존재를 인정했습니다. 즉 그는 세계를 지배하는 궁극적 원리와 질서를 인식하고자 하였던 최초의 인물로 존경받는 것입니다. 이들 종교는 유일신이 인간 역사 속에서 아브라함을 통해 자신의 뜻을 계시했다고 믿는다는 점에서 '계시종교'에 속합니다.

유일신 앞에서 신의 뜻에 따른 올바른 삶을 강조하는 윤리적 요청과, 최후의 심판이라는 종말론적 세계관 역시 세 종교가 공유하는 핵심 요소입니다. 이러한 공통점은 아브라함 기원의 종교들이 단순한 신앙 체계를 넘어 인간의 삶 전체를 규율하는 종교 전통으로 발전하게 된 배경을 이룹니다. 하지만 이슬람의 경우, 그 역사적 발전 경로상 신앙과 행위가 강력하게 결합되어 있으며 정치와 종교의 일치를 추구하는 경향이 더 큽니다.

#### (2) 예언자와 경전 이해의 차이점

세 종교로 분화하게 된 가장 중요한 차이점은 예언자와 계시에 대한 이해방식입니다. 기원전 6–5세기 바빌론 유수(Babylonian Exile) 이후 제2성전기에 성립된 유대교는 아브라함을 조상으로 하며, 모세를 중심으로 한 율법 전통을 강조합니다. 유대교에서 메시아는 아직 도래하지 않은 존재로 이해되기에 예수를 메시아이자 하나님의 아들로 이해하는 기독교적 신앙은 유대교 전통에서 수용될 수 없었습니다.

유대인 예수를 중심으로 형성된 신앙은 점차 유대교 내부에서 분리되어 기독교로 정립되었습니다. 특히 사도 바울은 예수 그리스도의 구원 메시지를 유대인의 경계를 넘어 모든 인류에게로 확장함으로써 기독교가 세계 종교로 발전하는 데 결정적인 기여를 하였습니다. 기독교는 예수를 메시아이자 신의 아들로 이해하며, 그의 죽음과 부활을 구원의 핵심 사건으로 간주합니다.

이슬람은 예수를 위대한 예언자 중 한 사람으로 존경하지만, 무함마드(Muhammad)를 최후의 예언자로 바라봅니다. 이슬람에서는 유일신과 인간 사이의 구분이 엄격하게 유지되며, 예수가 신이자 인간이라는 기독교의 신앙은 받아들여지지 않습니다. 무함마드는 철저히 인간으로서 알라의 뜻에 순종하여 유일신 신앙을 전파하고, 종교와 정치가 결합된 공동체인 움마를 형성한 인물로 존경받습니다.

유대교는 토라(Torah)와 예언서(Nevi'im), 성문서(Ketuvim), 기

무함마드의 설교 장면 (16세기 후반)

독교는 유대교의 경전이 포함된 구약과 신약을 포함한 성서, 이슬람교는 알라가 무함마드를 통해 계시한 꾸란을 신성한 경전으로 삼고 있습니다. 유대교에서 토라는 신과 이스라엘 공동체 사이에 맺어진 언약의 기록으로 이해됩니다. 토라는 단순한 신앙 고백이 아닌, 공동체가 어떻게 살아야 하는지를 구체적으로 규정하는 율법의 성격을 가집니다. 기독교에서는 이러한 구약의 전통 위에 예수 그리스도의 삶과 가르침을 전하는 신약이 더해집니다. 기독교인에게 경전은 율법의 모음이라기보다는, 신이 인간의 역사 속으로 들어온 사건을 증언하는 이야기에 가깝습니다. 이슬람에서는 무함마드가 알라로부터 직접 계시를 받아 기록한 문서의 모음집을 꾸란(뜻: 암송되는 것)이라고 부릅니다. 무슬림은 꾸란을 통해 유일신의 계시가 완결되었다고 여깁니다. 꾸란을 인간의 해석이나 편집이 개입되지 않은 신의 직접 발화로 간주하며 이에 매우 강력한 권위를 부여하고 있습니다.

## 2. 역사적·사회적 전개

종교의 분화는 신학적 차이만으로 설명되지 않습니다. 로마 제국의 정치 환경, 아라비아 반도의 사회 구조, 민족 정체성의 형성 등 역사적 조건이 종교 교리의 해석과 제도화에 큰 영향을 끼쳤습니다.

먼저 유대교의 경우, 앞서 언급했듯이 고대 이스라엘 왕국의 멸망과 바빌론 유수를 거치며 형성된 디아스포라(diaspora) 공동체적 종교라는 특징을 지닙니다. 정치적 주권을 상실하여 독립된 국가를 형성하지 못한 기간 동안 유대인들은 세계 각지에 흩어져 살며 민족 정체성과 신앙을 보존하기 위한 민족 종교로 발전하였습니다. 유대교의 율법과 경전은 단순한 종교 문서가 아닌 흩어진 공동체 구성원을 결집시키는 삶의 질서이자 정체성의 핵심이었습니다. 이러한 역사적 경험은 유대교가 민족성과 종교성이 강하게 결합된 전통으로 자리 잡게 된 배경이 되었습니다.

기독교는 한동안 로마 제국 내에서 박해받는 위치였으나, 콘스탄티누스 황제의 공인(313년, 밀라노 칙령), 테오도시우스 황제의 데살로니카 칙령을 통한 국교화(380년) 및 이교적 제의 금지 정책(391-392년)으로 그 지위가 승격하면서 급격한 변화를 맞이하였습니다. 이러한 과정 속에서 기독교는 보편 제국의 질서와 결합하며 보편적 종교로 자리매김하게 되었고 유럽으로 뻗어갔습니다. 그러나 중세에는 세속 권력과 긴밀히 연합하여 십자군(crusade) 전쟁과 같은 폭력적 충돌을 정당화하는 데 동원되기도 했습니다. 이는 단지 종교적 열정의 산물만이 아닌, 중세 유럽의 정치·경제적 이해관계와 결합된 불행한 결과로서 유대인 및 이슬람 혐오와 결합하여 이들 세계에 깊은 상흔을 남겼습니다.

역사적으로 이슬람에 대해서는 잘 알려지지 않았기에 짧게나마 세 종교의 공존 시기에 대해 요약해보면 다음과 같습니다. 쿠라이시 부족에 속했던 아랍인 무함마드가 유일신의 뜻을 설파하던 7세기 초는, 페르시아 제국과 비잔틴 제국이 대립하던 국제 질서 속에서 아라비아 반도에 유대교와 기독교 전통이 함께 존재하던 시기였습니다. 당시 메카는 다수의 신과 우상이 숭배되던 종교적 중심지였으나, 무함마드는 이러한 환경 속에서 유일신 알라에 대한 신앙을 선포하였습니다. 그의 사후, 이슬람 공동체는 급속히 확장되었고 제2대 칼리프(Caliph의 뜻: 예언자의 '후계자') 우마르(Umar)는 637-638년 예루살렘을 점령하게 됩니다.

우마르는 기독교 성지의 보호를 약속하는 헌장에 서명하여 당시 주요 기독교 종교 시설은 유지될 수 있었다고 합니다. 이때 로마 시대 이후 폐허로 남아 있던 유대교 성전 유적지 또한 정비되는데 이곳은 성서 전통에서 아브라함이 아들을 제물로 바치라는 시험을 받았던 성전 산(Temple Mount)이었습니다. 이후 이슬람에게 이 지역은 아브라함에 대한 기억과 예언자 무함마드의 천상여행 전승과도 연결되어 중요한 성지로 자리 잡게 됩니다.

일부 사료에 따르면, 이전 지배 시기 동안 예루살렘 거주가 제한되었던 유대인들에게 이 시기 도시 거주가 허용되었다고 전해집니다. 또한 중세 유대교 문헌과 이슬람 통치하의 기독교 기록에는, 당시 예루살렘에서 종교적 신앙 고백을 이유로 한 강제 개종이나 조직적 박해가 두드러지지 않았다는 인식이 나타납니다. 이러한 기록들은 특정 역사적 맥락 속에서 예루살렘이 다양한 종교 공동체가 공존할 수 있었던 공간으로 인식되었음을 보여주는 동시대적 평가의 한 사례로 이해될 수 있습니다.[1]

압바스(Abbasid) 왕조 시기였던 9세기 이슬람 제국에는 헬레니즘 세계의 그리스 철학과 과학이 본격적으로 유입되었습니다. 이 과정에서 시리아 지역 출신의 무슬림 학자들이 중요한 역할을 하였는데, 이들 가운데에는 무슬림으로 개종한 인물들뿐 아니라 기독교도와 유대교도 학자들도 포함되어 있었습니다. 특히 그리스어 원전에 능통했던 기독교와 유대교 학자들은 그리스어 문헌을 시리아어로 번역하고, 이를 다시 아랍어로 옮기는 작업에서 핵심적 역할을 수행했습니다. 번역 활동은 압바스 왕조의 정치적 후원 아래 제국의 수도, 바그다드에 설립되었던 '지혜의 집'(Bayt al-Ḥikma)을 중심으로 전개되었으며, 이를 통해 고대 그리스의 철학, 의학, 수학, 천문학이 아랍어 학문 전통 속에 유입되었습니다. 이 과정은 단순한 번역에 그친 것이 아니라, 이슬람 세계 내부에서 새로운 해석과 발전을 낳는 토대가 되었고, 이후 중세 유럽으로 지식이 전해지는 중요한 경로를 형성하였습니다.[2]

그러나 이러한 공존과 교류의 양상이 중세 전반에 걸쳐 지속되었던 것은 아닙니다. 11세기 이후 십자군 전쟁을 거치며, 예루살렘과 그 주변 지역은 종교적 공존의 공

---

1) 카렌 암스트롱, 『신의 전쟁』, 285-86.

2) 아라비아 숫자, 대수학(algebra), 천문학, 화학, 의학 지식의 유입이 잘 알려져 있습니다. 더 자세한 내용은 다음을 참조하십시오: 바이얼릿 몰러 저, 김승진 역, 『지식의 지도: 일곱 개 도시로 보는 중세 천 년의 과학과 지식 지형도』 (서울: 마농지, 2023).

간이라기보다 무력 충돌과 성지 쟁탈의 대상이 되었습니다. 십자군 전쟁은 기독교, 유대교, 이슬람 사이의 관계를 단순한 신앙의 차원이 아니라 정치적 적대 구도로 재편하는 계기로 작동하였고, 이들 사이에는 점차 폭력과 배제의 언어가 축적되었습니다. 13세기에는 몽골의 침입으로 바그다드를 비롯한 이슬람 세계의 주요 도시들이 파괴되면서, 압바스 왕조 시기 형성되었던 학문과 교류의 기반 역시 심각한 타격을 입습니다. 이슬람 세계 내부의 정치적 안정과 지식 네트워크가 약화되어 이전과 같은 다종교·다문화 공존 구조가 재건되기 어려운 조건이 되었습니다.

이러한 역사적 전개는 근현대의 아브라함 기원의 세 종교 간 갈등에도 깊은 영향을 미치게 됩니다. 근대에 이르러, 유럽의 민족주의, 식민주의가 부상하게 되었고 이 과정에서 유럽 사회에서 오랫동안 경계의 대상이었던 유대인과 이슬람에 대한 편견은 근대적 인종주의와 결합하게 됩니다. 이러한 결합은 20세기 유럽에서 극단적인 형태로 폭발하게 됩니다.독일의 나치가 주도했던 홀로코스트라는 대참사는 유럽에 깊이 뿌리내렸던 유대인 혐오가 절정에 이른 사건이었습니다. 이는 종교적 편견이 정치 이데올로기와 결합할 때 초래될 수 있는 최악의 비극을 여실히 보여줍니다. 제2차 세계대전 이후 팔레스타인 지역에 세워진 국가 이스라엘(1948년)은 유대인의 역사적 경험과 종교적 정체성에 깊이 연결되어 있었습니다. 그러나 동시에 팔레스타인 지역에 거주하던 다수의 아랍 무슬림들과의 갈등을 피할 수 없었습니다. 특히 이스라엘–팔레스타인 분쟁은 종교 갈등으로만 설명되기 어렵습니다. 왜냐하면 팔레스타인이 영국의 식민지였고, 영국은 유대인과 팔레스타인에 모두 각자의 독립에 대해 약속했었기 때문입니다.

그러므로 이 분쟁에는 식민지 역사, 국제 정치, 민족주의, 영토 문제 등이 복합적으로 얽혀 있습니다. 더 나아가 예루살렘과 같은 곳이 유대교, 기독교, 이슬람 모두에게 성지라는 점에서 종교적 상징은 갈등을 더욱 격화시키는 요소로 작용해 왔습니다. 종교가 갈등의 단독 원인이 아니지만, 역사적·정치적 문제에 있어서 관련된 사람들에게 강력한 의미와 정당성을 부여하는 역할을 수행하고 있음을 보여줍니다.

아브라함 기원의 세 종교는 각기 다른 역사적 조건 속에서 형성되고 제도화되었으며, 그 과정에서 사회와 정치와의 관계 역시 서로 다른 방식으로 전개되었음을 알 수 있습니다. 이러한 맥락을 이해할 때, 종교 간 갈등은 단순한 교리 대립이 아니라 역사 속에서 형성된 구조적 문제로 파악될 수 있습니다. 따라서 종교를 이해하는 일은 곧 그 역사를 이해하는 일이며, 이는 오늘날의 갈등을 보다 입체적으로 바라보기 위한 필수적인 전제가 되는 것입니다.

## 2. 인류 문명의 유산: 인간의 이성을 넘어서는 믿음

지금까지 살펴본 것처럼 아브라함 기원의 종교들은 역사 속에서 정치와 권력, 집단 정체성과 결합하며 때로는 폭력과 배제의 논리를 강화해 왔습니다. 그러나 이러한 역사적 전개가 종교의 전부를 결코 말해주지 않습니다. 아브라함의 이야기, 그리고 이를 사유한 철학자 죄렌 키에르케고르(Søren Kierkegaard, 1813-1855)의 해석은 종교 전통 내부에 인간의 이성과 윤리를 넘어서는 또 다른 차원의 신앙 이해가 존재함을 보여주고 있습니다.[3]

키에르케고르는 『공포와 전율』에서 고대 그리스·로마의 비극적 영웅과 아브라함을 대비시켰습니다. 그리스 비극에 등장하는 아가멤논은 트로이 전쟁에서의 승리를 위해 자신의 딸 이피게네이아를 제물로 바쳤습니다. 이 비극적 영웅은 국가를 위해 희생하여 공동체가 이해할 수 있는 보편적 윤리의 질서 안에서 고통을 감수하며 행동했습니다. 그러나 아브라함이 모리아 산에서 사랑하는 아들 이삭을 제물로 바치라는 하나님의 명령에 응답하는 행위는 이러한 보편적 윤리의 범주로는 설명 불가능한 것으로 드러납니다. 키에르케고르에게서 아브라함의 믿음은 타인을 설득하거나 동원하는 신념이 아니라, 오히려 누구에게도 강요될 수 없는 고독한 결단이었습니다. 그의 믿음은 집단적 정체성을 강화하거나 폭력을 정당화하는 도구가 아닌, 인간이 자기 자신과 신 앞에서 책임을 지는 방식이었습니다. 즉 신앙은 갈등을 해결하는 직접적인 해답이라기보다는, 갈등과 폭력을 절대화하는 인간의 사고방식에 균열을 내는 하나의 가능성으로 드러납니다.

그러므로 키에르케고르가 아브라함의 여정에 큰 충격과 감동을 받고 이를 지적한 것은, 인간의 이성으로서는 끝끝내 이해할 수 없는 신 앞에서의 고독한 신앙 행위였기 때문이었습니다. 이는 예수님의 모친이었던 마리아에게도 적용되어 키에르케고르는 아브라함과 더불어 그에 대해 다음과 같이 표현했습니다.

---

3) 쇠안 키에르케고르 저, 임춘갑 역, 『공포와 전율(코펜하겐 1843년)』 도서출판 치우, 2011.

이러한 믿음은 어떤 철학적 체계나 윤리 이론으로도 완전히 포착될 수 없으며, 바로 그 지점에서 '공포와 전율'이 발생하는 것입니다. 이 책의 제목은 사도 바울의 빌립보서 2장 12절에 따른 것입니다.[5] 이 점에서 우리는 종교문명의 충돌이 아닌 평화로 나아가야 할 길을 발견하게 됩니다.

아브라함 기원의 종교를 이해하는 일은 단지 과거의 갈등을 설명하는 작업에 그치지 않습니다. 그것은 인간이 서로를 적대하고 악으로 규정하기 이전, 신 앞에 선 유한한 존재인 인간으로서 자신을 성찰할 수 있는 가능성을 다시 묻는 일이며, 이 질문 속에서 우리는 갈등과 폭력을 넘어서는 평화에 대한 사유의 단초를 발견할 수 있을 것입니다.

## IV. 참고도서

바이얼릿 몰러 저, 김승진 역,『지식의 지도: 일곱 개 도시로 보는 중세 천 년의 과학과 지식 지형도』서울: 마농지, 2023.
쇠안 키에르케고르 저, 임춘갑 역,『공포와 전율(코펜하겐 1843년)』서울: 도서출판 치우, 2011.
카렌 암스트롱 저, 정영목 역,『신의 전쟁: 성스러운 폭력의 역사』서울: 교양인, 2021.
한국종교문화연구소 지음,『세계종교사 입문』파주: 청년사, 2011.
Jan Hjärpe, "Abraham IV," Gerhard Müller et al (eds.) *Theologische Realenzyklopädie: Band I Aaron-Agende*, Berlin; New York: Walter de Gruyter, 1977, 386-387.

---

4) 같은 책, 132-133.

5) "그러므로 나의 사랑하는 여러분, 여러분이 언제나 순종한 대로 내가 함께 있을 때뿐만 아니라, 지금과 같이 내가 없을 때에도 더욱더 순종하여서 두렵고 떨리는 마음으로 자기의 구원을 이루어 나가십시오." (빌립보서 2장 12절)

1. 어차피 기원으로 보면 이들 세 종교는 동일한 신을 믿기에 종교 갈등이 불필요한 것은 아닌가요?

답:

# 4. 과학과 기독교
### -종교와 과학은 함께 갈 수 있는가?-

## I. 문제 제기: '전쟁'이라는 통념 깨기

우리는 흔히 1633년 갈릴레오 갈릴레이(Galileo Galilei, 1564-1642)의 종교재판을 과학과 종교 사이의 좁힐 수 없는 '전쟁'의 상징처럼 기억합니다. 늙고 병든 과학자가 권위적인 교회의 압박 앞에서 "그래도 지구는 돈다"(E pur si muove)라고 중얼거렸다는 일화는 기독교 신앙이 이성의 빛을 가로막는 어둠이라는 이미지를 강화해왔습니다. 그러나 이러한 '과학 대 종교의 전쟁'이라는 도식은 19세기 말 만들어진 과장된 프레임일 뿐, 실제 역사적 과정과는 상당한 거리가 있습니다. 갈릴레오는 무신론적 반(反)종교주의자가 아니었으며, 오히려 자신의 삶 전체를 통해 독실한 가톨릭 신자로서 교회와 긴밀히 연결된 인물이었습니다. 그가 고민했던 핵심은 과학이 신앙을 무너뜨린다는 두려움이 아니라, "새롭게 발견된 우주의 구조를 성경과 어떻게 조화롭게 이해할 수 있을까?"라는 질문이었습니다. 즉, 그는 과학적 발견과 성경의 가르침이 서로 충돌하는 것이 아니라, 상호 보완적인 두 종류의 진리로 어떻게 읽힐 수 있는지를 탐구하고 있었습니다.

이 장이 던지는 질문은 바로 여기에 있습니다. 과연 과학과 기독교는 본질적으로 충돌하는가? 혹은 갈릴레오 사례는 오히려 과학과 성경이 서로 다른 방식으로 진리를 말하면서도 조화롭게 공존할 수 있음을 보여주는 역사적 사례는 아닐까? 이 질문에 답하기 위해, 본 장에서는 갈릴레오의 지동설 논쟁을 중심으로 과학과 신앙의 관계를 살펴보고, 오늘날에도 의미 있는 "과학과 기독교의 대화 가능성"을 모색하고자 합니다.

# II. 개념 설명

## 1. 과학적 세계관의 형성

현대 과학적 세계관은 기독교와 단절하여 등장한 것이 아니라, 중세 기독교 세계관이 제공한 지적 토대 위에서 형성되었습니다. 중세 유럽의 대학은 대부분 교회가 세운 기관이었고, 그곳에서 아우구스티누스(Augustine), 토마스 아퀴나스(Thomas Aquinas), 로버트 그로스테스트(Robert Grosseteste), 로저 베이컨(Roger Bacon) 같은 신학자, 철학자들이 자연을 탐구 가능한 질서로 이해하는 관점을 발전시켰습니다. 이들은 자연을 혼란스럽고 예측 불가능한 힘들의 집합으로 보지 않고, 하나님이 합리적 질서로 창조하신 세계, 즉 "읽을 수 있는 책"으로 보았습니다. 이러한 관점은 자연을 탐구할 수 있다는 근본적 신뢰를 형성했고, 관찰, 측정, 법칙 발견을 중요하게 여기는 근대 과학의 태도를 준비하였습니다.

아우구스티누스는 자연을 하나님의 지혜가 드러나는 '두 번째 책'으로 설명했고, 아퀴나스는 자연 세계의 합리적 연구가 신앙과 모순되지 않는다고 보았습니다. 그로스테스트와 로저 베이컨은 광학, 수학적 분석, 그리고 실험의 중요성을 강조하여 근대 과학적 방법론의 초기 형태를 제시했습니다. 이러한 전통 위에서 코페르니쿠스, 케플러, 갈릴레오 같은 근대 과학자들은 자연을 수학적 법칙으로 설명하려 했고, 그들 자신도 신앙을 가진 학자였습니다. 그러므로 과학적 세계관은 기독교와 적대적 관계에서 갑자기 나타난 것이 아니라, 기독교적 질서관·합리성 이해·자연 탐구 전통의 연속에서 발전한 결과라고 이해할 수 있습니다.

## 2. 갈등 명제(conflict thesis)

오늘날 "과학과 기독교는 본질적으로 충돌한다"는 인식은 자연스러운 상식처럼 여겨지지만, 이러한 생각은 19세기 후반에 형성된 이른바 갈등 명제(conflict thesis)에서 비롯되었습니다. 이 명제는 미국의 존 드레이퍼(John Draper)가 1874년에 출간한 『종교와 과학의 갈등사』에서 최초로 체계화되었고, 이후 앤드루 디킨슨 화이트

(Andrew D. White)가 1896년에 발표한『기독교와 과학과의 전쟁사』를 통해 대중적으로 확산되었습니다. 두 저자는 중세와 근대의 다양한 갈등 사례들을 단순화하여 "과학은 진보, 종교는 장애물"이라는 대립 구도를 강조했습니다.

그러나 20세기 이후의 역사 연구는 이러한 갈등 서사가 사실이라기보다 과장된 신화였음을 분명히 보여주었습니다. 실제 역사에서 중세와 근대 초의 많은 과학자는 신앙인이었고, 과학 활동은 교회가 설립한 대학과 중세 자연철학 전통 속에서 발전했습니다. 갈릴레오 재판 또한 단순한 '교회 vs 과학'의 충돌이 아니라, 당시의 정치적 상황, 학문적 경쟁, 천문학적 증거의 부족 등 복합적인 요소가 얽힌 사건이었습니다. 따라서 갈등 명제는 과학과 기독교의 실제 관계를 반영하기보다, 19세기 세속주의가 강화되던 분위기 속에서 만들어진 근대적 오해로 보아야 합니다. 오늘날 학계에서는 과학과 기독교가 본질적으로 적대적이라는 관점이 더는 타당하지 않은 것으로 평가되고 있으며, 두 영역은 서로 다른 질문을 다루는 상호보완적 관계로 이해되고 있습니다.

## III. 주제 강의

### 1. 갈릴레오의 고민: 성경이 틀린 것인가, 해석이 틀린 것인가?

17세기 초 유럽에서 지배적이었던 천동설(지구 중심 우주관)은 단순히 교회의 고집스러운 교리가 아니었습니다. 그것은 고대 이후 2천 년 동안 유지된 당대 최고의 과학적 합의였습니다. 아리스토텔레스의 자연철학과 프톨레마이오스의 천문학 체계는 학문, 교육, 교회 해석에 깊이 뿌리내려 있었고, 대부분의 사람에게 너무도 자명한 상식처럼 여겨졌습니다. 교회 역시 이 과학적 세계관을 바탕으로 성경을 읽고 있었습니다. 예를 들어, 성경의 시편 93:1에서 "여호와께서 능력의 옷을 입으시며 띠를 띠셨으므로 세계도 견고히 서서 흔들리지 아니하는도다"라고 기록되어 있습니다. 당시 사람들은 이러한 구절을 천문학적 사실로 받아들여 지구가 움직이지 않는다고 해석했습니다. 따라서 지구가 움직인다는 주장은 종교뿐 아니라 학문 전체의 토대를 흔드는 일처럼 보였습니다.

　반면에 갈릴레오는 망원경으로 목성의 위성들과 금성의 위상을 관찰하면서, 코페르니쿠스의 지동설이 단순한 가설이 아니라 실제 우주의 구조를 설명하는 데 더 적합하다는 강한 확신을 갖게 되었습니다. 바로 이 지점에서 그의 내적 갈등이 시작됩니다. "만약 자연이 보여주는 사실과 성경의 해석이 서로 다르게 보인다면, 무엇이 잘못된 것인가?" 갈릴레오의 대답은 분명했다: "성경과 자연은 서로 충돌할 수 없다!" 왜냐하면, 이 둘 모두는 동일한 창조주 하나님으로부터 나온 진리를 담고 있기 때문입니다. 1615년 크리스티나 대공비(the Grand Duchess Christina)에게 보낸 편지에서 갈릴레오는 성경과 자연이 서로 다른 방식으로 진리를 말하지만, 둘은 결국 조화로워야 한다는 관점을 분명하게 설명합니다. 자연은 하나님이 만드신 세계이며 그분의 질서를 그대로 반영합니다. 성경은 구원과 삶의 의미에 대한 진리를 전달하기 위해 기록된 책입니다. 따라서 자연과 성경이 충돌하는 것처럼 보인다면, 그 문제는 성경 자체가 아니라 성경을 읽는 인간의 해석 방식에 있다고 그는 보았습니다.

　갈릴레오는 이 점을 명확히 하기 위해 당시 추기경 바로니우스(Cesare Baronius)의 말을 인용해 자신의 견해를 정리했습니다. 성경은 "우리가 하늘나라에 어떻게 가야 하는지"를 가르치지, "하늘이 어떻게 움직이는지"를 설명하려는 책이 아닙니다. 다시 말해, 성경은 인간의 구원과 삶의 목적을 다루는 책이지 천문학 교과서가 아닙니다. 그러므로 지동설이 맞는다면 성경을 버려야 하는 것이 아니라, 성경을 과학적 사실의 교재로 읽으려는 방식을 조정해야 합니다. 바로 이 지점에서 갈릴레오의 고민과 그의 위대함이 드러납니다. 그는 과학을 통해 신앙을 제거하려는 것이 아니라, 과학적 발견과 신앙의 진리가 조화를 이루는 길을 찾으려 했습니다. 그에게 자연 연구는 신앙의 적이 아니라, 하나님이 창조하신 세계를 더 깊이 이해하는 또 하나의 '창'이었습니다. 그리고 이 관점은 오늘날 과학과 신앙의 관계를 이해하는 중요한 출발점이 됩니다. 과학은 "우주가 어떻게 작동하는가"를 탐구하며, 신앙은 "왜 이런 세계 속에서 인간이 존재하며 어떻게 살아야 하는가"를 성찰합니다. 두 영역은 서로 경쟁하는 진리가 아니라, 서로 다른 질문에 답하는 두 개의 창문일 수 있다는 가능성을 갈릴레오의 삶이 보여줍니다.

## 2. 과학과 기독교의 상호보완적 관계

갈릴레오 사건은 과학과 신앙이 서로 다른 질문을 던지고 있음을 보여주는 대표적 사례이기도 합니다. 과학은 "세계가 어떻게 움직이는가?" "어떤 법칙이 자연 현상을 설명하는가?"를 묻습니다. 천문학, 물리학, 생물학, 뇌과학 등은 모두 관찰과 실험, 수학적 모델링을 통해 이 '어떻게'의 질문에 답하려 합니다. 반면 기독교 신앙과 신학은 "왜 이런 세계가 존재하는가?" "이 세계의 궁극적 근원과 목적은 무엇인가?" "인간은 이 세계 안에서 어떤 의미가 있는 존재인가?" 등과 같은 '왜'의 질문에 주목합니다.

이 두 질문은 서로를 대체하거나 무효화하지 않습니다. 오히려 세계를 더 깊이 이해하기 위해서는 양쪽 모두가 필요합니다. 예를 들어, 천체물리학은 우주의 기원과 진화를 시간의 축에서 설명할 수 있지만, "왜 우주가 전혀 존재하지 않음이 아니라, 존재하게 되었는가?"라는 신학적이고 철학적인 질문까지 자동으로 답변해 주지는 않습니다. 반대로, 창세기가 "하나님이 천지를 창조하셨다"고 말한다고 해서, 별과 행성이 구체적으로 어떤 과정을 거쳐 형성되었는지에 대한 과학적 설명이 불필요해지는 것도 아닙니다.

갈릴레오와 그 전통을 잇는 여러 기독교 과학자들은, 과학을 통해 '어떻게'를 탐구하는 일이 곧 신앙의 적이 아니라, 하나님이 창조하신 세계를 더 깊이 사랑하고 이해하려는 시도가 될 수 있음을 보여 줍니다. 그들에게 자연법칙은 하나님이 세우신 창조 질서의 표현이고, 과학은 그 질서를 해독하는 작업입니다. 기독교 신앙은 이 탐구에 의미와 목적을 부여하고, 탐구 과정에서 요구되는 윤리(정직, 겸손, 진리 사랑)를 심화시킵니다. 이렇게 볼 때 과학과 기독교는 서로의 영역을 침범하는 적대적 관계가 아니라, 서로 다른 층위에서 같은 현실을 해석하는 상호보완적 동반자입니다.


## 3. 신앙의 눈으로 우주의 질서를 읽다

현대 사회에서 과학과 종교는 흔히 서로 배타적인 영역으로 간주하지만, 근대 과학의 혁명을 이끈 주역들에게 과학은 하나님의 창조 세계를 이해하려는 예배 행위였습니다. 그들에게 자연은 하나님이 기록하신 또 하나의 책이었으며, 과학적 발견은 그 책에 담긴 창조주의 지혜를 해독하는 과정이었습니다. 성경적 세계관과 신앙적 확신을 바탕으로 위대한 과학적 성취를 이룬 세 명의 인물을 통해 신앙과 과학의 창조적 역동성을 살펴봅시다.

### 1) 요하네스 케플러(Johannes Kepler, 1571-1630): "창조주의 생각을 추적하다"

천체물리학의 기틀을 닦은 요하네스 케플러는 본래 목회자가 되기 위해 신학을 공부했던 인물이었습니다. 그는 비록 경제적 어려움과 종교 전쟁의 소용돌이 속에서 고단한 삶을 살았으나, 그의 내면에는 "하나님은 기하학적 원리에 따라 세상을 창조하셨다"는 확고한 신념이 자리 잡고 있었습니다.

케플러는 우주가 혼돈(chaos)이 아닌 질서(cosmos)의 상태에 있는 이유는 창조주가 지혜로운 설계자이기 때문이라고 믿었습니다. 그는 천체의 운동을 관찰하며 다음과 같은 유명한 고백을 남겼습니다. "나는 하나님이 자연이라는 책에서 당신의 영광을 찬양받으시기를 원합니다. 과학자는 자연이라는 책을 읽는 제사장과 같습니다." 그는 행성의 궤도가 완벽한 원형일 것이라는 고대 아리스토텔레스의 전통적 관념을 깨고 '타원 궤도의 법칙'을 발견했는데, 이는 단순히 수치를 계산한 결과가 아니라 "하나님은 가장 단순하고 조화로운 방식으로 우주를 운행하실 것"이라는 신학적 확신에서 비롯된 탐구의 결실이었습니다. 케플러에게 천문학은 우주에 새겨진 하나님의 지문을 찾는 거룩한 추적이었습니다.

### 2) 아이작 뉴턴(Isaac Newton, 1642-1727): "질서의 하나님을 증명한 과학의 거인"

인류 역사상 가장 위대한 과학자 중 한 명으로 꼽히는 아이작 뉴턴은 현대인이 생각하는 '무신론적 과학자'의 이미지와는 거리가 멀었습니다. 사실 그는 물리 법칙을 연구한 시간보다 성경을 연구하고 신학 논설을 쓰는 데 더 많은 시간을 할애할 정도로 독실한 신앙인이었습니다. 그에게 자연 과학은 하나님이 설계하신 우주의 법칙을 드러냄으로써 무신론을 반박하는 강력한 도구였습니다.

뉴턴은 그의 저서 『프린키피아』(Principia)의 결론 부분인 일반 주석(General Scholium)에서 다음과 같이 서술했다: "태양과 행성, 그리고 혜성들로 이루어진 이 지극히 아름다운 체계는 오직 지성을 갖춘 강력한 존재의 계획과 주권 하에서만 나올 수 있었습니다." 뉴턴이 발견한 '만유인력의 법칙'은 우주가 우연의 산물이 아니라, 일관된 법칙에 의해 통치되고 있음을 과학적으로 입증한 사건이었습니다. 그는 우주를 거대한 시계에 비유하며, 정교한 시계 뒤에는 반드시 그것을 만든 시계 제조공이 있듯이, 정교한 우주 뒤에는 최고의 입법자이신 하나님이 계신다는 사실을 과학적 논리로 전파하고자 했습니다. 뉴턴에게 과학적 발견은 곧 하나님의 통치하심을 목격하는 감격스러운 체험이었습니다.

### 3) 매튜 머리(Matthew Fontaine Maury, 1806-1873): "바다의 길을 찾은 성경의 독자"

'해양학의 아버지'라 불리는 매튜 머리는 성경 말씀에서 직접적인 영감을 얻어 위대한 과학적 발견을 이룬 가장 극적인 사례 중 하나입니다. 미 해군 장교이자 천문대장이었던 그는 시편 8:8의 "공중의 새와 바다의 어족과 해로(paths of the seas)에 다니는 것이니이다"라는 말씀에 주목했습니다. 당시 사람들은 바닷물이 단순히 무질서하게 섞여 있다고 생각했습니다. 그러나 머리는 "하나님이 바다에 '길'이 있다고 말씀하셨다면, 거기에는 반드시 길이 있을 것"이라는 신앙적 확신을 뒀다. 그는 수년간 수 많은 항해 일지를 분석하고 해류병 던지기 실험을 반복한 끝에, 오늘날 우리가 알고 있는 거대한 해류의 흐름과 항로를 발견해냈다. 그는 "성경은 참되다. 성경이 바다에 길이 있다고 한다면 그것은 사실이며, 나는 그것을 찾아낼 것이다"라고 말하곤 했습니다. 그 발견은 항해 시간을 획기적으로 단축했을 뿐만 아니라 수많은 선원의 생명을 구했습니다. 버지니아주에 세워진 그의 기념비에는 "바다의 길을 찾은 사람"(Pathfinder of the Seas)이라는 문구와 함께 그가 영감을 얻었던 성경 구절이 새겨져 있습니다. 머리에게 성경은 과학적 탐구를 안내하는 살아있는 지도였습니다.

## 4. 갈등을 넘어 조화로: 상호보완적 관계

과학과 기독교의 관계는 어느 한쪽이 다른 한쪽을 굴복시키는 정복의 역사가 아니라, 진리의 전체 모습을 드러내기 위해 협력하는 상호보완적 동행의 역사입니다. 이

둘은 각기 다른 질문을 던지며 서로의 부족함을 채워주는 파트너와 같습니다. 첫째, 과학은 성경 해석의 훌륭한 조언자 역할을 수행합니다. 갈릴레오가 통찰했듯, 하나님은 계시의 책(성경)과 자연의 책이라는 두 권의 책을 우리에게 주셨습니다. 과학적 발견은 우리가 성경을 문자주의의 감옥에 가두어 오해하지 않도록 돕습니다. 예를 들어, 지동설이라는 과학적 사실은 성경의 시적·문학적 표현을 물리적 사실로 오해했던 과거의 해석을 바로잡아 주었으며, 이를 통해 우리는 창조주의 일하시는 방식을 더욱 광활하고 정교한 관점에서 이해할 수 있게 되었습니다. 과학은 성경이 말하는 '어떻게'의 영역, 즉 창조의 메커니즘을 구체화함으로써 신앙의 지평을 넓혀주는 도구가 됩니다.

둘째, 성경과 신앙은 과학의 목적과 윤리적 방향을 제시하는 이정표가 됩니다. 과학은 우주의 법칙을 발견할 수는 있지만, 그 지식을 '왜' 그리고 '어떻게' 사용해야 하는지에 대한 가치 판단은 내리지 못합니다. 케플러와 뉴턴이 발견한 정교한 물리 법칙이나 매튜 머리가 찾아낸 바닷길은 그 자체로 거대한 힘을 갖지만, 그 힘에 의미를 부여한 것은 그들의 신앙이었습니다. 성경은 과학이 단순한 지식의 유희나 파괴적 기술로 전락하지 않도록 이웃 사랑과 창조 세계의 청지기라는 윤리적 좌표를 제공합니다.

결국, 과학과 기독교는 서로를 필요로 합니다. 신앙 없는 과학은 방향을 잃은 채 맹목적인 질주를 할 위험이 있고, 과학 없는 신앙은 고립된 주관주의에 빠질 위험이 있습니다. 케플러가 과학적 탐구를 통해 창조주의 생각을 추적하며 희열을 느꼈던 것처럼, 오늘날의 우리 역시 과학을 통해 하나님의 솜씨를 더 깊이 감상하고, 성경을 통해 그 발견된 힘을 세상을 치유하는 데 사용하는 법을 배워야 합니다. 이처럼 과학과 신앙이 조화를 이룰 때, 우리는 비로소 하나님이 설계하신 인류 문명의 온전한 풍요로움을 누릴 수 있게 될 것입니다.

**1. 과학이 다 설명할 수 있는데, 왜 하나님이 필요한가요?**

답:

질문과 대답

## 2. 과학은 증거를 따르는데, 종교는 맹신이 아닌가요?

답:

1. 갈릴레오의 자연 연구에 비추어 볼 때, 과학적 발견이 우리가 성경을 문자주의적 오해에서 벗어나 더 정확하게 이해하도록 돕는 '해석의 조언자'가 될 수 있다는 관점에 대해 어떻게 생각하나요?

2. 케플러나 매튜 머리의 사례처럼 "우주가 지혜로운 설계자에 의해 창조되었다"는 신앙적 확신이, 실제 과학적 탐구 과정에서 과학자들에게 어떤 긍정적인 동기나 영감을 줄 수 있는지 토론해 봅시다.

3. 과학이 문명의 엔진이라면 기독교 신앙은 그 방향을 잡는 핸들이라고 할 때, 인공지능이나 유전자 편집과 같은 현대 과학 기술이 인류를 위해 바르게 사용되도록 신앙이 제시해야 할 윤리적 가치는 무엇인가요?

# 5. 포스트모더니즘과 기독교
## -다원화된 상대주의 시대에 진리추구는 어떻게 가능한가?-

## I. 문제 제기 : 진리의 실종인가, 새로운 탐구의 시작인가?

오늘을 살아가는 우리는 흔히 "진리의 시대가 끝났다"는 말과 마주합니다. 한 가지 객관적 진리가 모든 사람에게 동일하게 적용되는 시대는 지나갔고, 이제는 각자가 느끼는 방식, 자신이 믿고 싶은 사실, 자신의 경험에서 비롯된 '나만의 진리'가 강조되는 시대라는 진단입니다. 이른바 포스트모더니즘(postmodernism)이라 불리는 이 흐름은 절대적 기준이나 보편적 규범을 의심하고, 진리를 단일한 답이 아니라 여러 가능성 가운데 하나로 여긴다. SNS 시대를 살아가는 우리에게 이 흐름은 더욱 익숙합니다. 수많은 정보가 동시에 쏟아지고, 서로 모순되는 주장들이 넘쳐나는 상황 속에서 사람들은 점점 더 "내가 보고 싶은 것," "내가 믿고 싶은 것"을 진리처럼 받아들이게 됩니다.

반면에 절대적 진리가 사라진 자리는 곧바로 새로운 문제를 드러냅니다. 무엇이 사실인지, 어떤 기준으로 옳고 그름을 말할 수 있는지 판단하기가 점점 더 어렵습니다. 개인의 자율성과 다양성은 확대되었지만, 그만큼 사람들은 방향을 잃고 고립되기 쉽습니다. 상대주의는 자유를 약속하지만, 동시에 "무엇이 인간을 살리는가?" "어떤 기준으로 우리는 함께 살아갈 수 있는가?"라는 더 근본적인 질문에는 답을 주지 못합니다. 이에 따라 현대인은 의미 상실, 관계 단절, 공동체 약화라는 새로운 혼란을 경험하고 있습니다.

바로 이 지점에서 기독교는 과거처럼 절대적 권위를 주장하기보다, 진리를 다시 탐구하기 위한 하나의 방식으로 의미가 있습니다. 예수의 가르침은 진리는 타인을 배제하거나 통제하는 지식이 아니라, 삶 속에서 관계를 회복하고 인간다움을 키우는

방식으로 제시합니다. 이는 상대주의 시대에 잃어버린 진리의 목적과 방향을 다시 생
각하게 하며, 무엇이 인간을 성숙하게 하고 공동체를 형성하게 하는지를 성찰하도록
돕습니다. 결국 기독교는 다원화된 사회에서 배타적 주장으로서가 아니라, 혼란 속
에서도 진리를 어떻게 찾고 살아낼 것인가에 대한 하나의 지혜를 제공합니다.

## II. 개념설명

포스트모더니즘을 올바르게 이해하기 위해서는 이 사조가 출현하게 된 역사적 배
경과 지리적 맥락에 따른 차이를 고찰해야 합니다. 포스트모더니즘은 단순히 근대
이후(Post-Modern)의 시간적 순서를 의미하는 것이 아니라, 근대가 지향했던 가치 체
계에 대한 근본적인 회의와 비판을 담고 있기 때문입니다.

### 1. 서구의 포스트모더니즘

포스트모더니즘은 20세기 중반 이후 서구 사회에서 등장한 사상적 흐름으로, 그
출발점은 모더니즘에 대한 깊은 회의였습니다. 모더니즘은 이성과 과학의 힘이 사회
를 더 발전시키고 인간을 더 자유롭게 만들 것이라고 믿었습니다. 보편적 진리, 합리
적 질서, 과학적 규칙성은 인류를 앞으로 이끌 '희망의 엔진'으로 여겨졌습니다. 그러
나 20세기에 벌어진 두 차례의 세계대전, 홀로코스트의 비극, 식민주의와 냉전의 폭
력적 충돌은 이성의 시대가 약속했던 진보가 실제로는 인간 파괴로도 이어질 수 있
음을 드러냈다. 이 사건들은 "과학, 이성, 합리성만으로 인간은 더 나아질 수 있다"는
모더니즘의 낙관론을 무너뜨리고, 진리-이성-역사의 목적 같은 거대 담론을 근본적
으로 의심하게 만들었습니다.

이런 배경에서 등장한 포스트모더니즘은 어떤 진리도 절대적일 수 없다고 주장합
니다. 프랑스 철학자 데리다(J. Derrida)는 텍스트와 의미가 고정되지 않고 무한히 해
석 가능하다는 점을 강조하며 '해체'(deconstruction)라는 사유방식을 제시했습니다.
해체란 곧 기존 권위와 의미 체계를 분석하여 그 내부의 모순을 드러내고, 절대적 진

리를 상대화하는 작업입니다. 포스트모더니즘은 진리를 하나의 중심에서 찾지 않고, 다양한 미시적 이야기, 필요성, 정체성, 경험의 층위들을 모두 진리의 재료로 봅니다. 이렇게 서구 포스트모더니즘은 이성의 독주를 멈추고 차이와 다양성을 회복하려는 철학적 저항 운동의 성격을 띤다.

## 2. 아시아와 한국의 포스트모더니즘

아시아, 특히 한국 사회에서 경험하는 포스트모더니즘은 서구의 그것과 다른 궤적을 보인다. 서구가 전근대, 근대, 포스트모던의 단계를 수백 년에 걸쳐 순차적으로 밟아왔다면, 한국은 불과 수십 년 만에 이 과정을 통과하는 압축적 근대화를 겪었습니다. 이 과정에서 한국의 포스트모더니즘은 서구처럼 철학적 토대 위에서 근대성을 비판하며 등장했다기보다, 서구의 소비문화와 정보기술이 급격히 유입되면서 나타난 '현상적 다원주의'의 성격이 강합니다. 현재 한국 사회는 전통적인 가치(유교, 불교 등), 근대적 가치(산업화, 국가주의, 합리주의), 그리고 포스트모던한 가치(개인주의, 해체, 세속적 소비주의)가 한 시대에 중첩되어 나타나는 혼종성을 특징으로 합니다.

따라서 한국에서의 포스트모더니즘은 권위주의에 대한 반감을 통해 개인의 자유를 확장하는 긍정적 측면도 있으나, 한편으로는 확고한 가치관이 정립되기도 전에 모든 가치가 상대화되어 버리는 진공 상태 혹은 무책임한 상대주의로 흐를 위험을 동시에 안고 있습니다. 서구가 이성의 과잉을 경계하며 포스트모더니즘을 맞이했다면, 한국 사회는 근대적 합리성과 시민 의식이 충분히 뿌리내리기도 전에 포스트모던의 해체적 경향을 맞이하게 된 셈입니다.

## 3. 상대주의

상대주의는 진리가 보편적, 절대적 기준을 갖는 것이 아니라, 개인의 관점, 문화, 상황에 따라 달라진다고 보는 태도입니다. 이는 다양성을 인정한다는 점에서 긍정적이지만, 모든 주장이 동일한 가치로 취급될 때 "무엇을 기준으로 옳고 그름을 판단할 것인가"라는 문제를 일으킨다. 진리에 대한 기준이 사라지면 공동의 삶을 위한 규범을 세우기 어려워지는 한계가 있습니다.

## 4. 다원주의

다원주의는 한 사회 안에 다양한 가치관, 종교, 문화가 공존한다는 사실을 인정하고, 서로가 동등한 목소리를 낼 수 있도록 보장하는 태도입니다. 이는 현대 민주주의 사회에 필수적인 요소이며, 포스트모던 시대의 대표적 특징이기도 합니다. 그러나 다원주의 역시 "모든 견해가 동등하다"는 주장으로 흐를 경우, 공동체가 유지되기 위해 필요한 최소한의 기준을 정하기 어려운 문제가 발생할 수 있습니다.


# III. 주제 강의

포스트모더니즘은 우리에게 "절대적인 진리는 없다"고 말합니다. 모든 가치가 상대화된 다원주의 사회에서, 기독교가 고수해온 '진리의 유일성'은 시대에 뒤떨어진 독선처럼 비춰지기도 합니다. 그러나 역설적으로 포스트모더니즘이 선사한 '기준의 상실'은 현대인들에게 극심한 허무와 소외를 안겨주었습니다. 이러한 혼란 속에서 기독교의 예수 그리스도와 하나님 나라 비전은 우리가 진리를 어떻게 추구해야 하는지, 그리고 나와 다른 타자들과 어떻게 공존해야 하는지에 대해 새로운 패러다임을 제안합니다.

## 1. 진리의 패러다임 전환

근대적 사고방식에서 진리는 주로 객관적으로 증명 가능한 명제나 지식으로 이해됐습니다. 이 관점에서 진리는 옳고 그름을 판별하는 기준이자, 소유할 수 있는 정보에 가까웠습니다. 그러나 이러한 진리 이해는 쉽게 폭력성을 띠게 됩니다. 내가 옳다는 확신은 곧 나와 다른 타자를 무지하거나 틀린 존재로 규정하게 만들고, 때로는 그들을 교정하거나 배제해야 할 대상으로 만듭니다.

그러나 기독교가 선포하는 진리의 중심에는 이러한 명제적 이해와 다른 차원의 선언이 자리합니다. 예수는 "이것이 진리다"라고 정의하지 않고, "내가 곧 길이요 진리요 생명이다"(요 14:6)라고 말합니다. 이 선언은 진리를 소유 가능한 정보나 교리 체계가 아니라, 예수 그리스도라는 인격과의 관계 속에서 경험되는 실재로 전환시킵니다.

진리가 인격이라는 사실은 두 가지 중요한 함의를 지닙니다.

첫째, 진리는 지배의 도구가 아니라 사귐의 초대입니다. 인격은 논리로 굴복시킬 수 있는 대상이 아니라, 관계 속으로 초대되는 존재다. 예수는 자신을 증명하기 위해 논쟁에서 승리하려 하지 않았습니다. 오히려 그는 사마리아 여인과 대화하며(요 4장), 사회적으로 부정한 존재로 여겨졌던 그녀의 삶의 자리에서 물을 길어 올리는 이야기로 진리를 드러냅니다. 이 장면에서 예수는 교리적 우위를 주장하지 않습니다. 대신, 상대의 갈증을 이해하고 그 안에서 하나님과의 관계를 열어 보인다.

둘째, 진리는 머리로 아는 지식이 아니라 삶으로 살아내는 방식입니다. 예수의 진리는 성육신(Incarnation)이라는 사건 속에서 가장 분명하게 드러납니다. 그는 하늘의 권세를 유지한 채 인간을 가르치는 존재가 아니라, 가장 낮은 자리로 내려와 병든 자를 만지고, 죄인으로 낙인찍힌 이들과 식탁을 나누며, 결국 십자가의 고통을 감수한 존재였습니다. 예를 들어, 간음한 여인을 돌로 치려는 군중 앞에서 예수는 명제를 제시하지 않습니다. 그는 침묵 속에서 "너희 중에 죄 없는 자가 먼저 돌로 치라"(요 8:7)고 말하며, 판단의 논리를 관계의 책임으로 전환시킵니다. 여기서 진리는 율법의 정확한 해석이 아니라, 사람을 살리는 방향으로 드러납니다.

이 점에서 기독교의 진리 이해는 포스트모더니즘의 문제의식과 깊이 공명합니다. 포스트모던 사회에서 사람들은 더는 맞는 이론이나 완결된 체계에 쉽게 설득되지 않습니다. 대신 그들은 묻습니다. "이 사람은 어떻게 사는가?" "이 이야기는 나의 고통과 삶을 어떻게 해석해 주는가?" 예수의 진리는 바로 이 질문의 자리에서 이해될 수 있습니다.

예수의 진리는 누군가를 논리로 설득하거나 체계로 압도하는 방식이 아니라, 상처 입은 사람 곁에 서고, 배제된 이들을 식탁으로 초대하며, 권력과 성공의 논리를 거부하는 삶의 방식으로 나타납니다. 이는 진리를 상대화하는 것이 아닙니다. 오히려 진리를 삶으로 드러내는 가장 급진적인 방식입니다. 이러한 인격적 진리는 상대주의가 초래하는 허무를 넘어설 수 있는 깊이를 지니면서도, 배타적 확신이 낳는 폭력을 피하게 만듭니다. 포스트모더니즘 이후의 세계에서 기독교가 다시 들려줄 수 있는 진리는, 바로 이 인격적 진리의 회복입니다. 그것은 "우리가 옳다"는 선언이 아니라, "이 길을 함께 걸어보자"는 초대이며, 진리를 주장하기보다 진리를 살아내려는 결단입니다.

## 2. 타종교를 향한 시선

포스트모더니즘 시대의 중요한 특징 가운데 하나는 종교적, 문화적 다원성이 삶의 기본 조건이 되었다는 점입니다. 현대인들은 서로 다른 종교와 가치관을 가진 사람들과 일상적으로 관계를 맺으며 살아갑니다. 이러한 환경에서 "오직 하나의 길만이 옳다"는 표현은 쉽게 배타적이거나 공격적으로 들립니다. 그래서 비종교인들은 기독교에 대해 이렇게 묻습니다. "왜 당신들의 믿음만 특별해야 하는가?" 이 질문 앞에서 기독교는 흔히 오해를 받습니다. 예수의 중요성이 곧 다른 모든 이를 무시하거나 배제한다는 뜻으로 들리기 때문입니다. 그러나 복음서가 보여주는 예수의 모습은, 이러한 오해와 상당한 거리가 있습니다. 예수는 자신이 누구인지를 분명히 하면서도, 그 사실을 사람들에게 강요하지 않았고, 종교적 우월감을 앞세워 타인을 평가하지도 않았습니다.

예를 들어, 예수는 종교적으로나 민족적으로 타자였던 사마리아 여인과 대화합니다. 이 만남에서 예수는 어느 종교가 더 옳은지를 따지는 논쟁으로 들어가지 않습니다. 대신 그는 그녀의 삶의 갈증과 상처에 주목하며, 하나님과의 관계가 어떻게 새롭게 열릴 수 있는지를 이야기합니다. 이 장면은 예수가 타종교인을 상대할 때, 먼저 판단하거나 정복하려 하지 않고 그 사람이 살아가는 자리에서 의미를 묻는 방식으로 다가갔음을 보여줍니다.

또 다른 예는 '선한 사마리아인'의 이야기이다(눅 10: 25-40). 예수는 "누가 내 이웃인가?"라는 질문에 답하면서, 당시 종교적으로 가장 모범적이라 여겨졌던 인물들이 아니라, 멸시받던 타자를 이웃 사랑의 주체로 등장시킵니다. 여기서 중요한 점은, 예수가 사마리아인의 종교를 옳다고 선언했다는 데 있지 않습니다. 오히려 그는 하나님을 진지하게 믿는다는 것이 어떤 삶의 태도로 드러나는지를 보여주고자 했습니다. 진리는 소속이 아니라, 타자를 대하는 방식 속에서 드러난다는 것입니다.

이러한 예수의 태도는 로마 백부장과의 만남에서도 반복된다(마 8:5-13). 그는 유대인이 아니었고, 당시 억압의 상징이었던 로마제국의 군인이었습니다. 그럼에도 예수는 그의 태도와 신뢰를 주목하며, 기존의 경계가 인간의 가치를 판단할 기준이 될 수 없음을 드러냅니다. 이 장면 역시 예수가 "누가 우리 편인가?"를 묻기보다, 어떤 마음으로 지금을 살아가고 있는가를 보았다는 점을 보여줍니다. 이처럼 예수의 독특함은, 다른 종교나 사람들을 무시함으로써 드러나지 않습니다. 오히려 그는 자신의 삶을 통해, 하나님이 어떤 분이신지, 그리고 인간다운 삶이 어떤 방향을 향해야 하는지를 구체적으로 보여주었습니다. 기독교가 예수를 중요하게 여기는 이유는, 그가 단지 많은 스승 중 하나이기 때문이 아니라, 인간과 세계를 바라보는 결정적인 시선을 남겼기 때문입니다.

포스트모더니즘 시대의 사람들이 기독교로부터 들을 수 있는 것은 "다른 모든 길은 틀렸다"는 선언이 아니라, "예수라는 인물을 따라 살아가면 세계가 이렇게 보인다"는 제안입니다. 그 세계는 약자가 중심에 놓이고, 성공보다 책임이 중요하며, 경쟁보다 돌봄이 우선되는 세계입니다. 기독교는 바로 이 삶의 방향성 속에서 예수의 의미를 말합니다. 이러한 방식은 타종교를 가볍게 만들지도 않고, 모든 종교가 결국 같다고 말하지도 않습니다. 기독교는 예수를 통해 드러난 삶의 길이 분명히 독특하다고 말합니다. 다만 그 독특함은 우월성의 언어가 아니라, 살아볼 수 있는 삶의 형태로 제시됩니다.

## 3. 하나님 나라의 비전: 파편화된 사회를 넘어서는 '연대'

포스트모더니즘 사회에서 개인은 이전보다 훨씬 자유로워졌지만, 동시에 이전보다 더 고립되어 있습니다. 전통적 공동체는 약화되었고, 삶은 다양한 정체성과 역할로 조각이 납니다. 청년들은 스스로를 자유롭다고 느끼면서도, 한편으로는 깊은 외로움과 불안을 경험합니다. 경쟁은 일상이 되었고, 성공하지 못한 사람은 쉽게 개인의 실패로 분류됩니다. 이러한 파편화된 현실 속에서 "우리는 함께 어떻게 살아갈 수 있는가"라는 질문은 점점 더 중요해지고 있습니다.

기독교가 말하는 '하나님 나라'는 바로 이 질문에 대한 하나의 응답으로 이해될 수 있습니다. 하나님 나라는 먼 미래에만 도래하는 종교적 세계를 뜻하기보다, 예수가 이 땅에서 보여 준 새로운 관계의 방식을 가리킨다. 예수는 하나님 나라를 설명할 때, 체계적인 이론이나 교리를 제시하지 않았습니다. 대신 일상의 비유와 행동을 통해, 사람들이 서로를 어떤 눈으로 바라보고 어떻게 연결될 수 있는지를 보여주었습니다.

예수는 하나님 나라를 '겨자씨'에 비유했다(마 13:31-32; 눅 13:18-19). 아주 작고 눈에 띄지 않지만, 자라나 결국 많은 새가 깃들 수 있는 나무가 된다는 이야기입니다. 이 비유는 하나님 나라가 거대한 권력이나 제도로 시작되지 않음을 암시합니다. 오히려 그것은 일상 속의 작은 선택들, 곧 배제 대신 환대, 무관심 대신 연대를 선택하는 관계에서 시작됩니다.

복음서에서 예수가 반복적으로 했던 행동 중 하나는 함께 식사하는 것이었습니다. 그는 세리, 병자, 가난한 사람들처럼 사회적으로 분리된 이들과 같은 식탁에 앉았습니다. 당시 식사는 단순한 개인적 행위가 아니라, 누가 공동체의 일원인지 드러내는 사회적 선언이었습니다. 예수의 식탁은 경계를 허무는 공간이었고, 사람들을 다시 연결하는 장이었습니다. 하나님 나라는 바로 이런 식탁에서, 다시 말해 함께 있음이 회복되는 자리에서 드러납니다. 또한 예수는 잃어버린 양과 동전의 비유(눅 15:3-10)를 통해, 다수의 안정과 효율보다 한 사람의 존재가 얼마나 소중한지를 강조합니다. 이는 성과와 경쟁이 중심이 된 사회 논리와 정면으로 충돌합니다. 하나님 나라의 질서는 강한 자가 약한 자를 이기는 구조가 아니라, 공동체가 약한 이를 향해 움직이는 구조입니다. 이러한 상상력은 개인의 성공에 초점을 맞춘 현대 사회에 중요한 대안을 제시합니다.

포스트모던 사회에서 많은 사람은 거대한 이념이나 제도에 대해 회의적입니다. 그러나 그들은 여전히 "함께 살아갈 수 있는 세상"에 대한 갈망을 하고 있습니다. 하나님 나라의 비전은 바로 이 지점에서 설득력이 있습니다. 그것은 완성된 이상 사회를 강요하지 않고, 지금 여기에서 시작할 수 있는 연대의 가능성을 제시하기 때문입니다. 이러한 연대는 동일함을 요구하지 않습니다. 하나님 나라는 모든 사람이 같은 생각을 하거나 같은 신념을 가져야 성립되는 공동체가 아닙니다. 오히려 서로 다름을 인정하면서도, 고통과 책임 앞에서 외면하지 않는 관계의 네트워크에 가깝습니다. 예수가 병자를 고치고, 배제된 이들을 다시 공동체로 초대했던 행동은 바로 이런 연대의 구체적 모습이었습니다.

이 점에서 하나님 나라는 포스트모더니즘의 상대주의를 그대로 따르지도, 근대적 전체주의로 회귀하지도 않습니다. 대신 그것은 파편화된 개인들을 다시 엮어내는 윤리적 상상력을 제공합니다. "너는 혼자가 아니다," "너의 삶은 타인의 삶과 연결되어 있다”는 메시지는 종교인과 비종교인 모두에게 깊은 공명을 일으킬 수 있습니다. 하나님 나라의 비전은 그러므로 기독교가 오늘의 사회에 제시할 수 있는 하나의 삶의 방향입니다. 그것은 현실로부터 도피하게 만드는 종교적 위안이 아니라, 분절된 세계 속에서 연결을 선택하도록 부르는 이야기입니다. 예수가 선포한 하나님 나라는, 파편화된 사회를 넘어 서로를 책임지는 공동의 삶이 가능하다는 희망의 언어로 이해될 수 있습니다.

## 1. 결국 모든 종교가 비슷하다는 말인가요?

답:

## 2. 하나님 나라는 너무 이상적인 이야기 아닌가요?

답:

## 3. 개인의 자유를 중시하는 시대에 '연대'는 오히려 부담 아닌가요?

답:

1. 포스트모더니즘이 모든 절대적인 지식을 해체하는 시대에,
기독교가 진리를 '정적인 명제'가 아닌 예수라는 '인적 관계와 삶의 방식'으로
제시하는 것이 현대인의 소외와 갈등을 해결하는 데 어떤 실마리가 될 수 있을까요?

2. 서구와 달리 전근대와 근대, 포스트모던이 뒤섞여 '가치 혼란'을 겪는 한국적 맥락에서, 예수께서 선포하신 '하나님 나라'의 연대와 환대 정신이 각자도생의 불안 속에 있는 청년들에게 어떤 공동체적 대안이 될 수 있을까요?

# 6. 트랜스휴머니즘과 기독교
## -인간의 취약함과 한계는 극복해야 할 결함인가-

## I. 문제 제기: 안젤리나 효과(Angelina Effect)

2013년 배우 안젤리나 졸리는 유방암 발병 가능성을 크게 높이는 유전자(BRCA1)를 보유하고 있다는 사실을 공개하며, 예방적 유방 절제 수술을 받았다고 밝혔습니다. 이 고백은 전 세계적으로 큰 반향을 일으켰고, 이후 유전자 검사와 예방 의학에 관한 관심이 급증했습니다. 이러한 현상은 흔히 "안젤리나 효과"라고 불립니다. 이 사례의 순기능은 분명합니다. 유전자 검사와 조기 예방의 중요성이 널리 알려지면서, 많은 사람이 질병을 단순한 운명으로 받아들이기보다 관리 가능한 위험으로 인식하게 되었습니다. 과학기술이 생명을 보호하고 고통을 줄이는 방향으로 사용될 수 있다는 점에서, 이는 현대 의료의 긍정적인 가능성을 보여 주는 사례라 할 수 있습니다.

그러나 이 현상은 동시에 중요한 긴장과 질문을 드러냅니다. 안젤리나 졸리의 선택은 고도의 의료 기술과 상당한 비용을 전제로 합니다. 이는 모든 사람이 동등하게 접근할 수 있는 선택이 아닙니다. 그 결과, 질병의 위험을 미리 관리할 수 있는 사람과 그렇지 못한 사람 사이에 새로운 격차가 형성됩니다. 예방이 강조될수록, 그러한 선택을 할 수 없는 이들은 책임과 불안을 더 크게 떠안게 됩니다. 기술의 발전이 오히려 빈부 격차와 생명 불평등을 심화시킬 가능성이 제기되는 지점입니다.

더 나아가, 이러한 흐름은 인간의 몸을 바라보는 관점 자체를 변화시킵니다. 기술은 더 이상 치료에 머물지 않고, 향상과 최적화의 수단으로 확장되고 있습니다. 질병을 고치는 것을 넘어, 미래의 위험을 제거하고 더 건강하고 효율적인 몸을 만드는 것이 가능하다면, 우리는 어디까지 그것을 선택해야 하는가? 그리고 그 선택은 개인의 자유로운 결정인가, 아니면 사회적 압박의 결과인가?

이 지점에서 우리는 트랜스휴머니즘(Transhumanism)이라는 사조와 마주하게 됩니다. 트랜스휴머니즘은 과학기술을 통해 인간의 신체적·정신적 한계를 넘어설 수 있다고 봅니다. 안젤리나 효과는 이러한 사고가 이미 우리의 일상 속으로 들어왔음을 보여주는 상징적 사례다. 이러한 인간 향상의 담론은 근본적인 질문을 남긴다. "인간의 취약함과 한계는 극복해야 할 결함인가, 아니면 인간다움의 일부인가?" 혹은 "기술은 생명을 돌보는 도구로 남을 수 있는가, 아니면 인간을 평가하고 분류하는 기준이 되는가?"

이 질문 앞에서 기독교는 과학기술을 무조건 거부하거나 무비판적으로 수용하지 않습니다. 오히려 기독교는 인간의 존엄, 취약한 존재에 대한 책임, 그리고 함께 살아가는 삶의 의미를 묻습니다. 이 장은 트랜스휴머니즘 시대에 인간을 어떻게 이해할 것인지, 그리고 기독교는 이 논의에 어떤 질문을 던질 수 있는지를 살펴보고자 합니다.


## II. 개념설명

### 1. 트랜스휴머니즘(Transhumanism)

트랜스휴머니즘은 과학기술의 발전을 통해 인간의 신체적, 정신적 한계를 넘어설 수 있다고 보는 사상입니다. 여기서 접두어 '트랜스(trans-)'는 '넘어서다'라는 뜻을 가지며, 인간은 현재의 생물학적 조건에 머물지 않고 더 나은 상태로 진화할 수 있다는 전제를 담고 있습니다. 이 용어를 처음 사용한 인물은 줄리언 헉슬리(Julian Huxley, 1887-1975)입니다. 그는 1957년 한 글에서 인류는 이제 자연 진화에만 맡겨진 존재가 아니라, 과학과 이성을 통해 스스로 진화의 방향을 선택할 수 있는 단계에 들어섰다고 주장했습니다. 헉슬리에게 트랜스휴머니즘은 인간을 부정하는 사상이 아니라, 인간의 잠재력을 최대한 실현하려는 비전이었습니다. 이러한 관점에는 몇 가지 핵심 전제가 함께 담겨 있습니다.

첫째, 인간이 지닌 질병, 노화, 신체적 한계는 받아들여야 할 운명이 아니라 극복 가능한 문제라는 생각입니다. 둘째, 과학기술은 인간의 삶을 개선할 수 있으며, 적절히 사용된다면 윤리적으로도 정당화될 수 있다는 믿음입니다. 셋째, 인간은 고정된 존재가 아니라, 기술과 함께 변화해 갈 수 있는 존재라는 이해입니다. 이러한 전제 아래에서 인간의 몸은 이제 단순히 주어진 것이 아니라, 관리되고 향상될 수 있는 대상으로 인식됩니다. 트랜스휴머니즘은 바로 이 지점에서 치료를 넘어 향상과 최적화를 인간 삶의 중요한 목표로 제시합니다.

## 2. '트랜스휴먼'이라는 인간상: 과도기적 존재들

트랜스휴머니즘 논의에서 중요한 개념 가운데 하나가 '트랜스휴먼'(Transhuman)입니다. 트랜스휴먼은 현재의 인간과 미래의 '포스트-휴먼' 사이에 놓인 과도기적 인간을 의미합니다. 이미 기술을 통해 자신의 능력과 삶의 조건을 상당 부분 확장한 인간이 여기에 해당합니다. 예를 들어, 인공 심장이나 인공 관절을 통해 생명을 유지하거나 신체 기능을 회복한 사람들은 더 이상 순수한 의미의 '자연적 신체'만으로 살아가지 않습니다. 또한 유전자 검사를 통해 질병 가능성을 예측하고, 생활 방식이나 의료 개입을 조정하는 선택을 하는 사람들 역시 트랜스휴먼적 삶의 방식에 들어섰다고 볼 수 있습니다. 디지털 기술의 영역에서도 유사한 변화가 나타납니다. 스마트 기기와 인공지능의 도움으로 기억, 판단, 의사결정이 보조되는 삶은 인간의 인지 능력이 이미 기술과 깊이 결합되어 있음을 보여줍니다. 이러한 상황에서 인간의 능력은 개인 내부에만 존재하지 않고, 기술 네트워크 속에서 확장됩니다.

이처럼 트랜스휴머니즘과 트랜스휴먼 개념은 인간의 고통을 줄이고 삶의 가능성을 확장하려는 진지한 문제의식에서 출발합니다. 그러나 인간을 효율성과 성능의 기준으로 바라보게 될 위험 또한 함께 내포하고 있습니다. 이러한 맥락에서 기독교는 기술의 가능성을 무시하지 않으면서도, 인간의 취약함과 관계성, 그리고 함께 살아가는 삶의 의미를 다시 묻는 관점을 제공할 수 있습니다. 다음 절에서는 트랜스휴머니즘이 제시하는 인간 향상의 비전 앞에서, 기독교는 인간의 몸과 한계를 어떻게 이해해 왔는지를 살펴보게 될 것입니다.

# III. 주제 강연

트랜스휴머니즘은 인간의 고통과 한계를 기술로 극복하려는 진지한 시도에서 출발합니다. 그러나 신체 향상과 인간 최적화가 일상이 될수록, 우리는 점점 더 근본적인 질문과 마주하게 됩니다. 인간의 몸은 어디까지 수정될 수 있는가? 기술 발전은 누구를 중심에 두고 이루어지는가? 그리고 한계와 취약함은 반드시 제거되어야 할 결함인가? 예수와 하나님 나라 담론은 이러한 질문에 대해 기술적 해답을 제시하지 않습니다. 대신 그것은 인간을 바라보는 다른 시선과 삶의 방향을 보여줍니다.

## 1. 신체에 대한 다른 시선: 고쳐야 할 결함인가? 혹은 존엄의 자리인가?

트랜스휴머니즘에서 신체는 종종 극복해야 할 한계로 이해됩니다. 질병과 장애는 제거되거나 수정되어야 할 문제로 여겨진다. 그러나 예수가 만난 병든 몸들은 단순한 의학적 문제가 아니었습니다. 그것은 사회적으로 배제되고, 관계에서 밀려난 삶의 자리였습니다.

복음서에 등장하는 혈루병을 앓던 여인의 이야기는 이를 잘 보여줍니다(막 5:25–34). 그는 오랜 병으로 인해 종교적, 사회적으로 부정한 존재로 취급받았고, 공동체에서 철저히 고립된 삶을 살고 있었습니다. 여인은 예수의 옷자락을 몰래 만졌습니다. 중요한 점은, 예수가 단순히 병을 고쳐주는 기술자로 행동하지 않았다는 것입니다. 예수는 군중 속에서 그 여인을 불러 세우고, 그녀를 익명 속에 남겨두지 않습니다. 그리고 "딸아, 네 믿음이 너를 구원하였다"고 말하며, 그녀를 다시 관계의 세계로 불러냅니다. 이 장면에서 예수의 관심은 신체 기능의 회복을 넘어섭니다. 그는 병든 몸을 고쳐야 할 결함이 아니라, 존엄이 회복되어야 할 삶의 자리로 바라봅니다. 이는 신체 향상이 강조되는 시대에 중요한 질문을 던집니다. 인간의 가치는 완전한 몸에 있는가, 아니면 존재 그 자체에 있는가?

## 2. 향상의 논리를 넘어: 누구를 중심에 두는 사회인가?

트랜스휴머니즘의 또 다른 핵심 문제는 기술이 만들어낼 격차입니다. 향상 기술은 선택의 문제처럼 보이지만, 실제로는 비용과 접근성에 의해 강하게 제한됩니다. 그 결과, 더 나은 몸을 가질 수 있는 사람과 그렇지 못한 사람 사이의 간극은 점점 벌어질 수 있습니다.

예수의 하나님 나라 선포는 이 지점에서 분명한 방향을 보여줍니다. 예수는 "하나님 나라가 이런 자의 것"이라 말하며, 어린아이를 공동체의 중심에 세운다(막 10:13-16). 어린아이는 당시 사회에서 능력이나 성취의 상징이 아니라, 의존성과 취약함의 상징이었습니다. 예수는 가장 약한 존재를 기준으로 공동체를 다시 바라보게 합니다. 또한 예수는 잔치를 비유로 들며, "가난한 자들, 몸 불편한 자들, 보지 못하는 자들을 초대하라"고 말한다(눅 14:13-14). 이는 성공한 사람들이 서로를 강화하는 사회가 아니라, 초대받지 못했던 이들이 중심이 되는 사회가 하나님 나라임을 보여줍니다. 이 관점은 기술 발전 자체를 부정하지 않으면서도, 그 발전이 누구를 위한 것인지를 묻게 합니다. 예수의 시선은 항상 주변부에서 중심을 향해 이동합니다. 하나님 나라는 강한 자의 향상이 아니라, 약한 자를 기준으로 재구성되는 공동의 삶입니다.

## 3. 죽음을 넘어서려는 도전 앞에서

트랜스휴머니즘의 가장 깊은 층에는 하나의 질문이 놓여 있습니다. 인간은 어디까지 살아야 하는가? 질병을 고치고 신체 능력을 향상하려는 노력은, 궁극적으로 죽음이라는 마지막 한계를 넘어서려는 욕망으로 이어진다. 실제로 현대 트랜스휴머니즘 담론에서 노화는 치료 가능한 질병으로, 죽음은 기술로 연기되거나 제거되어야 할 문제로 이해됩니다. 이 지점에서 예수의 이야기와 하나님 나라의 비전은 결정적으로 다른 방향을 제시합니다.

복음서에는 예수가 죽은 자를 살린 사건, 특히 나사로를 살린 이야기가 등장합니다(요 11장). 이 사건은 종종 "예수도 죽음을 이겼다"는 증거로 단순화되지만, 본문을 자세히 읽어보면 다른 메시지가 드러납니다. 예수는 나사로를 살리기 전에 무덤 앞에서 눈물을 흘렸습니다(요 11:35). 이는 죽음을 단순히 제거해야 할 오류로 보지 않았음을 보여줍니다. 예수는 죽음 앞에서 인간의 슬픔과 상실을 회피하지 않습니다. 나아가 나사로는 결국 다시 죽었다는 사실입니다. 복음서는 나사로가 영원히 살았다고 말하지 않습니다. 예수의 기적은 죽음을 기술적으로 삭제하는 행위가 아니라, 죽음이 인간의 전부가 아님을 드러내는 표지(sign)에 가깝습니다. 다시 말해서, 죽음을 없애는 것이 목적이 아니라, 죽음이 인간의 의미와 관계를 완전히 무너뜨리지 못한다는 것을 보여주는 사건입니다.

트랜스휴머니즘이 죽음을 패배로 규정하고 이를 극복하려 할 때, 예수는 죽음을 인간 실존의 일부로 받아들이면서도 그 안에 머물지 않습니다. 그는 죽음을 부정하지 않고, 그 속으로 들어갑니다. 예수의 십자가 사건이 그 극단적인 예입니다. 예수는 약함을 제거하지 않고, 오히려 가장 약한 자리, 즉 고통받고, 버려지고, 죽임당하는 자리를 선택합니다. 이 선택은 인간에 대한 중요한 통찰을 드러냅니다. 인간은 강해질수록 더 인간다워지는 것이 아니라, 약함을 통해 서로를 필요로 할 때 더 인간다워집니다. 병듦, 노화, 죽음은 인간에게 상처를 남기지만, 동시에 공감, 돌봄, 사랑이 발생하는 조건이 됩니다. 완벽히 자율적이고 죽지 않는 존재는 더 이상 타인을 필요로 하지 않을지도 모릅니다. 예수의 삶은 약함이 인간을 무너뜨리는 요소가 아니라, 은혜가 스며들 수 있는 틈임을 보여줍니다. 바울이 말한 "내가 약할 그 때에 강하다"는 고백(고후 12:10)은, 약함을 통해 인간이 겸손해지고, 타인을 받아들이며, 자신이 전능하지 않다는 사실 속에서 비로소 사랑할 수 있게 된다는 통찰을 담고 있습니다.

## 4. 향상된 인간인가, 더 인간다운 인간인가?

트랜스휴머니즘은 인간의 능력을 확장함으로써 더 나은 미래에 도달할 수 있다고 믿습니다. 기술은 신체를 강화하고, 인지를 증폭시키며, 수명을 연장합니다. 이러한 관점에서 인간의 약함은 극복해야 할 장애물이며, 기술은 그 해결책으로 제시됩니다. 그러나 이 사고방식은 하나의 중요한 질문을 낳습니다. "기술적 향상이 과연 인간을 더 인간답게 만드는가?"라는 질문입니다.

기술은 인간의 성능을 높일 수는 있어도, 인간이 어떻게 사랑해야 하는지, 타인의 고통에 어떻게 응답해야 하는지를 가르치지는 않습니다. 더 강한 몸, 더 빠른 두뇌,

더 긴 수명은 가능하지만, 그것이 곧 더 깊은 공감이나 더 큰 책임으로 이어지지는 않습니다. 오히려 능력의 격차는 인간 사이의 거리를 넓히고, 약함은 제거되어야 할 실패로 간주 될 위험이 있습니다.

이 지점에서 예수와 초기 기독교의 이야기는 전혀 다른 인간상을 제시합니다. 예수는 약함을 제거하지 않고, 약함 속으로 들어갑니다. 그는 병든 이들을 고칠 뿐 아니라 그들과 시간을 보냈고, 사회적으로 배제된 이들과 식탁을 나눴다. 또한 기독교가 역사적으로 약자들의 종교였다는 사실은 이 관점과 깊이 연결됩니다. 로마 시대의 기독교 공동체는 주로 여성, 노예, 가난한 이들로 구성되었습니다. 이들은 제국의 기준에서 보면 생산성과 효율성, 권력 면에서 주변적인 존재들이었습니다. 그러나 기독교는 이들을 개선해야 할 대상이나 동정의 대상으로만 보지 않았습니다. 그들은 공동체의 중심이었고, 서로의 삶을 책임지는 관계 속에서 존엄을 경험했습니다. 놀랍게도 바로 이 약함 중심의 공동체가 결국 로마 사회를 변화시켰습니다. 기독교가 확산된 이유는 더 우수한 인간형을 제시했기 때문이 아니라, 서로를 돌보는 새로운 삶의 방식을 보여주었기 때문입니다. 병든 자를 돌보고, 버려진 아이를 보호하며, 물질을 나누는 실천은 기술이나 제도보다 더 강력한 설득력이 있었습니다.

트랜스휴머니즘이 꿈꾸는 미래 사회에서 인간은 인간 존재를 완성된 프로젝트로 이해하게 됩니다. 그러나 예수의 삶은 인간이 완성되지 않았기에 서로를 필요로 한다는 사실을 드러냅니다. 약함은 제거해야 할 오류가 아니라, 사랑이 시작되는 조건입니다. 인간은 강해질수록 고립될 수 있지만, 약할 때 비로소 타인에게 마음을 열게 됩니다. 이 점에서 기독교가 제시하는 하나님 나라는 향상된 인간들의 사회가 아니라, 서로의 짐을 지는 인간들의 공동체입니다. 기술은 인간의 능력을 확장할 수 있지만, 인간이 왜 타인을 위해 자신을 내어주어야 하는지를 설명하지는 못합니다. 예수는 바로 그 이유를 자신의 삶으로 보여주었습니다. 그는 강함으로 세상을 구하지 않았고, 사랑을 선택함으로써 인간이 무엇인지 다시 정의했습니다.

1. 기술이 더 발전하면, 굳이 종교나 예수 같은 이야기가 필요할까? 인간의 문제는 과학과 기술로 충분히 해결할 수 있지 않나요?

　답:

2. 약함을 강조하는 기독교의 관점은, 발전과 향상을 추구하는 현대 사회와 너무 비현실
적인 것이 아닌가요?

답:

## 1. 기술은 인간의 삶을 얼마나 '개선'할 수 있나요?

**2. 약함은 반드시 극복되어야 할 결함일까, 아니면 인간다움의 일부일까요?**

**3. '더 강한 인간'과 '서로를 돌보는 인간' 중, 미래 사회에 더 필요한 인간상은 무엇일까요?**

# 7. 기후 위기와 기독교

## I. 문제 제기: 인류세 시대, 인간은 어디에 서 있는가?

21세기 인간은 이전에는 경험하지 못했던 성격의 기후 및 생태 위기를 마주하고 있습니다. 지구 평균기온의 상승, 폭염과 홍수의 빈도 증가, 산불의 일상화, 해양 산성화, 생물종 멸종 속도의 가속화 등은 더 이상 미래의 가능성이 아니라 지금, 이미 일어나고 있는 현실이 되었습니다. 인간이 배출한 탄소와 산업 구조, 소비 패턴은 이제 자연의 순환을 압도할 정도로 커졌고, 지구의 생태 시스템은 인간 활동에 의해 변화를 겪고 있습니다. 지질학자들은 자연이 아닌 인간이 지구의 지질 변화의 핵심 동인이 된 시대를 "인류세"(anthropocene)라고 명명합니다. 인간은 더 이상 자연 속 작은 존재가 아니라 자연을 바꿔버리는 힘을 가진 존재가 되었습니다. 그런 점에서, 기후 위기는 단순히 과학적, 환경적 문제를 넘어섭니다. 그것은 문명의 구조, 경제 체제, 인간의 욕망, 종교와 가치관, 인간이 자연을 대하는 태도 등 인간 삶의 총체적 방식과 직결되어 있습니다. 다시 말해, 기후 위기는 곧 인간의 위기이며, 인간이 지닌 세계관, 가치관, 그리고 종교적 태도의 위기이기도 합니다.

기후 위기의 역사적 책임에 우선으로 꼽히는 집단은 서구 사회였습니다. 서구 사회는 산업혁명 이후 거대한 화석연료 소비와 개발 중심의 성장 모델을 주도하였습니다. 이 과정에서 전 지구적 환경 파괴와 탄소 배출이 걷잡을 수 없이 확장되었습니다. 그리고 이 서구 문명의 정신적 토대를 이루었던 것이 바로 기독교적 세계관이었습니다. 이 배경 위에서 역사학자 린 화이트(Lynn White Jr., 1907-1987)는 서구 생태 위기의 뿌리를 기독교 세계관에서 찾았습니다. 그의 유명한 논문에서 그는 창세기의 "땅을 정복하라"(1:28)는 명령이 자연을 인간이 마음대로 이용해도 된다는 사고를 정당화하는 데 사용되었다고 비판하였습니다. 그의 주장은 전 세계 지적 담론에서 널리 회자

되었고, 그 결과 기독교는 종종 자연 파괴에 관대한 종교라는 오해 속에 놓이게 되었습니다.

반면에 기독교 내부에서는 동시에 생태 위기가 단지 기술 부족이나 정책 실패가 아니라, 인간의 가치관적 문제, 영적 문제, 관계의 붕괴에서 비롯된 현상임을 성찰하며 새로운 방향을 제시해왔습니다. 예수의 삶과 가르침은 자연을 향한 돌봄, 절제, 연결성, 존재의 존엄성 등을 강조하며 오늘날 생태 위기 극복에 적용할 수 있는 중요한 원리들을 담고 있습니다. 그렇다면 기독교는 기후위기 시대에 어떤 역할을 할 수 있을까요? 기독교는 정말 생태 위기의 원인일까, 아니면 새로운 대안을 제공할 수 있을까요?

## II. 개념 설명

### 1. 인류세(Anthropocene)

인류세는 인간이 지구 시스템 전체에 지질학적 영향을 미칠 정도로 강력한 존재가 된 시대를 의미합니다. 이 용어는 네덜란드 출신의 대기 화학자 파울 크뤼천(Paul Crutzen)이 2000년대 초 학술회의에서 처음 제안한 이후, 환경과학, 지질학, 사회과학 등 다양한 분야에서 폭넓게 사용되기 시작했습니다. 인류세라는 시대명이 제기된 이유는 산업화 이후 인간의 활동이 자연적 변화의 속도와 규모를 넘어서는 수준에 도달했기 때문입니다. 예를 들어 산업화 이전 약 278~280ppm이던 대기 중 이산화탄소 농도는 2024년 423.9ppm까지 상승해 약 53% 증가하며 사상 최고치를 경신했습니다. 특히, 2023년에서 2024년 사이 증가 폭은 3.5ppm으로, 관측 이래 가장 큰 연간 증가폭이 기록되었다(동아사이언스, 2025). 이는 지구 평균기온 상승, 기후 불안정, 해양 산성화, 빙하 감소 등 광범위한 변화를 촉발했습니다. 또한 생물종의 멸종 속도는 과거 자연적인 멸종률보다 수백 배 빠르게 진행되고 있습니다. 이것은 인간이 도시를 확장하고 숲을 줄이며, 자연이 회복할 수 있는 속도보다 더 빨리 생물, 자원, 서식지를 이용한 데에서 비롯된 결과입니다.

이러한 인간 활동은 지구 시스템 전반에 뚜렷한 흔적을 남겼으며, 그 변화가 급격히 가속된 시점을 살펴보면 특정한 전환점이 드러납니다. 특히 1952년 전후가 인류세의 대표적 기준점으로 강조되는 이유도 여기에 있습니다. 첫째, 이 시기는 냉전기 대규모 핵실험이 반복되던 시기로, 그 결과 핵실험에서 발생한 방사성 동위원소, 즉 플루토늄(Pu-239)이 전 지구적 퇴적층에 얇고도 명확한 지질학적 흔적으로 남았습니다. 이 물질은 자연적으로 거의 존재하지 않기 때문에, 지층속에 남은 플루토늄의 흔적은 지구 어디에서나 동일하게 나타나는 인류의 '시간 표식'(time markers)으로 기능하며, 인류세를 구분하는 가장 중요한 지질학적 증거 가운데 하나로 평가됩니다. 둘째, 1950년대 중반은 이른바 '대가속기'(Great Acceleration)가 본격적으로 시작된 시점으로, 인간의 경제, 산업, 소비, 에너지 사용이 유례없는 속도로 폭발적으로 증가한 시기였습니다. 이 시기를 기점으로 이산화탄소 농도, 도시면적 확대, 플라스틱 생산, 자동차 보급, 농업 비료 사용 등 거의 모든 인간 활동 지표가 급격한 상승 곡선을 그리기 시작합니다. 이러한 동시적 변화는 지구 시스템 전반에 뚜렷한 변곡점을 만들어 냈고, 그 결과 1950년대는 인류가 지구의 지질, 생태, 기후를 근본적으로 바꾸기 시작한 역사적 분기점으로 이해됩니다.

## 2. PCC(Intergovernmental Panel on Climate Change, 기후변화에 관한 정부 간 협의체)

IPCC는 1988년 유엔환경계획(UNEP)과 세계기상기구(WMO)가 공동 설립한 국제기구로, 전 세계 기후과학 연구를 종합해 지구 기후변화에 대한 과학적 합의를 제시하는 역할을 합니다. 이 기구의 특징은 자체적으로 연구 과제를 수행하기보다는 세계 여러 나라의 수천 명에 이르는 과학자들이 발표한 연구 논문과 데이터를 검토하고 평가하여, 현재까지 확인된 과학적 사실을 요약해 제공한다는 점입니다. 이러한 작업은 각국 정부 대표가 함께 검토하는 '정책결정자를 위한 요약'(Summary for Policymakers)을 통해 최종 문장 하나하나까지 합의가 이루어지므로, IPCC 보고서는 국제사회에서 가장 공신력 있는 기후과학 문서로 인정받습니다.

IPCC는 기후과학, 기후영향 및 취약성, 기후변화 대응 전략을 각각 다루는 세 개의 실무그룹으로 구성되며, 그 결과로 약 6~7년마다 종합평가보고서(Assessment Report,

AR)를 발간합니다. 종합평가보고서는 지구 기후 시스템의 변화가 대부분 인간 활동, 특히 화석연료 사용과 산업화에 기인한다는 사실을 제시하고, 미래 온도 상승 폭에 따른 위험을 구체적으로 설명합니다. 예를 들어, 지구 평균기온이 산업화 이전 대비 1.5℃ 상승에 도달하면 폭염, 집중호우, 해수면 상승, 일부 산호초 붕괴 등이 본격화되며, 기후 취약 지역에서는 식량, 물, 주거 안정성이 악화됩니다. 반면 2℃ 상승에 이르면 이러한 위험이 단순히 증가하는 것이 아니라 질적으로 다른 수준으로 악화되는데, 산호 생태계의 거의 전면적 소멸, 극단적 기상이변의 빈도 폭증, 기후 이주민 증가, 식량 생산 체계의 붕괴 가능성 등 되돌릴 수 없는 변화가 발생할 수 있는 것으로 평가됩니다.

이처럼 IPCC는 기후 변화가 미래의 가능성이 아니라 현재 진행 중인 과학적 사실임을 명확히 제시하며, 감축, 적응, 에너지 전환 등 구체적 전략의 필요성을 국제사회에 지속적으로 경고하는 역할을 합니다. IPCC는 기후 변화가 생태계뿐 아니라 인류의 건강, 경제 구조, 사회 안정성에 장기적으로 심각한 영향을 미친다는 사실을 강조함으로써, 세계 각국이 기후 정책을 수립하고 국제 협약을 체결하는 데 기반이 되는 과학적 나침반으로 기능합니다.


## III. 주제 강의

### 1. 린 화이트(Lynn White Jr.)가 제기한 비판

린 화이트는 1967년에 발표한 "우리 생태 위기의 역사적 뿌리"라는 논문에서 현대 생태 및 기후 위기의 원인 가운데 하나가 기독교 세계관에 있다고 주장하였습니다. 그는 서구 문명이 기독교적 사유방식 위에서 발전했다는 점에 주목하면서, 그 기독교적 세계관 속에 자연을 인간보다 낮은 위치로 놓고 인간의 목적을 위해 자연을 이용해도 된다는 사고가 자리 잡았다고 판단하였습니다. 그의 해석에 따르면 중세 이후 서구 사회에 널리 퍼져 있던 자연관, 말하자면 자연을 "정복하고 다스려야 할 대상"으로 보는 태도는 단순한 문화적 산물이 아니라 성경에서 비롯된 것으로 읽힐 수 있었습니다.

화이트가 특별히 창세기 1:28 "하나님이 그들에게 복을 주시며 하나님이 그들에게 이르시되 생육하고 번성하여 땅에 충만하라, 땅을 정복하라, 바다의 물고기와 하늘의 새와 땅에 움직이는 모든 생물을 다스리라 하시니라"는 구절을 주목하였습니다. 그는 이 구절이 서구 사회에서 종종 자연 지배, 발전주의, 그리고 무한한 생산과 소비를 정당화하는 도구로 사용되었다고 주장하였습니다. 또한 기독교가 고대 세계에서 자연에 부여되던 신성한 의미를 제거하고, 자연을 하나님의 창조물이지만 인간에 비해 위계적으로 낮은 존재로 취급함으로써 자연의 도구화를 촉진했다고 보았습니다. 이러한 과정은 자연을 존중해야 할 생명 세계가 아닌 인간 목적 달성을 위한 재료로 이해하게 했고, 결국 생태계 파괴로 이어졌다는 것이 화이트의 결론입니다.

화이트의 논문은 기독교 그 자체를 공격했다기보다, 서구 문명이 형성되는 과정에서 기독교 해석이 어떤 역할을 했는지 비판적으로 검토하려는 시도였습니다. 그의 주장은 발표 직후 큰 논란을 불러일으켰고, 생태윤리, 환경철학, 그리고 신학 영역에서 장기간 논쟁의 대상이 되었습니다. 그러나 동시에 그의 분석이 서구 기독교 전통 전체를 지나치게 단순화했으며, 다양한 전통과 해석을 충분히 고려하지 못한 측면이 있다는 평가도 뒤따랐습니다.

## 2. 기독교 내에서 제기된 반박과 재해석

화이트의 문제 제기는 충분히 중요한 비판이었기 때문에 기독교 내부에서도 무시되거나 배제되지 않았습니다. 그러나 기독교 전통을 살펴보면, 그의 논점은 오랫동안 반복되어 온 특정한 해석의 문제를 비판한 것이지, 성경 자체의 본래 가르침을 정확히 반영했다고 보기 어렵다는 점이 드러납니다. 많은 신학자는 화이트의 비판이 성경의 언어적, 문화적 맥락을 충분히 고려하지 않은 채, 역사 속 왜곡된 해석만을 전체 전통으로 일반화했다고 지적합니다. 왜냐하면 성경이 말하는 자연과 인간의 관계는 지배와 착취보다는 돌봄, 책임, 그리고 보호의 의미에 더 가까운 구조를 가지고 있기 때문입니다.

특히 논쟁의 중심이 되었던 표현은 "정복하라"와 "다스리라"인데, 이는 히브리어

원어의 의미를 살펴보면 자연을 억압하거나 소유하는 태도와는 거리가 있습니다. "정복하라"에 해당하는 히브리어 카바쉬(כבש, kabash)는 현대어에서의 '군사적 정복'이라는 느낌과는 사뭇 다르다. 대신 고대 근동의 문맥에서 그것은 "미완의 땅이 질서와 생명을 회복하도록 돕다," "잠재된 생명력을 열매 맺게 하다"라는 의미로 사용되었습니다. 즉, 파괴적 통제라기보다 정돈과 돌봄의 의미가 더 강합니다.

또한 "다스리라"에 해당하는 히브리어 라다(רדה, radah)는 폭군적 지배나 소유의 뜻이 아니라 선한 통치자나 목자가 맡겨진 공동체를 지키고 보호하는 책임적 통치를 묘사하는 단어입니다. 고대 이스라엘에서는 '다스림'이 약자를 억압하는 것이 아니라 약자를 보호하고 공동체의 균형을 유지하는 역할을 의미했기 때문에, 자연을 향한 다스림 역시 보호하고 균형을 유지하는 지도자의 태도를 내포합니다.

그럼에도 서구 사회에서 이 두 표현이 '정복'과 '지배'의 강한 어조로 해석된 데에는 역사적 배경이 있습니다. 근대 유럽이 제국주의 확장과 식민 지배를 통해 빠르게 성장하던 시기, 성경은 종종 이러한 팽창을 정당화하는 근거로 동원되었습니다. 다시 말해, "정복하라, 다스리라"는 구절이 특별히 강조된 것은 본래 성경의 가르침 때문이 아니라, 서구 사회가 자신들의 제국주의적 프로젝트에 신학적 정당성을 부여하기 위해 선택적으로 강조한 시기적, 문화적 해석의 결과였던 것입니다.

그러므로, 창세기 1:28의 언어적·문화적 의미를 고려하면 창세기의 명령은 자연을 마음대로 이용하거나 지배하라는 의미가 아닙니다. 오히려 그것은 자연이 생명 공동체의 일원으로서 자신의 질서를 유지하도록 인간이 책임 있게 응답해야 한다는 의미로 이해됩니다. 다시 말해, 자연은 인간이 일방적으로 관리해야 할 대상이 아니라, 인간과 더불어 서로 의지하며 살아가는 관계적 존재이며, 인간은 그 관계 안에서 주인이 아니라 청지기(steward)로서의 책임을 수행하는 존재입니다.

기독교는 자연을 신적 존재로 신격화하지는 않지만, 그렇다고 해서 자연을 무가치한 대상으로 낮추지도 않습니다. 시편 104편과 욥기 38-41장은 자연 세계를 하나님의 지혜와 창조성의 표현으로 묘사하며, 인간이 이해하지 못하는 영역 속에서도 자연이 고유한 질서와 가치를 가지고 존재함을 보여줍니다. 이는 기독교가 자연을 경건히 바라보며 보호하고 동행해야 하는 대상으로 이해해 왔음을 보여줍니다.

## 3. 예수의 관점: 자연을 통해 드러나는 삶의 가치

예수의 가르침과 삶에는 자연에 대한 깊은 관찰과 존중이 자리하고 있습니다. 예수는 자연을 단순한 예시나 비유의 장치로 사용한 것이 아니라, 인간이 삶의 태도와 가치관을 배울 수 있는 생태적 스승으로 이해하였습니다. 이것은 예수가 자연을 단순히 인간의 목적을 위한 도구로 본 것이 아니라, 관계, 신뢰, 절제, 그리고 존재의 가치를 깨닫게 하는 공간으로 바라보았다는 점에서 의미가 있습니다.

우선, 예수는 자연을 통해 인간의 삶의 자세를 성찰하도록 이끌었습니다. 마태복음 6:26에서 예수는 공중의 새가 농사를 짓거나 저장하지 않아도 생존을 이어가는 모습을 언급하며, 인간이 지나친 불안과 통제 욕구에서 벗어날 것을 요청하였습니다. 또한, 그는 들판의 백합화가 노동하지 않아도 존재 자체로 아름다움을 드러내는 모습을 통해(마 6:28-32), 자연 속 생명은 '효율'과 '성과'가 아닌 존재의 충분함과 질서 속에 살아간다는 점을 강조하였습니다. 이러한 관찰은 자연을 착취의 대상으로 보지 않고, 자연 안에 깃들어 있는 가치와 리듬을 존중하는 시각을 보여줍니다.

둘째, 예수의 자연 비유들은 대부분 관계적 생태 구조를 담고 있습니다. 씨뿌리는 자의 비유(마13장), 겨자씨 비유(막 4), 포도나무 비유(요 15장) 등은 자연의 성장 과정이 인간의 삶과 신앙에 대한 중요한 통찰을 제공한다는 점을 보여줍니다. 자연은 각 요소가 서로에게 영향을 미치며 유지되는 유기체적 구조인데, 예수는 이러한 자연의 상호성 속에서 인간 공동체가 살아야 할 방식, 말하자면 상호의존, 협력, 연결성을 설명하셨습니다.

셋째, 예수의 삶 자체는 절제와 단순함의 생태 윤리를 드러냅니다. 예수는 많은 소유를 추구하지 않았고, 식사, 의복, 이동 등 대부분의 삶을 절제된 형태로 유지하였습니다. 이는 현대의 과도한 소비문화가 자연을 파괴하고 있다는 점을 고려할 때 매우 중요한 생태적 메시지입니다. 예수의 삶은 "더 많이 가지는 것"보다 "더 바르게 사는 것"이 중요하다는 점을 보여주며, 자원 남용과 과잉 생산 중심의 사회 구조를 다시 보도록 이끕니다.

넷째, 예수의 치유는 인간의 병을 치유하는 사건을 넘어 창조 세계 전체의 회복을 향한 표지로 이해할 수 있습니다. 복음서에서 치유는 언제나 개인의 신체만 회복되는 것이 아니라, 끊어진 관계와 공동체의 균형까지 되살아나는 형태로 나타납니다. 이는 생태계의 회복이 한 요소만의 문제가 아니라 전체 질서의 회복이라는 점과 맞닿아 있습니다. 바울은 로마서 8:19-22에서 "피조물이 다 이제까지 함께 탄식하며 함께 고통을 겪고 있는 것을 우리가 아느니라"고 말합니다. 즉, 자연 역시 인간과 분리된 존재가 아니라 고통을 함께 겪고 회복을 함께 갈망하는 생명 공동체라는 것입니다. 이 관점에서 보면 예수의 치유는 인간의 회복을 통해 자연과 창조 전체의 회복을 향하는 하나의 신호로 이해됩니다. 그것은 곧 관계 회복이며, 그 관계 회복은 생태적 회복으로 확장되는 메시아적 움직임입니다.

다섯째, 예수는 자연의 '작은 것'에 특별한 의미를 부여하셨습니다. 잃은 양 한 마리(눅 15장), 겨자씨처럼 작은 씨앗(막 4장), 참새 한 마리(마 10:29) 등 예수의 가르침에는 작지만 귀한 것에 대한 강조가 반복됩니다. 이는 크고 효율적인 것만을 가치 있게 보는 현대 산업 문명과 대조됩니다. 자연의 작은 존재도 가치가 있고, 존중받아야 한다는 시각은 오늘날 생물 다양성의 중요함을 강조하는 생태학적 관점과 깊은 연결성을 가집니다.

이처럼 예수의 생태학적 관점은 다음과 같은 메시지를 담고 있습니다. 자연은 단순한 배경이 아니라, 인간이 삶의 방향을 배우는 공간이며, 존재의 가치를 깨닫게 하는 교사입니다. 자연을 돌보고 보호하는 태도는 선택이 아니라 인간의 책임이며, 절제, 연대, 회복, 그리고 존중이라는 가치가 인간과 자연이 함께 유지되는 생태적 삶의 중심이 되어야 합니다. 이러한 예수의 관점은 현대 기후 및 생태 위기 시대에 필요한 윤리적 방향을 제시하며, 인간이 자연과 함께 살아가기 위한 근본적 질문을 다시 제기하게 만듭니다.

1. 기후 위기는 과학, 정책의 문제인데, 기독교가 여기에 어떤 의미 있는 역할을 할 수 있을까요?

답:

1. 기후 위기 시대, '자연을 지배하는 존재'라는 인간 중심적 관점은
어떤 방식으로 재구성되어야 할까요?

2. 기후 위기 대응에서 기술 발전(기후 기술·AI·재생에너지)이 핵심 역할을 할까요,
아니면 사회적, 문화적 가치의 변화가 더 중요할까요?

3. 기후 위기 시대에 공동체는 어떤 형태로 '회복력'을 키워야 할까요?

# 인문학과 성서

1. 우리의 삶에서 용서란 무엇인가?

2. 어떻게 하면 삶의 의미를 찾아 나갈 수 있을까?

3. 어떤 지도자가 되어야 하는가?

4. 더 큰 나를 만들어 갈 수 있나요?

5. 신은 왜 인간의 고통에 침묵하나요?

6. 우리는 어떤 변화를 꿈꾸는가?

7. 우리에게 유토피아는 가능한가요?

8. 죽음은 무엇을 의미하는가?

# 1. 우리의 삶에서 용서란 무엇인가?
## -일상에서 배우는 용서와 화해-

## Ⅰ. 문제 제기

인간은 혼자 살 수 없는 존재입니다. 아리스토텔레스(Aristoteles)가 말한대로 인간은 '폴리스(polis) 존재'입니다. 인간은 다른 사람과 더불어 살 수 밖에 없는 존재이며, 공동체를 이루면서 인간다운 삶을 영위할 수 있는 존재입니다. 함께 산다는 말은 인간이 사랑하며 살기도 하지만, 때로는 많은 갈등과 어려움 속에서 살아간다는 말이기도 합니다. 그로 인하여 인간들이 겪는 문제로 서로를 이해하거나, 갈등을 해결하기 위해서 대화하기도 합니다. 갈등을 대화로 하지 못할 때 싸움이나 분쟁을 하기도 합니다. 그러나 많은 경우 인간은 서로를 이해하면서, 잘못을 인정하면 용서해야 합니다. 인간의 삶에서 용서는 살면서 중요한 문제이고, 사회에서도 그렇습니다.

역사를 보아도 대부분의 나라들이 주변 나라들과 사이가 좋지 않은 이유는 서로에 대한 역사적 갈등과 분쟁이나 지배와 피지배로 인하여 상처가 존재하기 때문입니다. 스페인이 남미를 공격하면서 원주민을 거의 멸절시킨 사건이나, 백인들이 아메리카의 인디안에게 행한 악행을 봅니다. 가까이는 2차 세계 대전 때에 독일이 유대인들에게 행한 홀로코스트만 해도 너무 잔인하고 인간으로서 할 수도 없고 해서도 안 되는 범죄를 저질렀습니다. 이런 악행과 범죄를 당한 피해자들에게 가해자는 무엇을 해야 할까요? 진심 어린 회개와 잘못을 인정하는 사과가 있어야 합니다. 그 후에 그들을 위로할 수 있는 책임 있는 일들과 보상을 해야 합니다. 사실 가해자가 진심어린 사과를 하면 용서하기가 쉬워집니다. 어려운 것은 가해자가 사과하지 않을 때에도 용서해야 하는가에 대한 윤리적 문제가 생깁니다. 그렇다면 진정한 용서가 무엇이고, 왜 우리에게 용서가 필요한 것인가를 숙고해봅시다.

# II. 개념 설명

## 1. 용서

사전적인 의미에서의 용서는 '지은 죄나 잘못을 벌하거나 꾸짖지 않고 덮어주는 것'입니다. 여기서 중요한 것은 '벌하거나 꾸짖지 않고 덮어주는 것'이라는 말입니다. 우리 사회는 기본적으로 인과응보의 세계관을 가지고 있습니다. 죄를 지었으면 벌을 받고, 잘했으면 상을 받아야 한다는 뜻입니다. 그런데 용서는 인과관계를 벗어나는 특별한 행위임을 알게 됩니다. 영어로 용서란 단어는 'forgiveness'인데, 이 단어는 '주다', '허용하다', '내주다' 또는 '포기하다'를 뜻합니다. 즉 "원망하거나 처벌할 권리나 능력을 포기하다"는 뜻입니다. 이런 용서가 인간에게 왜 필요한가? 그것은 인간이 불완전한 존재이기 때문입니다. 인간은 이기심과 교만, 무지, 편견으로 인해 타인을 괴롭게 하거나, 상처를 주게 됩니다. 또한 인간이 사람들과 함께 살고, 공동체를 이루면서 인간들 사이에 많은 갈등을 겪게 됩니다. 개인 간에도 살면서 오해와 편견 등으로 인하여 서로 갈등하게 되고 그 갈등을 폭력으로 해결하는 경우도 있고, 상대방을 이용하여 자신의 이익을 추구함으로 상처를 주게 되는 경우도 있습니다.

국가 간에도 생기는 갈등을 해결하기 위해 전쟁을 하기도 하고, 다른 나라를 정복하기도 하였습니다. 흔히 서구가 아프리카와 아시아, 남미에 행한 제국주의적 지배로 인해 너무 많은 나라의 사람들이 고통과 괴로움을 당했습니다. 우리나라 역시 일본의 36년간의 식민지 지배에 대해서 어떻게 용서할 것인가에 대한 문제가 지금도 진행 중입니다. 이런 개인적 차원에서나 국가적 차원에서 상처받고 고통당한 사람이나 국민들에게 요구되는 것은 용서입니다.

## 2. 홀로코스트(Holocaust)

사전적인 의미는 '인간이나 동물을 대량으로 태워 죽이거나 학살하는 행위'를 말하지만, 보통은 2차 세계 대전 중에 독일 나치에 의해 자행된 유대인 대학살을 의미합니다. 나치는 유대인들을 박멸해야 할 존재로 보았습니다. 그 역사적 연원은 중세로 올라가는데, 기독교 국가에 살면서 동화되지 않고 유대교의 종교적 전통을 이어가면서 주

로 고리대금업을 하고 독특한 종교적 전통을 이어가는 유대인들에 대한 편견과 혐오
가 있었습니다. 그러한 것들이 집약적으로 드러나서 유대인 대학살을 주도하게 되었습
니다. 정확히 말하면 이는 단순히 나치의 인종주의적 편견이 아니라 유럽 전반에 펴진
인종주의 갈등과 반유대주의가 기저에 깔려 있었기에 가능한 일입니다. 1930년대 대
공황이 초래한 경제적 시련과 외국인 혐오증, 이민에 대한 공포 등이 결부되면서 유대
인들을 희생양으로 삼아 생긴 행위입니다. 이로 인해 약 600만 명의 유대인들이 학살
당했다고 합니다. 이는 인간으로서 차마 할 수 없는 행위인데, 이것이 어떻게 가능했을
까? 타인에 대한 두려움으로 인하여 생긴 것입니다. 홀로코스트를 통해 우리는 용서가
무엇인지, 그리고 다시는 이런 행위를 하지 않기 위해서 무엇이 필요한지를 진지하게
생각해 보아야 합니다.

## 3. 화해

사전적 의미로는 갈등과 다툼을 그치고 서로 가지고 있던 나쁜 감정을 풀어내는
것입니다. 다투거나 분쟁, 갈등 등 서로 틀어진 관계를 두 당사자가 서로 잘못을 인
정하고 용서를 구함으로서 화목한 관계를 회복하는 것을 의미합니다. 성서에선 신과
인간의 관계가 죄로 인해 끊어져 멀어지게 되었는데, 예수 그리스도를 통해 다시 신
과의 관계가 회복되었다고 말합니다. 죄의 용서, 깨어진 관계의 회복 그리고 신과의
화목한 관계가 바로 화해를 의미합니다. 신이 먼저 인간이 되어 그 화해의 통로를 열
어주셨고 인간 사이에서도 동일하게 화목을 만드는 화해의 삶을 살아가라고 명령하
십니다.

## III. 주제강의

### 1. 용서는 왜 해야 하는가?

인간의 불행 가운데 하나는 서로 용서하지 못해서 생기는 미움의 마음입니다. 월리

암 세익스피어(William Shakespeare)는 그의 작품『로미오와 줄리엣』을 통해서 용서가 얼마나 중요한 지를 잘 보여줍니다. 이 작품은 대개  집안 간의 반목으로 인해 비극적인 결말을 맞는 연인의 사랑을 그린 희곡으로 봅니다. 이 작품은 너무나 유명해져서 출간된 이후, 연극 외에도 음악, 미술, 영화, 뮤지컬, 오페라, 발레 등 다양한 형태로 공연되어 왔으며 주인공 '로미오와 줄리엣'은 운명적인 사랑에 빠진 연인의 대명사가 되었습니다. 그러나 이 작품은 단순히 어린 연인들의 사랑 이야기가 아닙니다. 내용을 살펴봅시다.

오랜 세월 반목하고 있던 몬터규와 캐플릿 가문의 아들과 딸인 로미오와 줄리엣은 가면 무도회에서 서로 첫눈에 반해 영원히 함께 할 것을 약속합니다. 그러나 시비에 휘말린 로미오는 친구 머큐쇼를 죽인 티볼트를 죽이는데, 티볼트는 캐플렛 부인의 조카이며 줄리엣의 사촌이었습니다. 이 시간으로 로미오는 추방당하고, 로미오와 줄리엣은 처음이자 마지막으로 하룻밤을 함께 보내고 로미오는 도망갑니다. 줄리엣은 파리스와 결혼시켜려는 아버지의 마음을 돌리기 위해서 깊은 잠에 빠지는 약을 마시고 죽은 체합니다. 로미오는 줄리엣이 죽었다는 소식을 듣고 돌아와 슬픔에 빠져 독약을 먹고 자살합니다. 깨어난 줄리엣 역시 죽은 로미오를 보고 단검으로 가슴을 찔러 자살합니다.

이 작품은 가장 로맨틱하고 슬프지만 아름다운 사랑을 잘 보여주어 지금까지 고전으로 남아 우리에게 전해지고 있습니다. 이 작품에서 비극적인 사랑으로 끝날 수밖에 없는 이유는 가문간의 용서와 화해 없는 갈등입니다. 가문의 갈등이 개인에게 나쁜 영향을 주어, 서로 사랑하지 못하게 하고, 결국 비극적인 두 사람의 죽음으로 끝나게 됩니다. 즉 가문의 어른들의 용서하지 못함이 결국 청춘 남녀의 비극적 죽음으로 끝나게 됩니다. 만일 두 가문이 서로 용서하고 화해했다면, 두 가문의 청춘남녀는 행복한 결혼으로 끝났을 것입니다. 이 작품에서 로미오와 줄리엣이 죽은 다음에야 다 가문은 화해하고 서로 용서하게 됩니다. 그러나 용서의 댓가가 너무 컸다. 이처럼 용서하지 않으면 반드시 희생자가 나오게 됩니다. 용서하지 않는 개인이나 가문이나 나라는 반드시 싸우게 되고, 그 결과는 많은 희생이 따르게 되기 때문입니다. 이는 서로를 증오하고 미워하게 되고, 그것이 더 가속화 되면서 개인의 삶을 파괴하고, 공동체는 다른 공동체를 공격하게 됩니다. 이것이 전쟁입니다. 어서야 하고, 또한 복수의 감정도 극복해야 합니다. 그래서 용서는 인간의 힘만으로 하기가 참으로 어렵습니다.

인간이 살면서 용서해야 하는 이유는 더 큰 불행을 막기 위함입니다. 용서하지 않으면 할 수 있는 인간의 행위는 오직 복수뿐이기 때문입니다. 복수는 또 다른 복수를 낳아 불행의 늪에 빠지게 하기 때문입니다. 미국의 정치 철학자인 한나 아렌트는 "용서하는 인간의 능력이 환원불가능성의 곤경으로부터 벗어나게 한다"[1]고 말합니다. 즉 용서라는 인간의 행위는 상처를 받았거나 고통당한 결과로부터 해방되는 것입니다. 용서에 대한 논의를 위해 우리는 고통스럽지만 히틀러의 유대인 학살을 다시 이야기해야 합니다. 인간으로 차마 할 수 없는 일들을 국가의 이름으로 행한 나치의 만행에 대해 과연 유대인들은 어떻게 용서할 수 있을까요? 과연 용서란 무엇인가를 질문하게 되는 책이 시몬 비젠탈(Simon Wiesenthal)의 『해바라기』를 들 수 있습니다. 이 책에서 주인공의 경험을 통해 우리에게 용서가 무엇인가를 진지하게 묻고 있습니다.



비젠탈의 이 질문에 많은 사람이 응답을 하였고, 그 생각들이 책 2부에 담겨 있습니다. 많은 사람들이 잔인한 범죄를 저지른 자를 용서하기는 쉽지 않다는 점을 말하고 있습니다. 반면 몇 명은 용서할 것이라고 대답하였습니다. 다른 몇 사람은 비젠탈

---

1) 한나 아렌트, 『인간의 조건』 (2001, 한길사), p. 301.
2) 시몬 비젠탈, 『해바라기』 (2016, 뜨인돌), pp.79~91.

의 질문이 애매모호하다고 응답하였습니다. 그의 질문에 대다수의 사람들이 용서하지 않겠다고 한 것으로 보아, 용서는 쉽지 않다는 것을 알 수 있습니다.

## 2. 기독교에서 보는 용서

### (1) 구약에서의 용서 - 요셉

종교의 힘은 인간의 힘으로 불가능해 보이는 용서를 가능하게 합니다. 용서의 위대한 드라마를 잘 보여주는 것은 창세기에 나오는 요셉을 들 수 있습니다. 요셉은 야곱의 11번째 아들입니다. 그 위로 어머니가 다른 형이 10명이고 동생 베냐민이 있습니다. 그런데 아버지 야곱은 요셉을 특히 사랑했습니다. 그래서 특별대우를 해주었습니다. 어느 날 형들이 양을 치러 먼 곳에 가서 며칠 동안 소식이 없자 야곱은 아들 요셉에게 형들에게 가보라고 합니다. 아버지의 말씀에 순종하여 형들을 찾아갔는데, 평상시 편애하던 요셉이 미워서 죽이려고 하다가 차마 죽이지는 못하고 이집트로 가는 노예 상인에게 돈을 받고 요셉을 팝니다. 그렇게 끌려간 이집트에서 마침내 보디발이라고 하는 파라오 왕의 경호 대장 집에 노예로 팔려 갑니다. 그곳에서 잘 하여 노예들을 지도하는 집사가 되었으나 보디발의 아내의 유혹을 거절하여, 다시 감옥에 갇히는 신세가 됩니다. 그 감옥에 있을 때 파라오의 술 맡은 관원장과 떡 맡은 관원장이 감옥에 갇히게 됩니다. 두 사람이 비슷한 시기에 꿈을 꾸는데, 그것을 요셉이 해석해 주어서 한 사람은 다시 복직되어 왕에게 가고, 다른 사람은 죽게 됩니다. 그 후 몇 년이 지나서 파라오가 꿈을 꾸게 됩니다. 신하들에게 말했으나 그 꿈을 해석해 줄 수 없었습니다. 그러나 몇 년 전에 감옥에서 꿈을 해석해 주었던 요셉을 생각하고 그에게 물어보자고 말합니다. 왕은 요셉을 데려왔고, 그 요셉에게 꿈을 이야기 해줍니다. 그 꿈은 살찌고 아름다운 암소 일곱 마리가 나일 강가에서 올라와 풀을 뜯고 있었는데, 갑자기 약하고 심히 마른 일곱 암소가 올라와서 살진 소들을 다 먹었습니다. 또 꿈을 꾸는데 가늘고 동풍에 마른 일곱 이삭이 나더니 가는 이삭이 좋은 일곱 이삭을 삼켰습니다. 이 꿈을 듣고 요셉은 앞에 일곱 마리 살진 암소와 좋은 이삭은 칠년의 풍년을 예고하고, 후에 파리한 암소 일곱과 마른 일곱 이삭은 칠 년의 흉년을 예고하는 것으로 해석합니다. 앞에 풍년보다 후에 흉년의 너무 크므로 앞에 풍년을 기

<요셉과 형제들의 재회> 렘브란트 (1640년경, 드로잉)

억하지 못할 것이라고 말합니다.

이 말을 들은 왕은 그럼 어떻게 해야 하는지를 물었고, 그 답으로 칠 년의 풍년 동안 나라 여기저기에 창고를 많이 짓고 곡물을 저장하여 흉년에 대비해야 한다고 답합니다. 그러자 왕은 그 일을 요셉에게 하라고 하고 총리로 임명하게 됩니다. 그가 17세에 노예로 팔려가 총리가 되는 30세까지 13년 동안 고난의 시절을 보내야 했지만, 하나님의 은혜로 총리가 되었습니다. 감옥에서 총리로 출세하게 되었습니다. 그렇게 해서 칠년 동안 말 그대로 풍년이 들었고, 창고를 많이 지어 곡식을 저장하였습니다. 그리고 칠 년이 끝나자 흉년이 들었고, 다음 해가 되자 근처의 다른 지방 사람들이 곡식을 사러 왔는데, 그중에는 요셉의 형들도 있었습니다. 처음에는 자신을 드러내지 않고 몇 가지 시험을 합니다. 먼저 자기 동생 베냐민을 데려오라 하고, 다음 해에 형들이 동생을 사랑하는가를 시험합니다. 형들이 막내 동생 베냐민을 사랑함을 보고 자신의 정체를 드러내 형들을 환영합니다.

요셉이 자기 형들을 용서한 것은 불화와 갈등을 끝내기 위한 마침표입니다. 즉 지금 권력을 가지고 있고, 형들을 죽일 수도 복수할 수도 있는 위치에 있는 요셉이 가해자들인 형을 용서함으로 화해하기를 원하고, 가족의 원래 의미를 회복하기를 원했기 때문입니다. 그리고 한 가지 중요한 것은 형들의 행위는 하나님의 큰 뜻 아래 있는 것이고, 형들이 판 것은 하나님의 도구로 행동한 것임을 말합니다. 그리고는 형들과 아버지 그리고 가족 모두 이집트에 와서 함께 살자고 제안합니다. 후에 아버지 야곱이 죽고 장사한 후에 형들이 요셉을 두려워할 때 요셉이 형들에게 한 말이 있습니다.



요셉이 형들을 용서하고 화해한 것은 복수는 자신의 몫이 아니라 하나님의 것임을 인정했기 때문입니다. 그가 "내가 하나님을 대신하리이까?"라고 한 것이 바로 그런 의미입니다. 복수는 하나님의 것이고, 형들이 자신을 노예로 판 것은 하나님께서 자기 가족을 이집트에 보내시려고 요셉 자신을 미리 보내셨고, 총리로 만들어 주셨다고 말하고 있습니다. 이것이 기독교적 용서입니다. 즉 복수는 하나님께 맡기고 인간은 용서하는 것입니다. 용서하면, 상대방과 상관없이 나는 그 사건에서부터 자유로울 수 있기 때문입니다. 또한 이 용서로 말미암아 형제들이 진정으로 화해하게 됩니다. 형들은 자신들이 저지른 죄로 인하여 괴로웠습니다. 그런데 요셉이 형들을 용서하면서 이 모든 것이 하나님의 뜻이라고 말함으로 두려움과 자책에서 해방시켜줍니다. 죄의식으로부터 해방된 형들과 용서함으로 자신의 분노에서 해방된 요셉은 진정으로 화해하게 되고, 한가족으로의 새로운 삶을 살아갈 수 있게 됩니다. 이것이 진정한 용서의 힘이자 용서해야 하는 이유입니다.

### (2) 신약에서의 용서

신약성서에서 예수는 진정한 용서가 무엇인지 말씀합니다. 마태복음 18장 21~35절의 말씀에 보면 용서란 무엇인가를 보여줍니다. 예수의 제자인 베드로가 예수께 물었습니다. "주여 형제가 내게 죄를 범하면 몇 번이나 용서하여 주리이까 일곱 번까지 하리이까?"라고 묻습니다. 그 물음에 예수는 "일곱 번뿐 아니라 일곱 번을 일흔 번까지라도 할지니라"고 하십니다. 이는 단순히 숫자만큼 용서하라는 말이 아니라 무한

정 용서하라는 뜻입니다. 이 말씀을 한 후에 예수님은 유명한 일만 달란트 비유를 말합니다.

어떤 임금에게 만 달란트 빚진 자 한 명이 와서 갚을 능력이 없다고 하니 왕이 그 사람을 불쌍히 여겨서 빚을 탕감해 주었습니다. 탕감받은 사람이 나오다가 자신에게 백 데나리온 빚진 자를 만나자 돈을 갚으라면 감옥에 넣었습니다. 이 말을 들은 임금은 악한 종을 불러 만 달란트 빚진 것을 용서해 주었는데, 백 데나리온 빚진 자를 용서하지 못하고 감옥에 넣은 자를 비난하면서 다시 감옥에 가라고 했습니다. 여기서 일만 달란트는 장정 한 사람이 40년 동안 임금을 받기를 4천 번 태어나서 벌어야 할 금액입니다. 백 데나리온은 한 사람이 백일 일하면 벌 수 있는 돈입니다.

즉 이 비유는 큰 은혜를 입은 자가 자신에게 조금 빚진 자를 용서하지 못하고 정죄하는 사람에 초점을 맞추어 말합니다. 핵심은 그리스도인은 이미 엄청난 은혜를 받은 사람이기 때문에, 다른 사람이 나를 미워하거나 분노케 하거나 잘못한 것이 있더라도, 용서해야 한다는 것을 강조합니다. 자비를 베푸는 이유가 곧 내가 이미 하나님께로부터 감당할 수 없는 죄를 용서받았기 때문에 가능한 일인 것입니다. 기독교에서 말하는 용서의 의미와 이유는 사도 바울이 로마서 12:18~21절에서 분명하게 밝혔습니다.



이 말씀에 용서가 왜 필요한지, 용서의 결과로서 화해가 무엇인지를 말씀합니다. 복수는 하나님의 몫입니다. 인간은 복수할 수 없습니다. 인간은 서로 용서하고 화해할 뿐입니다. 그것이 나에게 악을 베푼 사람에게 선으로 갚는 길입니다. 즉 악을 선으로 이기는 길은 용서하고 화해하는 것입니다. 상대방이 악하다면 하나님이 나 대신 복수해 주실 것입니다. 용서하는 인간이 진정한 그리스도인이 됩니다.

1. 요셉이 형들의 마음을 알아보기 위해 형제들 중 누구의 바구니 안에 총리가 사용하는 은잔을 숨겼을까요?

답:

2. 영화 <밀양>의 원작이기도 한 이 작품은 이청준 작가의 무슨 작품일까요?

답:

3. 요셉 등 12명의 아들을 둔 이 사람은 누구일까요?

답:

## 토론 주제

**1. 우리사회의 갈등 요소는 무엇이 있을까요?**

## 2. 용서의 방법은 무엇이 있을까요?

## 3. 용서하기 힘들 때는 언제일까요?

# 2. 어떻게 하면 삶의 의미를 찾아 나갈 수 있을까?
## -삶의 모순에서 방황하는 인간소외를 이겨내고 행복 찾기-

## Ⅰ. 문제 제기

인간은 근원적으로 자기 정체성과 의미를 추구하는 본성을 지니고 있습니다. 그런데 현대의 한국 사회 속에 살아가는 사람들은 돈, 직장, 경력, 주택 대출금, 자녀교육, 정치 문제 등에는 혈안이 되어 있으면서도 정작 인생이 무엇인지, 그 의미가 무엇인지에 대한 궁극적인 큰 그림에 대하여는 무지할 정도로 태평합니다. 매일 코앞에 닥쳐오는 일상의 세상사에 함몰되어 인간으로서의 근원적 질문에 대하여는 천하태평인 것입니다. 특히 최첨단 테크놀로지 시대에 과학기술은 점점 더 인간성을 배제시키는 방향으로 나아갈 위험성이 농후한데, 자본의 삶 한복판에서도 인간을 도구화하지 않고 인간과 그 삶 자체를 최우선 목적으로 삼는 일이 필요할 것입니다. 정치·경제·사회·문화 등 거의 모든 영역에 걸쳐 혼돈을 더해가는 불확실한 세계에서 자신의 정체성과 참된 가치와 의미를 찾고자 하는 사람들의 내적인 욕구가 건강하게 채워져야 하는 절실한 과제 앞에 놓여있는 것입니다.

그러면 우리 시대 청년들의 삶은 또 어떠한가? 소위 N포세대로 생존해야 하는 청년들이 '혼밥'에 '혼술'을 즐기고 '소확행'에 만족해하며 근근이 연명해가고 있다고 말한다면 지나친 과장일까요? 가속화되는 무한경쟁의 소용돌이 속에서 신음하며 지내느라고 자신의 존재가치나 삶의 의미는 잃어버리고 자신만의 고유한 삶의 비전도 꿈꾸지 못한 채, 타자의 욕망을 모방하여 욕망하며 끊임없이 앞을 향해 질주하는 길들어진 경주마처럼 내달리고 있지는 않나요?

현대인들은 얼핏 서로 연결되어있는 듯 분주히 살아가지만, 결코 사회적이거나 관계적인 삶을 누리지는 못합니다. 얼굴과 얼굴을 맞대면하는 게 아니라 가상현실에서 익명적으로 만나거나 앞서가는 사람들의 뒤통수를 보며 경쟁적으로 살아가게 됩니다. 또 소비능력을 과시하면서 존재를 증명해야 하는 강박증에 시달리고 있습니다. 자본과 권력에 의해 통제·조작되는 이런 현실 속에서 진정한 의미의 삶의 원형을 복원하는 일은 참으로 절실한 일인 것입니다.

이 장(章)은 현대사회의 여러 부조리한 삶 속에서 삶의 의미를 "고전 문학작품" 속에서 찾아보고자 합니다. 인류의 시작을 알리는 '창조 이야기'에서는 인간은 인간 홀로 살아가는 존재가 아니라 영원한 존재와 더불어 살아가는 존재임을 암시해줍니다. 이런 인간 본연의 모습을 잃어버리고 존재의 의미를 상실한 인간은 어떻게 다시금 존재의 의미를 되찾을 수 있을까요? 행복은 바로 우리가 누구인가를 알아가는 과정에서 비롯됩니다. 인간소외를 이겨내고 존재의 의미를 찾는 것이 바로 우리가 만들어 갈 행복의 길이기 때문입니다.


## II. 개념 설명

### 1. 인문학의 개념과 범위

인문과학 또는 인문학(人文學: humanities)은 인간과 인간의 근원 문제, 인간의 사상과 문화에 관해 탐구하는 학문입니다. 즉 인간의 삶, 사고 또는 인간다움 등 인간의 근원 문제에 관해 탐구하는 학문, 한마디로 인간 본질의 정수를 다루는 학문입니다. 현재 인문학에 해당하는 학문들은 중세대학에서 Ars Liberalis(라틴어, 자유 학예)라고 불렸는데, Liberal arts는 인문학보다는 교양학 또는 자유 전공학으로 번역하는 쪽이 더 적절합니다. Humanities는 르네상스 시기 이후 인문주의자들 사이에서 새롭게 재발굴된 용어 Humanitas에서 유래하는데, 이 Humanitas 역시 키케로가 수사학에서 연설자가 갖춰야 할 덕목인 로마 시민의 교양지식을 의미하는 것이었으므로 사실상 본래 의미는 Ars Liberalis와 다르지 않습니다. 단 이쪽은 프랑스 계몽주의를 거치면서 인본주의 등의 색채가 덧입혀지기 시작했습니다.

인문학 연구의 주요 주제로는 1) 인간 (Human: 사람, 행복, 꿈, 자유, 시간, 관용, 사랑, 존경, 죽음, 진실, 인류 등), 2) 인문학 (Humanities: 의식, 철학, 철학과 과학, 역사와 역사학, 감각, 재화와 교환 등), 3) 예술 (Arts: 작품, 미, 복제, 작품과 인간, 예술과 현실 등), 4) 과학 (Sciences: 유기체, 과학적 진리, 계산과 사유, 무의식과 과학, 오류와 진리, 이론과 실제, 과학의 용도, 수학법칙과 현실, 기술과 인간, 과학과 종교, 자연과 기술 등), 5) 정치와 권리 (Politics & Rights: 권리·이익 수호·옹호, 자유 획득과 유지, 권력 수용과 저항, 법 인정과 개선, 여론, 의무와 권리, 노동과 욕구 충족, 정의와 자유 요구, 노동과 가치, 자유, 유토피아의 이상, 국가와 개인, 정신, 권력, 불평등, 평화 등), 6) 윤리 (Ethics: 도덕적 행동, 욕구와 욕망, 좋음과 싫음, 자유와 의무, 비인간적 행위, 일시·영구적 가치, 행동결정, 정념, 종교적 믿음과 이성적 신념, 선입견과 편견, 진실과 저항, 진리와 비진리, 현실과 환상 좇음 등) 등이 있습니다. 인문학의 하위 분야로는 고전학, 역사학, 언어학, 심리학, 음악사학, 공연예술학, 철학, 종교학, 미술사학 등이 있습니다.

## 2. 고전(the classics)의 역할과 해석

고전적 텍스트(문학작품, 예술작품, 성서 등)는 우리에게 말하고 진리를 주장하며 도전하고 철저한 타자성으로 우리에게 부딪쳐오면서 우리에게 모종의 응답을 요구합니다. 또 모든 고전은 수용 갈등의 역사를 지니고 있습니다. 모든 고전은 본유적으로 모호하며 철저한 다원적 해석을 요구합니다. 고전적 텍스트와의 해석적인 대화에 있어서 잠정적인 휴식처는 있을지라도 최종적인 결말은 없다는 말이 옳을 것입니다. 계속되는 해석과 대화의 길에 열려있는 뜻입니다.

그러므로 고전문학이나 예술에 대한 해석은 어디까지나 지극히 사적입니다. 작가의 손을 떠난 작품은 이미 작가의 것만은 아니기 때문입니다. 그러면 우리는 <고전문학에 어떻게 접근할 것인가? 원래 저자가 그 작품에서 말하려는 의도는 무엇인가? 우리는 그 작품에서 무엇을 배울 것인가?> 이와 같은 질문들에 대한 하나의 정답은 없습니다. 고전문학은 읽는 사람마다 다양한 해석이 가능하므로 어떻게 보느냐는 오로지 독자의 몫입니다. 그 해석은 텍스트(본문)와 컨텍스트(상황), 관찰대상과 그 환경(시간과 공간)의 관계에 대한 작업입니다. 즉 관찰대상을 그가 속한 문화와 역사 속에서 읽어내는 것입니다.

우리가 살면서 만나게 되는 숱한 질문들을, 고전의 작가들은 이미 자신의 작품 속에서 다루었습니다. 어떻게 살아야 하는가? 왜 살아야 하는가? 어떻게 사랑해야 하는가? 무엇을 꿈꾸고 욕망해야 하는가? 사는 동안 무엇을 배워야 하는가? 등등. 작가들이 작품 속에서 설정한 무대에 선 인물들의 삶은 한 편의 연극과도 같습니다. 우리는 그 무대 위에서 다양한 역할을 맡은 주인공들을 관객의 시선으로 바라봅니다. 그들은 인생에서 소중한 질문들을 마주했고 그 문제를 어떻게 바라보았으며 해결했는지 그들의 발자취를 따라가게 됩니다. 그러다 보면 한 발짝 떨어져서 나 자신의 삶을 좀 더 객관적으로 바라보는 기회를 얻을 수 있습니다.


## III. 주제 강의

### 1. 트리나 폴리스 『꽃들에게 희망을』; 이반 일리치 『누가 나를 쓸모 없게 만드는가』

다음은 십여 년 전에 한 대학생이 그가 다니던 학교 대자보에 붙인 글입니다.

"… 그저 무언가 잘못된 것 같지만 어쩔 수 없다는 불안과 좌절감에 앞만 보고 달려야 하는 20대. 그 20대의 한가운데서 다른 길은 이것밖에 없다는 마지막 믿음으로 … 나는 25년간 경주마처럼 길고 긴 트랙을 경주해왔다. 우수한 경주마로, 함께 트랙을 질주하는 무수한 친구들을 제치고 넘어뜨린 것을 기뻐하면서 나를 앞질러 가는 친구들 때문에 불안해하면서, 그렇게 소위 명문대 입학이라는 첫 관문을 통과했다. … 지금 나는 멈춰 서서 이 경주 트랙을 바라보고 있다. 저 끝에는 무엇이 있을까? 취업이라는 두 번째 관문을 통과시켜줄 자격증 꾸러미가 보인다. 너의 자격증 앞에 나의 자격증이 무력하고 그리하여 새로운 자격증을 향한 경쟁 질주가 다시 시작될 것이다. … 이름만 남은 '자격증 장사 브로커'가 된 대학, 그것이 이 시대 대학의 진실임을 마주하고 있다. 대학은 글로벌 자본과 대기업에 가장 효율적으로 '부품'을 공급하는 하청업체가 되어 내 이마에 바코드를 새긴다. 국가는 다시 대학의 하청업체가 되어 의무교육이라는 이름으로 12년간 규격화된 인간제품을 만들어 올려 보낸다. 기업은 더 비싼 가격표를 가진 자만이 피라미드 위쪽에 접근할 수 있도록 온갖 새로운 자격증을 요구한다. 이 변화 빠른 시대에 10년을 채 써먹을 수 없어 낡아 버려지는 우리는 또 대학원에, 유학에, 전문과정에 돌입한다. 고비용 저수익의 악순환은 영영 끝나지 않는다. '세계를 무대로 너의 능력만큼 자유하리라'는 세계화, 민주화, 개인화의 넘치는 자유의 시대는 곧 자격증의 시대가 되어버렸다. 졸업장도 없는 인생이 무엇을 할 수 있는가? 자격증도 없는 인생이 무엇을 할 수 있는가? 학습된 두려움과 불안은 다시 우리를 그 앞에 무릎 꿇린다."

이 학생의 심정-아니 무한경쟁의 세계화 시대에 인간성의 근원적 문제로서 우리의 심정-이 그대로 묻어나는 트리나 플러스의 책이 있습니다. 우리네 삶이 피곤하고 지칠 때 간혹 떠오르는『꽃들에게 희망을』이라는 삽화가 그려진 유명한 책입니다. 애벌레 한 마리가 나비가 되는 내용입니다. 애벌레는 모든 다른 애벌레들이 올라가는 커다란 기둥을 봅니다. 기둥 위에 무엇이 있을까 호기심을 가지고 주인공 애벌레도 기둥을 오르기 시작합니다. 때로는 오르기 위해서 동료 애벌레를 밀치기도 하고, 그러다 다른 애벌레가 기둥에서 떨어지기도 합니다. 그러나 기둥 위에는 아무것도 없었습니다. 단지 애벌레들이 올라가며 만든 기둥만 있을 뿐입니다. 애벌레는 내려와 다른 길을 찾고 결국 나비가 되면서 이야기는 끝이 납니다.

어떻게 살아야 할 것인가? 무한경쟁의 우리 사회구조 속에서 행복을 운운하는 것, '어떻게 살아야 할까?'라는 물음을 던지는 것조차 하루의 생존이 버거운 이웃들에게는 배부른 질문일 수도 있습니다. 모두가 가는 길에서 낙오할까 두려워 용기 있게 자신을 돌아보지 못하는 질문일 수도 있습니다. 그러나 아직 다가오지 않은 미래를 위해서 현재의 순간을 사회가 규정한 행복에 맞추어 산다는 것은 아무것도 없는 기둥을 오르는 애벌레의 모습은 아닐까 생각을 해봅니다. '어떻게 살 것인가?' 우리 각자의 코앞에 지금 던져지는 질문입니다.

현대사회는 상품에 의존하며 사는 사회입니다. 소비의 편리성을 넘어서 중독 증세에까지 이르렀습니다. 소비하지 않으면, 상품 생산을 위한 직장에 고용되지 않으면, 쓸모없는 인간 취급을 당합니다. 이런 사회의 모습이 뚜렷할 때마다 우리는 정작 나의 삶을 잃어버리는 좌표 실종으로 살 때가 많습니다. 이반 일리치의『누가 나를 쓸모없게 만드는가』라는 책은 이런 질문에 대한 현대인의 방향을 잘 제시합니다. '나만의 길은 무엇인가? 나의 고유한 가치를 드러내고 내 안에 지닌 창조 능력을 어떻게 드러내야 할 것인가?' 진정한 행복 찾기는 바로 이런 나를 발견하는 길에서부터 시작합니다.

## 2. 알베르 카뮈의 『이방인』

이번에는 문학작품 중에 인간소외에 대한 성찰을 하고 있는 알베르 카뮈의 소설 『이방인』을 소개하려 합니다. "모친 사망, 내일 장례식." 이렇게 첫 문장을 시작하는 『이방인』의 줄거리는 다음과 같습니다: 알제리의 선박중개인 사무실 직원으로 일하는 젊은 청년 뫼르소는 어느 날 마랭고의 양로원에 있던 어머니가 돌아가셨다는 전보를 받고 가서 장례를 치르고 다음 날 돌아옵니다. 그는 예전 직장 동료였던 마리를 다시 만나 유쾌한 영화를 보고 해수욕을 즐기며 사랑을 나눕니다.

아는 사람이 거의 없는 뫼르소는 같은 아파트에 사는 이웃 레몽과 친해집니다. 레몽은 변심한 애인을 괴롭히려는 계획을 세웠는데 뫼르소는 레몽의 뜻에 이끌려 이 계획에 동참합니다. 며칠 후 뫼르소는 레몽과 함께 해변으로 놀러 갔다가 그들을 미행하던 아랍인들과 마주칩니다. 그 아랍인들 중에는 레몽의 옛 애인의 오빠가 있었습니다. 싸움이 벌어져 레몽이 다치고 소동은 마무리되었지만, 뫼르소는 답답함을 느끼며 시원한 샘가로 갑니다. 그곳에서 우연히 레몽을 찔렀던 아랍인을 만난 뫼르소는 그가 꺼내는 칼의 강렬한 빛에 자극을 받아 자신도 모르게 품에 있던 권총의 방아쇠를 당깁니다.

교육을 받았지만, 신분 상승 욕구나 야심이 없고 생활의 변화를 원하지 않으며 이상할 정도로 주위에 '무관심한' 뫼르소는 우발적 살인 이후 세상에서 '이방인'이 되어버립니다. 진실을 왜곡해서 자신을 도우려는 변호사도, 하느님을 통해 뫼르소를 감화하려는 재판관도, 구원을 위해 그를 찾아온 사제도, 그 누구도 뫼르소를 진정으로 이해하지 못하였고 뫼르소 역시 주위세계를 이해할 수 없었습니다. 이렇게 뫼르소는 자기 자신의 사건에서 소외되고 맙니다. "어처구니없게만 여겨지는 죽음에 대한 거부, 자기 스스로의 밖으로 쫓겨난 듯 자기 자신에 대해 느끼는 낯섦, 그리고 이 세계의 불투명한 어둠과 부조리가 송두리째 여기에 담겨" 있습니다. 이렇게 타인에 의해 내려진 사형 선고를 받으며 뫼르소는 마지막 유혹인 신앙과 구원의 유혹을 떨치고 자신의 죽음과 정면으로 대면하게 됩니다.

현대인은 존재의 의미를 잃은 인간소외를 경험하면서 자기가 아는 것 이상의 더 많은 말들을 하는 데 동의하고서 보다 유리한 위치와 유연한 결과를 위해서 반드시 거짓말을 하도록 강요받는 사회 속에 살아가고 있습니다. 사회 속으로 더 깊이 파고 들어가기 위해서는 이런 거짓말에 익숙해야 합니다. 카뮈의 『이방인』의 주인공 뫼르소는 이런 현실사회에 살아가는 현대인의 모습을 암시하고 있으며 또 한편 제1, 2차 세계대전을 겪으며 정신적 공허를 경험한 당대 독자들에게 "영웅적 태도로 과하게 행동하지 않으면서 진실을 위해서는 죽음도 마다하지 않는" 모습으로 당시 사회의 관습과 규칙에서 벗어나고자 하는 새로운 인간상을 제시하고 있습니다. 종교적 구원조차도 거짓으로 간주하고 단호히 거부하며 진실을 왜곡시키지 않기 위해 마침내 죽음으로 나아갑니다. 바로 이런 뫼르소를 많은 사람은 이방인 취급합니다.

## 3. 기독교 성서의 '창조 이야기' 그리고 「전도서」

기독교의 경전인 성서는 인류의 시작을 알리는 '창조 이야기'를 통해 인간은 홀로 살아가는 존재가 아니라 영원한 존재와 더불어, 그리고 이웃과 자연과 더불어 평화롭게 공존하며 살아가는 존재임을 밝혀주고 있습니다. 물론 이 부분은 종교가 없는 사람에게 낯설 수 있는 이야기입니다. 그런데 조금만 관점을 바꾸어보면, 종교가 있건 없건 간에 인간은 홀로 사는

<카인과 아벨>, 티치아노 베첼리오 (16세기)

존재가 아니라 누군가와 함께 더불어 살아가는 존재임을 알 수 있습니다. 한자의 '사람 人'자(字)는 서로 의지하며 같이 살아가는 인간임을 표현해줍니다. 그런데 이런 인간 본연의 모습을 잃어버리고 홀로 살아가고자 관계를 단절시킨 것이 바로 성서가

말하는 죄입니다. 에덴동산에서 첫 인류인 아담과 하와는 금단의 열매를 먹음으로써 하나님과의 관계가 단절되어 동산에서 추방되었습니다. 또 그 자손인 가인과 아벨 이야기에서도 형 가인은 동생 아벨을 시기해서 동생을 몰래 쳐 죽이고 나서 하나님 이 물으셨을 때 "내가 내 아우를 지키는 자이니이까" 하며 자신의 책임을 회피하였습 니다. 가인은 그 벌로 땅의 소산을 얻지 못하고, 즉 땅에 정착하지 못하고 평생을 떠 돌아다니며 살아야 하는 내쫓긴 이방인이 된 것입니다.

간략히 살펴보았지만, 위의 이야기들은 성서에서 말하는 인간 본연의 모습을 보여 주고 있으며 그 본래의 모습을 잃은 인간, 즉 관계가 단절되고 소외된 인간은 평생을 유리(流離) 방황하며 살아가는 존재가 되었음을 보여주고 있습니다. 그래서 어찌 보 면, 창조 이야기에 등장하는 인간의 모습은 성서를 처음 기록했던 이스라엘 사람들 이 인간의 원형적 모습은 어떠한지를 성찰하는 과정에서 나타난 모습이라고 할 수 있습니다. 관계 중심의 인간이 그 관계가 단절되어 하나님과도 소외되고 다른 사람 과도 소외되는 모습을 묘사하고 있습니다. 따라서 이 소외와 관계 단절을 극복하고 인간 본연의 모습을 찾아 나가고자 하는 것이 성서가 제시하고 있는 인간의 구원관, 다시 말해 행복한 삶에 대한 소개인 것입니다.

이처럼 더 나은 존재를 향한 처절한 몸짓이 우리가 추구하고자 하는 행복의 길입 니다. 인간 됨의 상실과 소외를 이겨내고 존재의 의미를 찾는 것이 바로 우리가 만들 어갈 행복입니다. 이러한 행복 찾기에 도움을 주고자 성서의 지혜문학의 하나인 '전 도서'를 소개하고자 합니다. 성서를 연구하는 학자들은, 인생을 살아가면서 풀리지 않는 실존적 문제들을 놓고 고민한 흔적이 있는 책을 '지혜문학'(wisdom literature)이 라고 부릅니다. 성서는 하나님을 경외하는 것을 지혜의 근본이라고 말합니다. 우리 삶을 둘러싸고 있는 더 큰 존재를 자각할 때 곧 지혜로 나아갈 수 있음을 의미합니 다. 지혜문학에는 짧은 격언, 속담, 가르침들의 모음집인 잠언(Proverbs), 의롭고 신앙 심 깊은 '욥'이라는 인물이 고난을 겪으며 인생의 의미를 찾아가는 욥기서, 어떤 삶 이 잘 사는 것인지를 자기 경험을 통해 자서전적으로 젊은이들에게 가르치고 있는 전도서(Ecclesiastes)가 포함되지만, 노래 중에 최고의 노래라고 불리는 아가서(Song of Songs)를 지혜문학에 포함시키기도 합니다.

전도서에 대해 조금 더 살펴봅시다. 한글 제목인 '전도서'의 전도자는 가르침을 주기 위해 사람들을 모으는 직책을 가진 사람으로 추정됩니다. 지혜 교사는 이제껏 살아온 인생을 되돌아보며 자신의 경험을 바탕으로 "내가 보니 … "라는 자서전적 표현을 통해 어떻게 사는 것이 지혜로운 삶인지를 독자들에게 들려줍니다. 흥미로운 것은 "모든 것이 헛되다"라는 허무적인 표현이 반복적으로 책에 등장한다는 점입니다. '안개' '수증기' '숨처럼 금방 사라지는 것'으로 표현될 수 있는 '헛되다'라는 단어는 다양한 의미로 해석될 수 있습니다. 인간이 이해할 수 없는 불합리한 일들로도 해석될 수 있고, 덧없이 짧은 인생에 대한 표현으로도 이해할 수 있습니다. 그런데 전도자는 수고하며 열심히 노동하는 것조차도 헛되다고 한탄합니다. 그렇다면 전도서는 덧없는 인생에 대한 허무주의로 끝나는 책일까요?

지혜 교사는 권력, 명예, 쾌락처럼 인간이 누릴 수 있는 많은 것들을 향유하고 경험해 본지도 모릅니다. 그러나 돌아보니 그 모든 것이 '덧없다'라는 것입니다. 전도자의 인생무상, 허무적인 사고는 오히려 그렇다면 인생을 어떻게 살아야 하는지를 성찰하는 계기가 되었습니다. 부조리한 일들이 한없이 일어나는 인생이지만, 인간사에는 항상 때가 있다고 통찰합니다. 기쁜 일만 계속되는 것도 아니며 기쁠 때가 있으면 슬플 때도 있는 것이 인생입니다. 이런 가운데서 때로는 불공평한 일들을 만나기도 하지만, 때가 되면 의인과 악인 모두 심판을 받게 된다고 말합니다. 덧없이 짧은 인생이지만, 순간순간을 기쁘게 살라고 권고합니다. 인간의 삶은 하나님이 주신 선물이기에 즐겁게 보내야 한다는 것입니다. 전도자는 사회 구조적인 폭력의 현장에서 억눌린 사람들의 억울함을 위로해 주는 사람이 없다는 것도 알고 있습니다. 그리고 경쟁 사회에서 많이 가지려는 것도 얼마나 허무한 노력인지를 상기시킵니다. 결국, 가장 최선의 삶은 주어지는 매 순간 감사한 마음으로 즐기면서 먹고 마시면서 행복한 삶을 살아가라는 초청입니다.

"자기 일을 즐겨라. 내가 관찰해보니 하나님께서 주신 자신의 생애 동안 먹고 마시며 자신이 하는 일에서 보람을 느끼는 것이 행복이요 적절한 일이다"(5:18). 경쟁 사회 속에서 '출세와 권력도 헛되다'(4:13), 우리 모두는 죽음을 피할 수 없는 존재이기에 우리가 원하는 일을 하며 행복하게 살라고 격려한다. 그러나 이러한 삶은 이웃과의 나눔이 동반되는 삶이다. 한 사람이 넘어지면 다른 사람이 일으켜 준다 … 둘이 함께 누우면 따뜻해진다. 하지만 혼자라면 어떻게 따뜻해질 수 있을까?--세 겹으로 꼰 줄은 쉽게 끊어지지 않는 법이다"(4:10-12). 이웃과 더불어 지금 이 순간을 즐기며 먹고 마시는 것에 감사하라는 권면은 삶을 적극적으로 받아들이라는 것입니다. 삶의 허무함과 죽음을 인식하되, 지금 나에게 주어진 삶에 충실한 삶, 이것이 전도서가 들려주는 행복한 삶의 비결입니다.

성서의 '창조 이야기'에서는 관계의 단절로 인간 본연의 의미를 잃어간 모습에서 이방인이 되는 과정을 볼 수 있었습니다. 또 카뮈의『이방인』에서는 거짓을 거부하는 순간 사회로부터 이방인이 되는 과정을 볼 수 있었습니다. 존재의 깊은 의미를 상실한 인간은 어떻게 다시금 그것을 되찾을 수 있을까요? 카뮈에게서 사회의 관습이 만든 가치에 저항하면서 단순히 태양 빛 하나만을 사랑하고자 자기 스스로가 만든 가치를 지켜내기 위해 죽음을 홀연히 선택하는 뫼르소의 모습은, 더 나은 존재를 향해 저항하며 나아가는 인간의 모습을 읽어낼 수 있었습니다. 이방인이 되는 과정은 다소 다르지만, 성서의 이야기나 카뮈의 소설을 통해 우리 자신을 되돌아보고 더 나은 삶이 무엇인지 생각하게 됩니다.

아주 명료하게 결론 내리기 쉽지 않은 것이 바로 인간의 행복에 대한 주제입니다. 그것이 지극히 사적이며 주관적인 주제이기 때문입니다. 그러나 또한 그것이 모든 인간의 근원적인 문제라는 점에서는 보편적인 주제이기도 합니다. 인간은 누구나 행복한 삶을 꿈꾸지만, 대부분은 충분히 자기다운 멋진 삶을 살아가지 못합니다. 지금까지 어떤 삶을 살아왔든지 간에 우리는 "영원히 살 것처럼 꿈꾸되, 내일 죽을 것처럼 현재 순간을 충실히" 살아야 합니다. 수많은 시련과 절망을 통과하면서 세상의 부조리와 모순 가운데서도 그로 인해 무너지지 않고 다시금 일어설 때 우리의 삶은 여기가 끝이 아니라 계속되는 것이기 때문입니다.

1. 인문학과 기독교는 어떤 관계가 있을까요?

답:

(1) 톨스토이『사람은 무엇으로 사는가』, 헤르만 헤세『데미안』,『싯다르타』, 사무엘 베케트『고도를 기다리며』, 생텍쥐페리『어린왕자』, 앙드레 지드『지상의 양식』, 니코스 카잔차키스『그리스인 조르바』중에서 가능한 대로 직접 읽거나 검색하여 줄거리를 확인한 후에 각 작품을 통해 통찰한 "행복"의 길에 대하여 서로 나누어봅시다.

2. 이 외에도 각 조에서 서로 토론주제를 만들어서 함께 서로의 생각을 나누어봅시다.

# 3. 어떤 지도자가 되어야 하는가?
### -바람직한 지도자가 갖출 소통과 반성-

## Ⅰ. 문제 제기

우리는 어떤 지도자를 꿈꾸는가? 지도자는 사회에 중요한 역할을 하는 사람으로 올바른 지도자를 만들어가는 것은 사회에 필수적인 일입니다. 이에 성서에서는 어떤 지도자의 모습을 보여주고 있는지, 특히 다윗의 밧세바 사건을 통해 지도자의 덕목 소통과 반성이 어떻게 지도자를 지도자답게 만들어 가는지 살펴볼 수 있습니다. 다윗에게서 배우는 지도자상을 통해 우리 사회가 만들어갈 지도자를 꿈꿀 수 있으며 아울러 문학에서 지도자상에 대한 이해를 통해 우리 정서에 맞는 바른 지도자를 찾아가는 이해를 넓혀보고자 합니다.

## Ⅱ. 개념 설명

### 1. 리더십이란?

리더십(leadership)은 공동의 목적을 달성하기 위하여 한 사람이 다른 사람의 지지와 도움을 얻는 사회적 영향의 과정으로, 조직의 목적을 달성하기 위해 구성원을 일정한 방향으로 이끌어 성과를 창출하는 능력입니다. 이를 위해 다른 사람에게 영향력을 발휘하는 비전 제시, 동기 부여 등 다른 사람을 함께 이끌어나갈 사회적 영향 과정이 필요합니다. 또한 이는 단순한 명령과 지시가 아니라 다른 사람의 장점을 활용해 신뢰와 소통 구축 그리고 존경을 이끌어내어 모범을 보일 필요가 있습니다.

## 2. 리더십 유형과 핵심 역량

일반적으로 리더가 갖춰야할 역량으로 도덕성, 소통, 리더십, 정직성, 이성, 신뢰성, 비전, 청렴성, 포용력, 통합 조정 능력 등을 추천합니다. 이 역량은 리더의 다양한 유형에 따라서 변혁적 리더는 비전 제시와 영감적 동기부여 그리고 개별 구성원에 대한 배려와 지적인 자극을 통해 변화를 유도할 수 있는 면이 필요합니다. 또한 섬김, 서번트 리더는 권한을 나누고 구성원 성장을 우선시하는 모습 그리고 신뢰와 공동체 의식을 강화하는 면이 필요합니다. 분산형 리더는 상황 또는 구성원의 성숙도에 맞춰 스타일을 조정하고 권한을 분산해 자율과 책임을 증대하는 모습을 갖출 수 있습니다. 끝으로 윤리적 리더는 공정성과 정직 그리고 타인에 대한 배려를 일관되게 실천해 규범과 문화로 정착시킬 수 있는 모습이 필요합니다. 각기 다른 모습의 리더이지만 상황과 환경에 따라 그 강조와 조화가 함께 이뤄지는 리더십이 필요하다고 봅니다. 특별히 리더의 소통 능력은 '말하기'보다 '듣기'를 더 중시해 구성원이 무엇을 말하는지(사실 경청), 어떤 감정인지(감정 경청) 그리고 왜 말하는지(의도 경청) 등 경청을 통한 소통 능력을 증대할 필요가 있습니다.

## 3. 비판적 양심

리더의 권위가 강한 사회에서는 리더에 대한 비판이 자유롭지 않습니다. 권위에 눌려 침묵을 요구하는 분위기가 만연될 수 있습니다. 이럴 때 일수록 리더가 더 바른 모습으로 나아가기 위해 구성원의 비판적 양심이 필요합니다. 비판적 양심은 권력이나 다수의 논리가 아니라 보편적 정의와 인권 그리고 공공선을 기준으로 자기편도 비판하는 내적 기준을 의미합니다. 개인의 양심과 다수의 횡포를 막기 위해 제도적으로 예를 들어 내부고발을 보호한다든지, 윤리위원회, 감사, 감사관, 외부 자문을 설치해 보호 장치를 만들고 또한 이해상충과 정보를 공개하고 투명하게 할 필요가 있습니다.

# III. 주제 강의

## 1. 지도자 다윗의 소통과 반성

다윗은 이스라엘 제 2대의 왕(재위 B.C. 1010- 970)으로 유다 지파인 이새의 막내아들로 베들레헴에서 출생하였습니다. 후에 유명한 골리앗과의 전투의 승전으로 사울의 총애를 받고 그의 유능한 무장이 되었지만 이후에 그에게 쫓기는 신세가 되어 망명 생활을 하게 됩니다. 여러 고난을 겪은 후에 사울 왕의 뒤를 이어 30세의 나이에 유다지파의 왕좌에 먼저 오르고 이후 통일된 온 이스라엘 왕국의 왕이 됩니다.

다윗은 목동이었던 어린 시절, 적국 블레셋과의 전쟁 중 이스라엘을 조롱하던 블레셋 군대의 거인 장수인 골리앗을 자신의 무릿매 돌로 이마를 정통으로 맞춰 쓰러뜨려 죽였고 결국 다윗의 공헌으로 이스라엘은 이 전투에서 승리를 거두었습니다. 당시 왕이었던 사울은 다윗을 신임하게 되었고 다윗의 음악 연주 실력을 인정하여 자주 그의 연주를 들었습니다. 또한 다윗은 사울의 무장으로서 두각을 나타내고, 사울의 아들 요나단과 깊은 우정을 맺었으며, 사울의 딸 미첼(Michal)을 아내로 맞이했습니다. 그러나 그의 성공을 시샘한 사울에게 생명의 위험을 느껴 궁정에서 도망가게 됩니다. 이후 사울이 길보아에서 적군에 의해 죽임을 당할 때까지 다윗은 망명생활을 할 수밖에 없었습니다. 이후 사울이 죽고 유대의 왕으로 그리고 이후 통일국가인 이스라엘의 왕이 되어 40여 년을 통치합니다. 다윗은 정치와 종교의 상징인 예루살렘을 수도로 정하면서 통일국가의 모습을 완성합니다.

이렇게 칭송받는 다윗에게도 한 가지 허물이 있습니다. 바로 우리야의 아내 밧세바를 범하는 사건입니다. 전쟁터에 나

<다윗과 밧세바> 피터 래스트만 (1619)

가 있던 우리야의 아내 밧세바와 간음을 하였고, 그 사실을 숨기기 위해 우리야를 전쟁터에서 적군에게 죽도록 조치하여 심각한 죄를 범한 일이 있었습니다. 성서이야기에서 우리가 주목할 부분은 이후 어떤 조치가 있었느냐는 것입니다. 하나님은 예언자 나단을 통해 그의 죄를 밝히고자 했습니다. 일반적으로 이스라엘 사회에서 예언자는 왕 또는 제사장 등 집권자에게 비판과 견제의 기능을 역할을 하는 사람입니다. 하나님의 예언을 전달해 사회적으로 잘못된 부분을 고쳐나가고 이스라엘 사회가 다시금 하나님 앞에 올바르게 살아가도록 하는 역할을 맡습니다.

왕으로서 안정된 모습을 지닌 다윗이 예언자의 비판을 받아들이지 않으면 권력은 견제를 받을 수 없습니다. 다윗은 기꺼이 나단의 이야기를 경청합니다. 나단은 다윗에게 비유적으로 하나님의 경고를 전달합니다. 부자의 욕심으로 가난한 이웃을 살해하고 그 집의 양을 훔쳐 손님을 접대하는 이야기가 하나님이 다윗 왕에게 하는 경고임을 알립니다. 다윗은 자신의 죄를 인정하고 죄를 진심으로 회개합니다. 어느 통치자나 정상에 오른 사람은 충언을 피하려고 합니다. 그러나 다윗은 나단의 경고를 통해 자신의 잘못을 인정하고 반성하는 태도를 보였습니다.

물론 다윗의 반성은 이후 그의 집안에 닥칠 재난을 막지는 못한다고 성서는 말합니다. 실제 그의 맏아들 암논은 자기 형제에 의해 죽었고, 셋째 아들인 압살롬은 왕위 찬탈을 노리는 내란을 일으켰으며, 넷째 아들 아도니야도 다윗의 뜻과는 달리 스스로 다윗의 뒤를 이어 왕이 되려 하다가 좌절되는 일이 있었습니다. 다윗의 집안은 예언자가 선언한 대로 재난을 겪습니다.

## 2. 지도자의 소통과 반성

오늘 다윗이야기를 통한 지도자가 갖추어야 할 중요한 자세는 소통과 반성입니다. 비판할 수 있는 사람을 물리는 것이 아니라 귀를 열어놓고 경청하며 수용할 수 있는 자세입니다. 또한 잘못을 인정하고 뉘우치는 반성이 지도자에게 필요한 이상적인 모습입니다. 이상적인 지도자가 되기 위해서는 많은 다른 덕목이 필요합니다. 능력도 있어야 하고, 책임감도 있어야 하지만, 무엇보다도 필요한 지도자의 모습은 소통과 반성입니다.

소통은 곧 경청입니다. 존중과 공감을 나타내기 위해 경청의 자세는 중요합니다. 조직내에서 팀 멤버가 의견이나 피드백을 제공할 때 완전히 귀를 기울이며, 자신의 생각을 말하기 전에 질문하고 조직의 상태를 수시로 확인하며 최대한 소통을 위해 노력해야 합니다. 소통은 바로 자신이 보지 못한 자신을 타인이라는 거울을 통해 자신을 들여다보는 방법입니다. 바로 소통은 자기 반성으로 나아갈 수 있는 지름길입니다. 또한 반성은 지도자에게 필수적인 부분입니다. 플로리다 대학의 레미 제닝스 교수는 반성하는 리더는 지도자로서 행동하는데 큰 도움이 된다고 했습니다. 자신의 잘못을 뉘우치는 반성도 필요하고 지도자로서 자세, 스킬, 자신감, 업적 등을 이뤘는 지도 반성해야 한다는 것입니다.

## 3. 문학에서 지도자 모습

작은 예시지만, 문학에서도 지도자상에 대한 고민은 계속 이어집니다. 이문열의 『우리들의 일그러진 영웅』, 이 작품은 1987년 『세계의 문학』 여름호에 발표된 중편소설로, 그 해 제11회 이상문학상을 수상하였습니다.

한병태는 서울명문초등학교에서 작은 읍의 별 볼 것 없는 시골초등학교로 전학 가게 되었습니다. 그 학교에는 선생님의 두터운 신임과 아이들의 절대적 복종을 받는 독재자이자 반장인 엄석대가 있었습니다. 한병태는 자기에게로 오라는 엄석대의 말을 거부하였지만, 결국 그가 지정해 주는 그 자리에 앉게 되었습니다.

전학 첫날부터 불편한 관계로 만난 한병태는 엄석대의 물 당번을 거절하면서 그의 세력에 반항적이고 저항적인 도전을 시도하였습니다. 하지만 엄석대의 경계 대상이 되면서 친구들의 골림과 놀림을 당하였으며 소외감과 외로움을 느껴야 했습니다. 그래서 한병태는 그의 비행, 폭력, 위압을 선생님께 낱낱이 일렀지만 오히려 선생님은 못 들은 척 하였습니다. 결국 한병태는 엄석대에게 굴복하고 그의 보호를 받는 쪽을 택하게 됩니다. 하지만 편안히 지내던 한병태와 아이들은 6학년에 올라가면서 새로운 담임선생님을 만나면서 변화하게 됩니다.

새 담임선생님은 엄석대가 반장 선거에서 몰표에 가까운 표를 얻은 것을 수상하게 생각하였고, 그의 비정상적인 성적을 의심하였습니다. 또 한병태를 불러 엄석대의 비행을 폭로하게끔 설득하였습니다. 결국 시험 날 엄석대가 우등생을 시켜 완성한 시험지를 조작한 사건이 드러나면서, 학생들은 동요하여 엄석대의 비행을 낱낱이 일러바쳤고, 이로 인해 그는 몰락하게 됩니다. 엄석대가 도망간 그날 읍내에는 이승만 정권의 3·15 부정선거에 항의하는 시위가 벌어지고, 그날 밤에는 누군가 교실로 들어와 기름을 뿌리고 불을 붙여 잔뜩 태워버립니다. 이후로는 엄석대의 행방은 소문만 무성한 채 아무도 몰랐고, 학교 생활은 제자리를 되찾아 석대에 대한 기억은 희미해져 갔습니다. 그렇게 엄석대의 굳건하고 튼튼하던 '성'은 무너져 그 아이들의 자유를 맛보게 해주었지만 모두가 엄석대의 소식을 모른 채 점점 그는 묻혀 갔습니다.

이 작품은 엄석대의 몰락을 통해 지도자가 지닌 권력의 허구성을 지적하고, 병태와 다른 학생들의 모습을 통해 부조리한 현실에 순응하는 소시민적 근성을 비판하고 있습니다. 다윗이야기뿐만 아니라『일그러진 영웅』에서도 지도자가 지녀야할 바람직한 자세는 우리사회에 필요합니다. 군림의 리더가 아니라 남들과 손, 발을 맞출 수 있는 소통의 리더 그리고 자신을 항시 되돌아 보고 반성하며 낮출 수 있는 리더가 우리사회에 필요합니다. 그리고 이런 지도자를 만들기 위해 나단이라는 예언자가 있었듯이 오늘 우리사회에는 무엇이 필요한지 생각해볼 필요가 있습니다.

지도자의 많은 덕목 가운데 소통과 반성은 과거를 되돌아보고 미래를 건설할 수 있는 중요한 덕목입니다. 한국사회에 필요한 지도자를 만들기 위한 우리의 관심과 노력은 과거 다윗을 일깨웠던 나단의 모습처럼 필요하다고 봅니다.

**1. 다윗의 밧세바 사건에서 다윗을 경고한 이 예언자는 누구인가요?**

답: _______________________________________________

**2. 밧세바 사건에서 다윗은 어떤 바람직한 지도자상을 보이려고 했나요?**

답: _______________________________________________

_______________________________________________

_______________________________________________

**3. 다윗을 경고한 예언자처럼 오늘날 지도자의 잘못을 지적하고 비판하는 책임은 누구에게 있나요?**

답: _______________________________________________

_______________________________________________

_______________________________________________

**4. 지도자의 공개 사과가 신뢰로 이어지려면 무엇이 필요한가요?**

답: _______________________________________________

_______________________________________________

_______________________________________________

# 1. 이상적인 지도자상은 무엇인가요?

2. 지도자의 소통과 반성은 무엇을 의미하나요?

3. 지도자의 소통과 반성을 만들기 위해 우리가 할 수 있는 노력은 무엇인가요?

# 4. 더 큰 나를 만들어 갈 수 있나요?
## -편협한 자기중심적 사고에서 벗어나기-

## I. 문제 제기

더 큰 나를 만들어 갈 수 있나요? 우리가 가진 편견 또는 자기중심적 사고는 무엇일까요? 성서의 요나이야기는 이스라엘 민족이 지니고 있던 선민의식과 오직 하나님은 그들만의 하나님으로서 다른 민족에는 구원이 없다고 생각한 사람들이었습니다. 이런 요나를 깨우치기 위해 요나를 대표로하는 당시 이스라엘 사람들이 지닌 민족의식이란 편견, 이를 어떻게 극복하고 보다 나은 하나님의 보편적 사랑의 길을 실천하는 길이 무엇인지 살펴보는 장이 오늘 주제입니다. 이런 사회의 편견과 자기중심적 사고에 대한 비판으로 우리는 문학에서 조지 오웰의『동물농장』그리고 사회적 편견에 대한 이해를 돕는 것으로 해리엇 비처 스토어의『톰 아저씨의 오두막』등을 살펴볼 수 있습니다. 이를 통해 좀 더 보편적 시각을 갖는 모습이 있으면 좋겠습니다.

## II. 개념 설명

### 1. 예언자와 예언(豫言 vs 預言)

요나는 구약성서에 등장하는 예언자입니다. 여기서 예언은 앞날의 일을 미리 말하는 예언(豫言)이 아니라 누군가의 말을 대신 맡아 전하는 예언(預言)을 의미합니다. 전자가 점술적 예언을 나타내는 것이라면 후자는 대언과 선포의 의미를 강조하는 말이라 할 수 있습니다. 구약에서 말하는 예언은 預言을 뜻합니다. 신의 뜻을 대신 맡아

전하는 역할이 예언이고 이들을 예언자, 즉 부름받아 알리는 자 또는 대언자로 불렸는데, 구약성서가 기록된 히브리어에 의하면 나비, נביא(navi)라고 불렸습니다. 권력과 사회를 향해 신의 정의를 상기시키는 공적 양심으로 이 예언자들은 귀족부터 목동, 농부(아모스) 등 다양한 출신을 배경으로 당시의 권력층인 제사장이나 왕과 대립하며 권력에 대한 비판, 사회 부조리와 불의 등에 대해 예리하게 비판하며 정의로운 사회 구현을 외쳤습니다. 이런 전달자인 예언자의 역할 때문에 많은 경우 일정정도 도덕적 수준을 요구했습니다.

## 2. 선민의식과 보편주의

구약성서에 등장하는 이스라엘 민족의 선민의식은 그들이 믿는 신, 여호와는 그들만의 신이고 이스라엘 민족은 신이 특별히 선택한 백성으로, 여기에는 다른 신, 다른 민족의 어떤 개입도 없이 오직 신과 이스라엘만의 언약이란 약속을 통해 주어진 책임과 사명을 강조하거나 책임에 대한 경고와 심판을 포함하는 개념이었습니다. 이 때문에 이 선민의식은 원래 단순한 우월주의를 나타내는 것이 아니었습니다. 하지만 이스라엘 민족의 오랜 역사경험에서 무수한 고난과 핍박을 겪으면서 이 선민의식은 자신만을 지켜내는 배타적 민족 중심의 의식으로 변화되었습니다. 신의 주권적 선택이란 의미를 잃어버리고 민족 현실에 바탕한 사고라고 할 수 있습니다. 때로는 이 선민의식으로 민족이 뭉치는 중요한 역할도 했지만, 때론 이것이 배타적으로 작용해 자신 외에는 아무도 존재하지 않는 극단성으로 나타났습니다. 이런 선민의식과 대조적으로 보편주의는 이 선택의 목적이 모든 민족을 위한 복의 통로가 되는 즉, 특권이 아니라 책임을 의미할 때 드러납니다.

## 3. 풍자(satire)의 문학적 장치

풍자는 사회나 개인의 결함, 어리석음, 부도덕함 등을 웃음, 조롱, 비판을 통해 드러내고 교정을 촉구하는 문학 장르입니다. 이를 위해 다양한 문학적 장치들을 활용하는데, 아이러니(Irony) 및 반어 (Verbal Irony)는 실제 의미와 반대되거나 기대와 현실

사이의 대조를 통해 비판적인 효과를 만들어 내고, 과장(Exaggeration)은 대상의 부정적 측면 또는 특징을 실제보다 훨씬 크고 중요하게 부풀려 문제를 두드러지게 합니다. 또한 왜곡, 패러디, 알레고리, 비유와 우회적 표현 등 다양한 장치들을 통해 단순한 웃음 유발을 넘어서 독자나 청중이 사회의 부조리나 인간의 어리석음을 깨닫고 개선 및 변화를 촉구하는 의도를 담고 있습니다.


## III. 주제 강의


### 1. 구약성서 예언자의 역할

요나이야기는 예언서의 하나입니다. 구약성서에서 예언서는 주로 미래 일을 점치는 예언(豫言)을 의미하지 않고 신의 말씀을 위탁을 받은 사람이 신의 뜻을 그대로 사람들에게 전하는 예언(預言)을 사용합니다. 그래서 예언자라는 히브리어 "나비(navi)"는 "부름받은 자" 또는 "알리는 자"의 의미로 이집트를 탈출하는 출애굽기에 등장하는 모세와 아론의 관계에서 이를 찾아볼 수 있습니다. 모세는 말을 잘하지 못해 이집트 왕 파라오 앞에 설 때마다 그의 형 아론이 대신 말을 전했는데 이 아론의 역할이 '나비'였

<요나> 미켈란젤로 (1512년경)

습니다. 바로 예언자는 앞날의 일을 미리 알고 이야기하는 사람이 아니라 대신 말을 전하는 '대언자(代言者)'라고 이해하는 것이 우선입니다.

일반적으로 예언서는 위의 의미처럼 예언자 자신의 뜻이 아니라 자신을 보내신 분, 즉 하나님의 말씀의 뜻을 선포했습니다. 이스라엘 백성이 하나님과 맺은 언약을 지

키지 않고 하나님의 뜻에서 멀어질 때, 예언자들은 백성을 올바른 길로 인도하기 위해 죽음을 불사하며 하나님의 목소리가 되어 진리를 선포했습니다. 바로 그 사회 또는 권력자, 백성 등 문제가 있다고 하는 곳에 하나님의 뜻을 선언하기 위해 존재한 것이 예언이며 예언자들이었습니다. 그런데 이런 일반적인 예언자들과는 달리 그 문제 덩어리로 예언의 전달자가 아니라 예언의 대상이 된 예언자가 있었습니다. 그가 바로 요나였습니다.

## 2. 예언의 대상이 된 요나

요나에게 하나님의 말씀이 임했는데 앗시리아의 수도인 니느웨로 가서 하나님의 심판을 전하라는 명령이었습니다. 앗시리아는 요나가 사는 나라 북이스라엘의 적국입니다. 요나는 열왕기하 14장 25절에 등장하는 것처럼 여로보암 2세(B.C. 782-753)가 통치하는 기간에 활동한 예언자입니다. 아직 앗시리아에 의해 북이스라엘이 멸망(B.C. 722) 당하지는 않았지만, 당시 북이스라엘 사람들의 증오의 대상이 바로 앗시리아였습니다. 증오의 대상에게 하나님의 심판을 선포하고 회개를 하라고 명령해야 하는 요나는 선뜻 내키지 않았습니다. 이런 당시의 국제 관계에서 원인한 요나의 거절도 있었지만, 몇몇 성서학자들은 요나서가 더 이후인 바빌론 포로시기 이후인 B.C. 5세기 또는 4세기 경에 기록되었다고 하는데 이 때는 편협한 유대 민족주의가 팽창하는 시기로 오직 선민의식으로 하나님의 백성, 하나님의 구원은 유대인인 이스라엘 민족에게만 있고 다른 나라 백성인 이방인에게는 구원이 없다고 생각한 시기와도 맞물려 있습니다. 증오의 대상인 나라와 그 백성에게는 하나님의 자비를 베풀 수 없다는 것입니다.

그런데 하나님은 이런 당시 통념을 깨뜨리고 요나로 하여금 니느웨에 가서 하나님의 구원을 선포하게 하셨습니다. 그러나 요나는 이를 거절해 니느웨가 아니라 정반대인 다시스, 즉 스페인의 타르시스(Tarshish)로 가는 배에 올랐습니다. 아무도 모를 것으로 알고 배 밑층으로 내려가 요나는 콜콜 자고 있었습니다. 그런데 배가 떠날 때는 멀쩡한 날씨가 배가 출항하고 나서는 갑자기 바뀌기 시작했습니다. 큰 바람이 불어 폭풍이 일어나 거의 배가 뒤집힐 지경이었습니다. 배에 탄 사람들은 각자의 신을 부르며 이 곤경을 벗어나고자 했습니다. 이 때 제비를 뽑아 이 재앙이 누군가의 잘못에 의해 발생하게 되었는지 가리자고 한 것입니다. 요나가 제비에 뽑혔습니다. 이 곤경을 벗어나고자 한 수에 의해 요나는 자신을 배 밖으로 바다로 던지라고 합니다. 그래야만 바다가 잔잔해져 당신들이 살 수 있다고 한 것입니다.

사람들은 어쩔 수 없이 요나를 바다로 던졌습니다. 이 때 하나님은 커다란 물고기를 준비해 요나를 삼키게 했습니다. 요나는 물고기 뱃속에서 삼일 밤낮을 지내면서 하나님께 회개합니다. 가라고 한 니느웨로 가지 않았음(1장)을 그리고 하나님께서 자신을 어느 처지에서든 건지시고 이제부터는 하나님의 뜻을 따르겠다고 기도합니다(2장). 하나님은 물고기에게 명령해 요나를 육지로 토해내게 하셨습니다. 마침내 요나는 니느웨로 가서 "사십 일이 지나면 니느웨가 무너진다"고 선포했습니다. 그런데 요나의 의도와 달리 니느웨 사람들이 요나의 말에 귀를 기울이고 왕에서부터 성안의 사람들 심지어 짐승과 육축들도 하나님의 진노를 피하기 위해 자신들의 잘못을 뉘우치고 반성하는 것이었습니다. 지금까지 드러난 요나 이야기는 일반적인 예상을 뒤집어 무언가 다른 의도를 나타내기 위한 묘사를 보여주고 있습니다. 경건해야 할 예언자 요나보다 더 경건한 배의 선원들 모습, 적국으로 악할 것이라고 예상했던 니느웨 사람들이 왕을 비롯해 백성과 짐승들조차도 민감하게 신의 말씀에 반응하는 모습 등은 요나 이야기에 담겨 있는 또 다른 의도를 나타내는 표현법이라 할 수 있습니다.

## 3. 요나를 일깨우시는 하나님

요나의 기대와는 정반대였습니다. 아니 어찌 보면 요나는 이를 알고 있었는지도 모릅니다. 하나님은 은혜로우시며 자비로우셔서 노하기를 더디하시고 인애가 크셔서 뜻을 돌이켜 재앙을 내리지 않으실 것을 요나는 알고 있었습니다. 이 때문에 요나는 니느웨에 가기 싫었던 것입니다. 자신의 나라를 괴롭히는 원수와 같은 나라가 심판을 받아 망하기를 바라는 것은 당연한 일이지만 하나님의 자비가 이런 당연한 기대를 무너뜨릴 수 있음을 요나는 안 것입니다. 그래서 요나는 화가 났습니다. 그리고는 자신을 죽여 달라고 호소합니다. 성밖 동쪽으로 나가 초막을 짓고 빨리 이 니느웨 성이 무너지길 기다리고 있는 요나입니다. 지중해성 기후의 영향으로 고온 건조한 날씨에 햇빛이 뜨겁습니다. 그늘만 있으면 살 것 같은데 그늘이 없습니다. 이때 하나님께서 요나를 깨우치기 위해 이상한 일을 벌이십니다. 갑자기 박넝쿨을 생기게 해 요나를 위한 그늘을 만듭니다. 요나가 이제 겨우 살 것 같다하며 기뻐합니다. 그런데 이번에는 벌레를 준비해 다음날 박넝쿨을 전부 갉아먹게 합니다. 그늘이 사라졌습니다. 해가 떠 뜨거운 동풍이 불어오자 요나는 다시금 죽여달라고 애원하며 하나님께 화를 냅니다.

이 때 하나님이 요나에게 묻습니다. "너가 이 박넝쿨 때문에 성내는 것이 옳으냐?" 요나는 대답합니다. "네 옳습니다. 제발 저를 죽게 해 주세요." 여전히 자신이 어떤 모습인지 깨닫지 못하는 요나에게 하나님은 말씀합니다. "너가 수고도 아니하였고 재배도 아니하였고 하룻밤에 났다가 하룻밤에 말라 버린 이 박넝쿨을 아꼈느냐? 너의 목숨 때문에 이 박넝쿨을 아꼈었느냐 그러면 입장 바꿔 생각해 보아라. 이 큰 성읍 니느웨에는 좌우를 분변하지 못하는 자가 십이만여 명이요 가축도 많이 있다. 이들을 만드신 창조주, 너희 이스라엘만의 하나님이 아니라 모든 인류의 하나님이 어찌 이들을 아끼지 않겠느냐?" 요나이야기의 핵심인 이 박넝쿨(히브리어 키카욘(qiqayon)) 에피소드는 생태, 자연을 매개로 공감의 확장을 체험시키는 교육적 장면으로 생명 가치의 보편성을 강조하고 있습니다.

사실 요나이야기는 열린 결말로 끝을 맺습니다. 이런 하나님의 질문에 요나의 아무런 대답이 없습니다. 이것은 요나에게만 하는 질문이 아니라 당시 사회에 대한 하나님의 질문과도 같은 것입니다. 편협한 민족주의적 사고를 지녀 더 이상 누군가의 생각을 받아들이지 못하는 배타성을 지적하고 있는 것이고 원수와 같은 증오의 대상인 나라와 백성에게는 더 이상 하나님의 자비를 베풀 수 없음을 보여주는 당시 이스라엘 사람들의 모습을 나타내고 있습니다. 선민의식과 오직 하나님은 그들만의 하나님으로서 다른 민족에는 구원이 없다고 생각한 사람들의 모습을 지적하기 위해 요나이야기는 있다고 볼 수 있습니다. 박넝쿨을 통해 요나를 깨우친 것처럼 하나님의 사랑과 자비는 이스라엘뿐만 아니라 모든 인류 심지어 원수, 적국에까지 미칠 수 있음을 깨닫게 하는 것입니다. 동시에 독자인 우리들에게도 "너는 어떻게 할 것인가?"라는 윤리적 결단을 촉구하는 참여를 바라고 있습니다.

요나이야기는 독특한 서술방식이라 할 수 있는 풍자로 이뤄졌습니다. 일반적인 상식을 뒤엎고 무엇인가 문제를 지적하고자 하는 풍자문학인 것입니다. 주로 풍자는 한 사회를 지배하고 있는 모순 또는 불합리한 모습에 대해 비판하고 고발하는 형식으로 이뤄진 것입니다. 지나칠 정도로의 자기중심적 사고로 인한 편협한 민족주의의식, 선민의식 등을 고발하기 위해 요나이야기가 있는 것입니다.

## 4. 문학작품에서 본 과도한 중심주의 비판: 조지 오웰『동물농장』과 스토어『톰 아저씨의 오두막』

같은 구조로 문학작품에서도 풍자에 해당하는 많은 글들이 있습니다. 정치풍자로 유명한 조지 오웰의『동물농장』은 어떤 농장의 동물들이 늙은 수퇘지 메이저의 부추김에 빠져 농장주의 압제에 대항하는 반란을 일으켰습니다. '네 발은 좋고 두 발은 나쁘다'라는 구호 아래 동물들에 대한 인간의 착취를 없애는 동물들의 이상사회를 건설합니다. 그러나 돼지들이 지도자가 되면서 특권을 누리고, 젊은 수퇘지 나폴레옹이 자신에게 맞서던 스노볼을 내쫓고 권력을 잡았습니다. 이후 동물농장은 독재사회로 전락하고 옛날보다 더 혹독한 여건에서 혹사당하기 시작합니다. 마치 인간사의 악습을 되풀이하며 더 심한 착취로 몰아가는 사회의 모습을 볼 수 있습니다.

흔히 이『동물농장』은 1917년 볼셰비키 혁명 이후 스탈린 시대에 이르기까지 소련에서의 정치 상황을 재현하고 있다고 합니다. 혁명을 부추기는 늙은 수퇘지 메이저는 마르크스를, 독재자 나폴레옹은 스탈린을, 나폴레옹에게 내쫓기는 스노볼은 트로츠키를 상징합니다. 그런데 이런 소련의 정치 상황뿐 아니라 성공한 혁명이 어떻게 변질되며, 권력을 쥔 지도자가 어떻게 국민을 속이고 핍박하는지를 면밀히 그리고 있는『동물농장』은 모든 시대에 가능한 독재자 또는 권력 집단에 대한 성찰을 가져오는 글로도 볼 수 있습니다. 즉 권력 중심적 사고에 대한 비판입니다.『동물농장』에서는 동물들의 무지와 무기력함이 권력의 타락을 방조한다고 말해주고 있습니다. 권력 중심적 사고에 대한 비판과 더불어 진정한 권력으로 나아가는 길이 바로 동물들의 자각과 관심 즉 국민의 자각과 관심, 자유를 향한 인간의 진정한 외침이 있어야 가능함을 보여주고 있습니다.

문학에서 사회적 편견에 해당하는 인종차별을 다룬 해리엇 비처 스토어의『톰 아저씨의 오두막』도 같이 보면 좋을 것 같습니다. 노예제의 비참함을 알리기 위해 쓰여진『톰 아저씨의 오두막』은 원래 주인인 셸비 부부의 사업 실패와 막대한 빚으로 농장을 빼앗길 위기에 처하자 어쩔 수 없이 자신에게 충실했던 노예 톰과 혼혈 노예 엘리저의 다섯 살난 아들 해리를 노예상인에게 팝니다. 톰은 팔려가는 도중, 배에 승선한 승객 에바의 생명을 구해주면서 그것이 인연이 되어 그녀의 아버지 오거스틴 생클레어에게 팔려가 한동안 행복하게 지냅니다. 그러나 에바와 오거스틴이 사망하면서 냉혹한 시몬 레글리에게 다시 팔려가면서 그의 목화밭에서 심한 학대를 받으며 노동합니다. 톰은 다른 노예들의 탈출을 도와주면서 이 때문에 레글리로부터 죽임을 당하게 됩니다. 원래 주인인 셸비 부부의 아들 조지가 톰을 구하기 위해 노력했지만 결국 톰은 죽고 말았습니다. 조지는 자신의 집으로 돌아가 노예들에게 톰의 희생에 대해 알리고 모든 노예를 풀어줍니다. 노예제의 참혹함을 고발하는『톰 아저씨의 오두막』은 인류사회가 지닌 편협한 인종차별에 대한 비판이라고 할 수 있습니다.

자기중심적 사고는 사실 나쁜 것이라고만 볼 수도 없습니다. 인간의 본능처럼 태어나면서부터 우리 모두는 자기중심적 사고를 할 수밖에 없습니다. 하지만 문제가 되는 것은 타인은 없고 오직 나만 존재한다는 생각이 지나쳐 배타성으로 작용될 때입니다. 중용을 잘 지켜나가야 하는데, 한쪽으로 치우친 편견으로 작용되며 문제를 일으키는 것입니다. 그래서 우리는 본능에만 맡기는 인간이 아니라 교육이 필요한 존재이기도 합니다. 보편주의적 사고는 곧 교육을 통해 우리가 끊임없이 배워나가야 할 부분입니다. 또한 역지사지의 자세를 통해 늘 자신을 되돌아볼 수 있는 마음이 필요합니다. 그리고 자기중심적 사고로 볼 수 있는 지역이기주의의 다양한 현상, 님비, 핌피현상 등에 대해서도 폭넓은 이해를 넓혀 보편주의적 사고 훈련을 할 수 있도록 합시다.

1. 앞날의 일을 점치는 것이 아니라 신의 뜻을 대신 전달하는 사람을 성서에서는 무엇이라 불렀나요?

답: ___________________________________________________

2. 성서에서 예언자를 부르는 히브리어는 무엇인가요?

답: ___________________________________________________

3. 요나의 자기중심적 사고를 깨뜨리는데 신이 사용한 도구는 무엇인가요?

답: ___________________________________________________

4. 어떤 농장의 돼지들의 반란을 다룬 이 소설 『동물농장』은 누구의 작품인가요?

답: ___________________________________________________

1. 우리(사회)가 가지고 있는 편견 또는 자기중심적 사고는 무엇이 있나요?

2. 편견과 자기중심적 사고를 해결하기 위한 노력은 무엇이 되어야 하나요?

# 5. 신은 왜 인간의 고통에 침묵하나요?
## -고통 속에서 만나는 하나님-

## Ⅰ. 문제 제기

인간이 어떻게 사는 것이 진정한 삶인지를 다루는 지혜문학의 하나인 욥기서는 의로운 사람이 겪는 고난에 대해 이야기하고 있습니다. 인간에겐 왜 고통이 있는가? 신은 인간의 고통, 고난에 왜 침묵하는가? 우리 삶에서 고통은 우리에게 무엇을 의미하는가? 아마도 이 질문에 대해 좀 더 고민해 볼 수 있는 장이 욥 이야기이며 엔도 슈사쿠의『침묵』이라고 할 수 있습니다. 이 질문을 통해 인간의 삶에 대한 보다 심도 깊은 이해의 길로 나아가 우리 삶에 대한 더 넓은 이해를 만들어가고자 합니다.

## Ⅱ. 개념 설명

### 1. 신정론(神正論, Theodicy)

전지전능하며 선한 신이 존재하는 세상에 왜 악과 고통이 존재하는지를 묻는 질문에서 시작하는 것이 신정론으로 신의 속성과 세상의 악 사이의 모순을 제기합니다. 악의 문제에 대해서는 인간에게 주어진 자유의지를 악용해 악이 발생했다는 자유의지론이나 이 자유의지의 남용을 인간의 원죄로 보고 악은 신의 창조가 아니라 인간 타락의 결과라고 주장한 아우구스티누스의 논의 등도 있습니다. 신정론은 인간의 고난에 의미를 부여해 신의 의로움과 권능을 변호하려는 의의도 있지만, 동시에 여전히 존재하는 현실의 악을 설명하기에 부족하다는 비판을 받기도 합니다.

## 2. 인간에게 고난이란

고난은 인간을 겸손하게 하고 자신의 부족함을 깨닫게 하며, 좀 더 올바른 삶으로 변화시키는 성장과 성숙의 도구입니다. 인간은 고난을 통해 인간 존재의 근본적 현실을 인식할 뿐 아니라 다른 사람의 아픔을 깊이 이해할 수 있는 공감 능력을 키울 수 있습니다. 이 때문에 고난은 피하기보다 이를 받아들이고 변화를 경험하는 직면하기가 필요합니다. 기독교에선 신과의 관계가 분리된 인간의 한계(죄)에서 고난이 비롯되었으며, 그 끊어진 관계를 회복하는 구원은 예수 그리스도를 통해 가능하다고 말합니다.

## 3. 신의 침묵의 의미

슈퍼맨같은 신을 요구하는 인간의 욕구와 다르게 정작 인간의 고통에 신은 왜 침묵하는가? 이 질문에 기독교는 사랑의 방식으로 강요나 방관이 아니라 말할 수 없는 안타까움으로 함께 하고자하는 동행, 임마누엘(하나님이 우리와 함께 하신다)을 말합니다. 고난의 깊이로 삶의 다양한 갈래를 보여주지만, 때론 이 고난을 신께 정직하게 따지는 탄식과 항의가 신앙의 일부입니다. 이 때문에 탄식과 항의는 불신이 아니라 신뢰의 언어로 신의 무한 사랑을 경험하는 길이 될 수 있습니다. 인간을 사랑하는 신이 친히 인간이 되어 인간의 고난을 외면하지 않고 함께 아퍼하시는 절제된 임재를 의미하는 침묵입니다.

> **엔도 슈사쿠 『침묵』 중에서 (204쪽)**
>
> "밟아도 좋다. 네 발은 지금 아플 것이다. 오늘까지 내 얼굴을 밟았던 인간들과 똑같이 아플 것이다. 하지만 그 발의 아픔만으로 이제는 충분하다. 나는 너희의 아픔과 고통을 함께 나누겠다. 그것 때문에 내가 존재하니까"
>
> "주여, 당신이 언제나 침묵하고 계시는 것을 원망하고 있었습니다."
>
> "나는 침묵하고 있었던 게 아니다. 함께 고통을 나누고 있었을 뿐."

# III. 주제 강의

## 1. 욥기의 저작 배경

　욥 이야기는 구약성서 욥기서에 나오는데, 주로 의로운 사람이 당하는 고난에 대한 질문을 하고 있습니다. 욥기의 기록연대는 다양한데, 어떤 경우 아브라함, 이삭, 야곱 등 족장시대에 등장한 인물이라는 주장 또는 지혜문학이 최고조에 이르렀던 솔로몬 시대인 기원전 10세기 경이라는 주장 또는 바벨론 포로기 전후인 대략 기원전 5-4세기경으로 보는 주장이 있습니다. 연대에 대해서는 특정할 수 없지만 대략적으로 욥의 출신지인 우스 땅이 욥기에 등장하는 풍습, 어휘, 지리적 언급 등을 고려하면 에돔 또는 아라비아 사막 북부 지역으로 추정할 수 있으며, 욥의 친구들이 등장해 주장하는 유대교적 인과응보사상을 보면 연대 또한 대략 기원전 5-4세기경으로도 볼 수 있습니다.

　어쨌든 이런 역사적 계보와는 달리 욥의 연대를 특정할 수 없지만 욥 이야기는 한 인간의 이유 없는 고난으로 말미암아 생을 저주하고 세계의 파괴를 원하며 죽음을 동경하는 모습을 나타내고 있습니다. 이후 찾아오는 세 친구의 변론과 힐난 속에서 무상한 우정과 신에 대한 사랑의 좌절 그리고 마침내 신과의 대화를 통해 인간의 생각과 다른 신의 뜻을 알아가게 됩니다. 이를 통해 인간이 이해할 수 없는 생의 부조리한 문제 또는 이유 없는 고난에 대해 어떤 관점을 지녀야 할지 고찰하게 합니다.

## 2. 욥의 고난

　우스 땅에 온전하고 정직하며 하나님을 경외하고 악에서 떠나 사는 욥이 있었습니다. 이야기는 이런 욥을 두고 하나님과 사탄이 내기를 합니다. 비참한 환경에 빠져도 하나님께 충실할 것인지 아닌지를 시험해보고자 한 것입니다. 이유가 있는 하나님에 대한 경외이지 만약 그 이유를 없애면 반드시 욥은 하나님을 떠날 것이라고 내다봤다. 이에 욥에게 여러 어려운 시련이 내려졌습니다. 가축이 도둑맞고, 집이 무너져 자녀들이 깔려 죽었으며 정수리에서 발바닥까지 온몸에 종기가 났습니다. 또한 주변의

모든 사람이 떠났으며 심지어 욥
의 부인마저도 하나님을 저주하
고 죽으라고 했습니다. 욥의 입장
에서는 너무도 갑자기 찾아온 이
유 없는 고난이었습니다.

이 소식을 들은 욥의 세 친구,
엘리바스와 빌닷 그리고 소발이
욥을 찾아와 이 고난은 징벌에 의
한 교정 그리고 본보기를 목적으
로 하는 것인 인과응보(因果應報)

<친구들의 비난을 받는 욥> 윌리엄 블레이크 (1825년)

의 논지를 주장합니다. 욥이 지은 죄의 대가로 받는 고난이라고 단정합니다. 욥은 친
구들의 주장이 근거없는 것이라 거부하고 자신은 불의한 존재가 아니며 자신은 결백
하다고 주장합니다. 그리고 욥은 의로운 자가 왜 고난을 당해야 하는가에 대해 끊임
없이 의문을 품고 그 이해할 수 없는 고난에 대해 저항합니다. 당시에 의로운 사람은
복을 받고 악한 사람은 벌을 받는 상선벌악(賞善罰惡)의 관점에서도 현실에 닥친 욥의
고난은 이해할 수 없는 것이었습니다. 이에 욥은 자신의 문제를 해결해줄 중보자를
기다렸습니다.

우주의 주권자이며 공의로우신 하나님에게 이 고난에 대한 이유를 묻는 것이었습
니다. 세 친구와의 변론이 끝나고 욥 이야기는 갑자기 등장하는 엘리후를 소개하고
있습니다. 이 인물은 자신이 모든 것에 대한 대답을 갖고 있다고 생각하는 젊은이였
습니다. 자기 자신이 하나의 지혜자로서 새로운 것을 제시할 수 있다고 보았습니다.
그러나 그의 주장도 '인과응보'의 관점으로 욥이 죄 때문에 고난을 받는다고 보았습
니다. 욥은 마침내 하나님과의 대면을 원했습니다. 친구도 세상의 지혜도 그의 이해
할 수 없는 고난에 대한 궁극적인 답변이 될 수 없었습니다. 욥 이야기의 클라이막스
라 할 수 있는 하나님과의 대화가 이뤄진 것입니다.

하나님은 폭풍우 가운데서 욥에게 말씀하셨습니다. 욥 자신은 왜 고난을 당하는지
알고 싶었습니다. 그런데 이 대화에서 하나님은 그 이유를 설명하지 않으셨습니다.
단지 하나님은 인간의 한계성을 깨우치시기 위해 욥이 대답할 수 없는 무수한 질문

을 하십니다. "내가 땅의 기초를 놓을 때에 너는 어디 있었느냐" 욥은 하나님의 질문에 침묵할 수 밖에 없었습니다. 세상의 무수한 지혜에 대항해 자신을 항변했던 무수한 목소리도 사라졌습니다. 세상의 지혜가 아니라 하나님의 지혜에 인간이 더 이상 어떤 답변도 할 수 없음을 알았습니다. 아마도 이 질문 속에는 자신의 의로움을 주장하기 위해 하나님의 인과응보적인 섭리에 대해 비난한 욥을 꾸짖으시는지도 모릅니다. "네가 내 심판을 폐하려느냐, 스스로 의롭다 하려 하여 나를 불의하다 하느냐" (욥40:8) 하나님의 지혜 오직 창조주만이 대답할 수 있는 문제를 제시하십니다. 세상의 많은 풀리지 않는 문제, 이유 없는 고난에 대해 하나님만이 진정한 답이시며 인간은 무지하여 그 한계성을 깨달아야 한다고 말하십니다.

## 3. 엔도 슈사쿠 『침묵』

엔도 슈사쿠의 『침묵』은 욥의 고난처럼 의로운 사람이 당하는 고난에 하나님은 왜 침묵하시는지를 묻고 있습니다. 17세기 일본의 역사적 사실을 배경으로 한 이 소설은 에도 시대 초기 그리스도교 탄압의 한가운데에 놓인 포르투갈 사제들의 신과 신앙의 의미를 다루고 있습니다. 페레이라(Cristóvão Ferreira) 신부는 일본에서 선교하는 중 가혹한 탄압에 굴복해 배교를 합니다. 이 소식이 로마에 전해졌습니다. 그의 제자인 로드리고(Sebastião Rodrigo)와 가르페(Francisco Garrpe) 신부는 이를 확인하기 위해 일본에 잠입합니다. 일본인 키치지로의 안내로 고토 열도(五島列島)에 잠입해 가쿠레키리시탄(隠れキリシタン)들의 환영을 받습니다. 그러나 얼마 후 나가사키 봉행소에 쫓기는 신세가 되면서 막부에 의해 처형당하는 신자들을 보면서 가르페 신부는 순교합니다. 로드리고 신부는 오직 신의 기적과 승리를 기도하지만, 신은 침묵할 뿐이었습니다. 결국 키치지로의 밀고로 로드리고 신부도 체포됩니다.

나가사키 봉행소에서 일본 관원들의 계략으로 로드리고 신부는 결국 그의 스승인 배교한 페레이라 신부를 만난다. 기독교 선교는 일본인에게 무의미한 것이기에 더 이상 선교가 아니라 일본인으로 살아가라고 배교를 권면합니다. 로드리고는 이런 요청을 거부하고 그리스도를 위해 순교하겠다고 결심합니다. 그러나 나가사키 봉행소에서의 그리스도인에 대한 박해는 더욱 가혹해진다. 고문당하는 신자들의 신음에 로드

리고 신부는 갈등합니다. 이미 배교하겠다고 한 신자들이지만 로드리고 신부가 배교
하지 않는 한 죽임을 당할 수밖에 없었던 것입니다. 로드리고 신부는 자신의 신앙을
지켜야 하는지 아니면 자신의 배교를 통해 예수의 가르침처럼 고통받는 사람들을 구
해야 하는지 딜레마에 빠졌습니다.

후미에(踏み絵, 기리시탄 색출을 위해 이용한 성화상)를 밟기만 하면 됩니다. 로드리고는 십
자가에 못박힌 예수상을 밟기로 결심합니다. 밟는 순간 격렬한 통증이 밀려온다. 그
리고 예수의 음성이 들립니다. '밟아라. 네 발의 아픔을 내가 제일 잘 알고 있습니다.
밟아라. 나는 세상에 태어나서 너희들의 아픔을 나누기 위해 십자가를 짊어진 것입니
다.' 예수상을 밟은 로드리고는 선교회에서 추방되고 신부로서 모든 권리를 박탈당
합니다. 이런 로드리고에게 그를 배신한 키치지로가 찾아와 자신의 배교에 대해 용
서를 구합니다. 그리고 이번에는 키치지로의 얼굴을 통해 예수는 로드리고에게 다시
금 말씀하는 것입니다. '나는 침묵하고 있던 것이 아닙니다. 너희들과 함께 괴로워하
고 있었습니다.' 끊임없는 고통에 왜 신은 침묵하는지 묻고 있었던 로드리고에게 예
수가 하신 말씀이었습니다. 너희보다 더 아퍼하며 너희의 고통에 함께하고 있는 신
의 모습을 보여주고 있습니다.

『침묵』은 선교과정에서 겪는 박해를 통한 고난으로 볼 수 있습니다. 그런데 이런
상황이외에도 인간은 끊임없이 고통과 고난 속에 살아갈 수밖에 없는 존재입니다.
때로는 그 이유를 알지만 때로는 이유를 알지 못하는 고난을 겪을 때가 있습니다. 이
때 욥과 같이 또는 로드리고 신부처럼 절대자에게 무슨 이유인지 묻고자 합니다. 아
마 이 때 느껴지는 신의 침묵은 무엇을 의미할까? 우리는 무수한 풀지 못하는 질문
을 안고 살아가는 존재입니다. 모든 것에 대한 대답을 들을 수 없지만 누군가 나와
함께 아퍼하고 인간으로서 살아있다는 것을 함께 느끼는 존재가 있다고 할 때 우리
는 다시금 새롭게 자신을 느끼게 될 것입니다. 이 때문에 우리는 고난을 피하는 것이
아니라 우리의 것으로 직면할 수 있을 것입니다.

예수는 십자가의 고난에서 한 인간의 처절한 절규를 토해내셨습니다. "엘리 엘리
라마 사막다니- 나의 하나님, 나의 하나님, 어찌하여 나를 버리셨나이까" 욥의 절규
만큼 한 인간이 느끼는 극한 고통 앞에서 절대자마저도 자신을 저버린 것 같은 고통
을 느껴야 했던 예수였습니다. 인간은 고통 앞에서 절규할 수밖에 없는 존재입니다.

고통이 피해가기를 원합니다. 그리고 이 고통의 이유에 대해 묻고 싶어합니다. 폭풍우 같은 자연의 웅대함 앞에 인간은 보잘 것 없는 작은 존재로 그 이유에 대한 답변에 침묵할 수밖에 없습니다. 그러나 절대자의 침묵이건 인간의 침묵이건 그 침묵은 방관이 아닙니다. 하나님은 누구보다 더 아퍼하시면서 그 고난에 동참하십니다.

신은 왜 인간의 고통에 침묵하는가라는 질문을 자주 합니다. 정말 신이라면 방관하지 말아야 하는데.. 이 질문에 욥 이야기와 엔도 슈사쿠의『침묵』은 우리가 고통 속에서 만나야 할 하나님이 어떤 분인지 말하고 있습니다. 누구보다 더 아퍼하시면서 고난에 동참하시려는 하나님입니다. 나 혼자만의 고통이 아니라 신이 함께 하는 고통, 고난임을 상기시킵니다. 우리 삶에 또 다른 의미가 될 수 있지 않을까요?

1. 욥 이야기에서 욥은 어느 곳에서 살았나요?

   답:
   _______________________________________________

2. 욥 이야기의 클라이막스라 할 수 있는 하나님과의 대화에서 하나님은 어느 가운데서 욥에게 이야기하셨나요?

   답:
   _______________________________________________

3. 엔도 슈사쿠의 『침묵』에서 가쿠레키리시탄(일본 기독교인)의 배교를 확인하기 위해 밟고 지나가게 한 것은 무엇인가요?

   답:
   _______________________________________________

4. 고통 중인 이에게 피해야 할 말 두 가지는 무엇인가요?

   답:
   _______________________________________________

### 1. 인간에게 왜 고통이 있을까요?

### 2. 고통은 우리에게 무엇을 말할까요?

# 6. 우리는 어떤 변화를 꿈꾸는가?
## -인간의 변화-

## Ⅰ. 문제 제기

인간은 변화를 꿈꾸는 존재입니다. 신체가 자라는 물리적 변화뿐만 아니라 심리적 변화라고 할 수 있는 어떻게 살 것인가의 성찰을 통해 삶을 바꾸는 화학적 변화를 꿈꿉니다. 그런데 이렇게 변화를 꿈꾸는 존재이면서 가장 바뀌지 않는 존재가 인간입니다. 자신의 고정관념과 편견 등 사회적 삶에서 형성된 무수한 가치관 등이 바뀌지 않는 삶을 살아가는 것이 우리들의 모습입니다. 우리는 이런 변화하기 쉽지 않은 모습을 들여다보면서 우리에게 변화란 무엇인지, 어떻게 해야 나의 삶을 변화시킬 수 있는지 되돌아봐야 합니다. 갓 대학생이 되어 인생의 많은 것을 꿈꾸는 시기에 진정한 변화를 향한 우리의 의미있는 몸짓은 무엇이 되어야 하는지 고찰하고자 합니다.

## Ⅱ. 개념 설명

### 1. 변화의 정의와 세 축

변화는 단순한 목표 달성이 아니라 정체성, 습관, 환경이 함께 바뀌는 과정을 뜻합니다. "나는 무엇을 할 것인가?"보다 "나는 어떤 사람이 되고자 하는가?"라는 정체성의 선언이 방향을 잡고, 반복 가능한 작은 습관이 동력을 만들며, 행동을 유도하는 물리적·디지털·사회적 환경 설계가 지속성을 보증합니다. 세 축이 동시에 정렬될 때 변화는 '일시적 각성'이 아니라 '새로운 삶의 상태'로 굳어지게 됩니다.

## 2. 시간의 두 차원: 크로노스와 카이로스

크로노스는 흘러가는 양적 시간이고, 카이로스는 의미와 결단이 농축되는 질적 때입니다. 카이로스는 우연히 오지 않습니다. 주간 성찰, 정기 리트리트, 전환을 기념하는 의례를 통해 자신과 공동체가 '때'를 감지하고 포착하는 훈련을 해야 합니다. 실패·상실·만남 같은 경계 사건을 카이로스로 재해석할수록 삶의 변화는 깊어진다.

## 3. 이름 부르기의 힘과 언어

김춘수의 '꽃'이 보여주듯, '호명'은 대상을 인격적 관계 안으로 불러들이는 행위입니다. 이름을 불러 주는 순간, 타인은 '그저 그런 몸짓'에서 '나와 얽힌 의미'가 됩니다. 언어는 라벨이자 초대다. 부정적 낙인은 가능성을 닫고, 존중의 호칭과 긍정적 명명은 새로운 정체성을 싹틔웁니다.

## 4. 환대의 윤리: 타자를 맞이함이 나를 바꾼다

레비나스가 말하듯 타자의 얼굴은 나의 윤리를 깨우는 기원입니다. 환대는 타자를 나의 공간과 시간 안에 기꺼이 맞아들이는 실천이고, 그 순간 타자뿐 아니라 '나'도 변합니다. 환대는 관계적 안전, 소속감, 인정의 경험을 제공함으로써 정체성 전환의 토양을 만듭니다.

# III. 주제 강의

## 1. 김춘수의 "꽃"

"내가 그의 이름을 불러 주기 전에는
그는 다만
하나의 몸짓에 지나지 않았다.
내가 그의 이름을 불러 주었을 때

김춘수의 “꽃”입니다. 이름을 불러주기 전까지 하나의 몸짓이었지만, 이름을 부르면서는 의미있는 꽃이 되었습니다. 그리고 우리는 모두 서로에게 이런 의미있는 존재가 되어야 함을 나타내고 있습니다. 단순한 그것이 아니라 이름을 통해 나와 관계가 있는 인격적 존재로 의미있는 존재로 바꿔야 함을 나타냅니다.

## 2. 예수와 만난 사람, 삭개오: 회심이 사회적 변화를 낳을 때

예수와 만난 사람, 삭개오는 이런 의미있는 변화를 가져온 인물입니다. 여리고 성의 세리장이고 부자인 삭개오, 당시 세리라는 직업은 돈이란 부정한 물건을 만지는 사람들로 사회적으로 천시받는 직종이었습니다. 키도 작을 정도로 볼품없는 사람이어서도 그렇지만 동족의 고혈을 짜 그것으로 부자가 될 정도였다면 얼마나 인정사정 볼 것 없이 많은 사람들에게 폭리를 취한 정도로 세금을 착취하는 사람이 삭개오였습니다. ‘맑다’, ‘깨끗하다’는 이름의 뜻을 가지고 있는 삭개오지만 대부분 허위명목에 의한 부당한 세금을 착취한 삭개오는 같은 동족의 버림을 받는 부정한 존재로 취급되었습니다. 그래서 그에게는 친구가 하나도 없었습니다. 오직 돈이 그의 친구였습니다.

이런 삭개오는 예수가 여리고에 오신다는 소식을 들었습니다. 예수는 평소 ‘세리와 창녀의 친구'라는 소문이 들 정도로 격이 없고 사회에서 버림받은 사람들의 친구가 되어주시는 분이었습니다. 이 소문은 왠지 삭개오의 마음을 끌어당기고 있었습니다. 삭개오는 예수를 보기 위해 길로 나아갔습니다. 그런데 너무 많은 사람들 때문에 가뜩이나 키가 작은 삭개오는 예수를 볼 수 없었습니다. 그냥 집으로 돌아갈 까 하다가 문득 그의 눈에 한그루의 나무가 들어왔습니다. 돌무화과 나무였습니다. 이곳에 오르면 예수를 볼 수 있겠지라고 하며 나무에 올랐습니다. 그런데 예수가 길을 지나가시다 이 나무아래 멈추신 것입니다. 나무 위를 보시고 "삭개오야 속히 내려오라" 하시는 것이었습니다. 다른 나무 위에도 사람들이 있었을 텐데 예수는 바로 이 나무 아래에서 삭개오를 부르신 것입니다. 마치 여리고에 온 목적이 삭개오를 만나기 위해서인 것처럼 삭개오를 부르셨습니다.

"내가 오늘 너희 집에 거하고 싶다" 절친 관계가 아니면 그 집에 거하지 않는 당시 관습에 비추면 이 말은 예수가 삭개오의 절친이 되어주겠다는 초청이었습니다. 삭개오는 그의 이름을 불러준 것도 좋은데 예수가 그의 절친이 되어주겠다는 모습에 정말 감동되었습니다. 자신의 집으로 예수를 모시고 가 이렇게 사랑과 관심을 받을 수 있는 영혼을 지닌 존재로 거듭나게 한 예수에게 자신의 변화를 실천하고자 했습니다. 소유의 절반을 가난한 자들에게 나눠주겠습니다. 그리고 잘못 세금을 거두었던 것을 네 배로 되돌려주겠습니다. 이제는 인생의 목표가 돈이 아니라 사랑과 관심을 받고 살아가는 인간됨을 회복하는 것이라는 것을 삭개오가 깨우친 것입니다.

죄인의 집에 예수가 들어가신다고 사람들이 수군거렸습니다. 이 분위기를 아신 예수는 변화된 삭개오를 사람들에게 소개하시면서 오늘 구원이 이 집에 이르렀다고 선언하셨습니다. 이 사람도 아브라함의 자손이라고 칭찬한 것입니다. 죽어서 가는 천국의 구원이 아니라 바로 우리가 살아가는 현실 삶의 진정한 변화를 예수는 구원이라고 선포하신 것입니다. 한 인간을 변화시키기 위해 죽기까지 자신을 낮추고 남을 따뜻하게 대하며 친구가 되어줌으로 인간됨의 의미를 보여주신 것이 예수의 삶입니다. 이런 예수를 만나 삭개오가 변하여 새사람이 되었습니다.

여리고의 세리장 삭개오는 조세청부(tax farming) 체제의 수혜자였고, 그 때문에 공동체에서 배제된 인물이었습니다. 예수는 군중의 시선과 규범을 넘어 스스로 그의 집에 들어가겠다고 초대하며 관계의 질서를 뒤집는다. 삭개오의 결단—소유의 절반을 나눔, 부당이득의 네 배 배상─은 내면의 전환이 곧바로 경제적 정의와 사회적 화해로 이어져야 함을 보여줍니다. 삶의 변화, 회개는 마음의 일에서 멈추지 않고, 피해 복구와 제도 개선으로 확장될 때 비로소 공동체를 치유합니다.

## 3. 빅토르 위고 『레 미제라블』: 환대가 정체성을 바꾸는 서사

빅토르 위고 『레 미제라블』은 위고가 35년 동안 마음속에 품어 왔던 이야기를 17년에 걸쳐 완성한 작품인데, 이 소설의 주인공 장발장은 가족을 위해 빵 한 덩어리를 훔친 댓가로 무려 19년을 감옥살이를 하고 마침내 석방되어 풀려나는 이야기로 우리에게 잘 알려져 있습니다. '레 미제라블'은 '불쌍한 사람들'이라는 의미를 지니는데, 주인공 장발장만 불쌍한 사람이 아니라 당시 워털루 전쟁과 왕정복고 등 19세기 프랑스의 격변과 혁명의 역사를 지내면서 고난받고 소외된 민중의 삶이 불쌍한 사람들의 모습임을 보여주고 있습니다. 불쌍한 사람들이 서로 나누는 인간적 삶의 모습은 무엇인지 생각하게 합니다.

무려 19년을 감옥살이한 장발장, 겨우 빵 한 덩어리의 죄값이 장발장에게는 가혹했습니다. 사회도 장발장을 버렸고 장발장 자신도 스스로를 버린 상태에서 출소했습니다. 좌절과 인간에 대한 증오가 가득한 그에게 아무도 따뜻한 환대를 해줄 사람이 없었습니다. 사회는 혁명의 소용돌이 속에서 자유, 평등, 박애를 외치는 모습이지만 현실은 너무도 먼 모습처럼 느껴졌습니다. 힘없는 불쌍한 사람이기에 억울하게 19년을 감옥살이를 해야 했고 그로 인해 모든 것을 잃고 좌절과 절망에 빠지는 삶이었습니다. 이런 장발장을 변화시킨 것은 미리엘 주교의 용서였습니다. 촛대를 훔쳐 도망치는 장발장에게 한 영혼을 지닌 존재임을 일깨워주며 새로운 삶의 결심으로 나아가도록 이끌었습니다. 이렇게 변화한 장발장은 어느 도시에 공장을 세워 사업에 성공하고 팡틴이라는 가엾은 여인과 그녀의 딸 코제트를 비롯해 가난하고 불쌍한 사람들에게 도움을 베풀며 사람들의 존경을 받아 결국 시장이 됩니다. 그러나 형사 자베르는 장발장의 정체를 의심해 끈질기게 그를 뒤쫓습니다.

『레 미제라블』은 대략 이런 내용으로 끝나는데, 한 신부의 환대로 장발장은 사랑받고 용서받을 수 있는 영혼이 있는 존재임을 깨닫고 새로운 삶을 살아가며 자신과 똑

같은 '레미제라블', 불쌍한 사람들을 돕는 사람이 됩니다. 환대, 관심, 사랑 등은 사람을 변화시키는 힘이 있습니다.

## 4. 환대를 통한 사람의 변화 : 개인과 공동체의 설계

철학자 레비나스는 환대(hospitality)를 나의 집에 타자를 기꺼이 맞아들이는 것이라고 풀었습니다. 자기중심적 삶을 깨뜨리고 낯선 자에게 기꺼이 자신의 자리를 내어줄 수 있는 용기인 것 같습니다. 왜냐하면 타인의 얼굴에서 하나님의 모습을 발견할 수 있기 때문입니다. 타인은 낯선 존재가 아니라 자신을 비추는 거울이기 때문입니다. 타인에 대한 환대는 타인을 변화시킬 뿐만 아니라 나 자신도 변화시킵니다. 그래서 세상 최고의 종교는 지금 있는 기성 종교가 아니라 환대라는 말이 있는지도 모릅니다. 삭개오에게 베푸신 예수의 환대, 장발장에게 베푼 미리엘 주교의 환대가 곧 그들을 변화시켰기 때문입니다.

우리는 변화를 꿈꾼다. 또한 이 변화를 위해 삭개오가 예수를 만난 것처럼 변화를 위한 노력이 필요합니다. 대학생이 되어 좋은 친구를 만나야 할 필요도 있고 좋은 스승을 만나 좋은 방향으로 변화할 필요도 있습니다. 우리의 생각이 굳어지거나 너무 지킬 것이 많아 변화를 두려워하기 시작하면 우리 삶에서 변화는 먼 이야기가 될 것입니다. 그래서 더더욱 때를 놓치지 말아야 합니다. 성서에서는 이런 때의 중요성을 상기시키고 있습니다.

그리스어에 때, 시간을 나타내는 두 표현이 있습니다. 크로노스와 카이로스입니다. 양적 시간과 질적 시간입니다. 나이를 먹고 신체가 발달하는 크로노스의 변화가 있으면 인생의 가치관을, 마음을 바꿀 수 있는 질적 변화도 있어야 합니다. 그런데 이런 질적 변화, 시간을 찾지 못하는 사람들도 많습니다. 몸은 어른이지만 생각하고 말하는 행동은 여전히 어린이 같은 어른아이의 모습을 가지고 있습니다. 나비가 되기 위해 애벌레의 틀을 벗어나듯 우리도 변화를 위해 노력할 필요가 있습니다. 지금이 그때입니다.

인생의 변화는 우리에게 중요한 의미를 지닙니다. 물리적 변화를 넘어서 심리적이며 화학적인 변화를 통해 새로운 삶으로 나아갈 필요가 있습니다. 그리고 이런 질적인 변화는 자신의 의지뿐 아니라 우리가 남을 따뜻하게 대하는 마음을 통해서도 가능합니다. 넉넉한 마음으로 남을 대할 수 있는 여유가 우리 삶에서 넘치면 좋겠습니다.

1. 예수를 만난 사람, 삭개오의 직업은 무엇인가요?

답:
___________________________________________________

2. 삭개오는 예수의 사랑을 통해 인생이 바뀌었습니다. 이런 변화의 결심으로 잘못 세금을 거둔 것을 몇배로 다시 돌려주겠다고 했나요?

답:
___________________________________________________

3. 19년의 감옥살이를 한 장발장이 다시 잘못을 저지를 때 이를 용서하며 환대를 해준 사람은 누구인가요?

답:
___________________________________________________

4. 그리스어의 시간 표현에서 질적 변화의 시간을 나타내는 말은 무엇인가요?

답:
___________________________________________________

## 1. 우리는 어떤 변화를 꿈꾸나요?

## 2. 변화를 향한 우리의 노력은 무엇이 되어야 할까요?

# 7. 우리에게 유토피아는 가능한가요?
## -우리는 어떤 세상을 꿈꾸는가-

## I. 문제 제기

유토피아는 그리스어 '아니다'의 ou와 '장소'의 topos가 결합해 만든 단어로 '아무 데도 없는 곳'(nowhere)을 뜻합니다. 문자적으로만 보면 비현실적 세계입니다. 그러나 인류는 이상적인 사회를 꿈꿀 때 유토피아를 이야기해 왔습니다. 단순히 현실에 대한 비관으로 비현실적인 세계를 그린 것이 아니라 인류가 어떻게 좀 더 진보하고 발전할 수 있는 방향에서 이상사회를 만들어가고자 했습니다. 수많은 이즘(ism)은 이를 반영하고 있습니다. 예수가 꿈꾼 하나님의 나라는 무엇인가? 어찌 보면 이것은 세상의 논리가 아니라 하나님의 논리로 풀어나가는 세상인지도 모릅니다. 하나님의 주권, 다스림이 임하는 곳 바로 그곳이 하나님의 나라, 천국입니다. 이 하나님의 나라에 다가가기 위한 우리 삶에서 물질, 경제에 대한 이해를 시도해 보고자 합니다. 죽어서 가는 저 세상이 아니라 지금 현실에서 만들어갈 새 세상이라면 인간의 최대 관심인 물질의 문제를 어떻게 이해해 하나님 나라에 연결시킬지 고민해봐야 되기 때문입니다.

## II. 개념 설명

### 1. 유토피아 개념의 스펙트럼

유토피아는 토머스 모어의 '아무 데도 없는 곳(u-topos)'이자 '좋은 곳(eu-topos)'이라는 중의적 개념에서 출발합니다. 고정된 청사진이라기보다, 현재의 부정의를 비추는 거울이자 방향을 제시하는 나침반에 가깝습니다. 디스토피아((Dystopia)는 유토피아적 욕망이 권력·기술과 결합할 때 일어나는 부작용을 경계합니다. 최근의 '비판적 유토피아'는 완벽한 설계 대신 실험과 수정, 시민의 참여를 통해 점진적으로 더 나은 공동선을 추구합니다.

## 2. 정의 이론

현실 사회의 경제 질서를 평가하고 개선하려면 최소한의 정의라는 틀이 필요합니다. 존 롤스는 최소 수혜자가 최대 이익을 얻도록 하는 차등의 원칙을 통해 사회적 불평등을 조정하고자 했으며, 노직은 획득 이전의 정당성이 보장된다면 결과가 불평등하더라도 허용해야 한다는 권리론을 주장했습니다. 방법은 다르지만 사회적 불평등을 해결하고 정의를 구현하기 위한 목표는 같았다고 볼 수 있습니다. 성서에서 정의는 신의 뜻에 따라 모든 사람을 공평하고 올바르게 대하는 것으로 특히 억눌리고 약한 자들을 돕는 '회복적 정의'에 초점을 맞추었습니다. 이것은 단순히 법적 공정성을 넘어 약자를 옹호하고 사회 구조를 바로잡는 이타적 실천을 포함합니다.

## 3. 빵의 정치경제와 집합행동

빵은 생존이자 정치다. 로마의 '빵과 서커스'는 통치 기술이었고, 예수 시대의 과세·고리대·지주제는 양극화를 심화시켰습니다. 공공재·외부효과·공유지의 비극 같은 집합행동 문제는 '착한 개인'만으로 해결되지 않습니다. 엘리너 오스트롬(Elinor Ostrom)은 지역 공동체가 규칙·모니터링·제재·분쟁 해결을 설계할 때 공유 자원을 지속가능하게 관리할 수 있음을 보여줬다('공유지의 거버넌스').

# III. 주제 강의

## 1. 예수시대의 경제상황에서 물질 이해

예수시대는 불안과 빈곤, 무거운 세금 그리고 극심한 양극화가 일어나는 경제적 상황이었습니다. 땅은 메마른 광야였고 주민들은 가난했습니다. 그들의 생계는 농업, 목축업, 수공업, 상업에 의존하고 있었으며, 갈릴리 호수 주변의 주민들은 고기잡이로 연명하고 있었습니다. 이런 불안과 빈곤 속에서 그들의 직업은 천시당했습니다. 주민들은 무거운 세금을 지고 있었습니다. 먼저 성전세를 냈고 또 모세가 정한 십일조와 모든 소득의 첫 열매를 바쳤습니다. 심지어 가난한 사람들도 십일조를 바쳤습니다. 이런 종교적 세금 외에도 로마황제에게 바치는 조공이 추가되었습니다. 농민들 수입의 약 60퍼센트가 세리와 채권자의 수중으로 들어갔습니다. 이자가 붙는 금전 대여는 유대교에 의해 금지되었지만 세금에 허덕이던 납세자들은 고리대금의 희생물이 되었습니다. 이로 인해 점차 양극화가 심화되었습니다. 이런 경제 상황에서 사람들에게 빵의 문제는 가장 시급한 문제였습니다. 현대인에게 돈의 문제가 절실하듯이 예수 당시에도 가난과 착취, 양극화 등으로 사람들에게 먹는 문제, 물질은 절실한 것이었습니다.

　예수는 하나님 나라를 선포하는 공생애의 삶을 시작하면서 제일 먼저 마귀의 시험을 받기 위해 성령에 이끌려 아무 것도 없는 허허벌판 광야로 나아갔습니다. 40일을 금식하며 기도할 때 마귀가 나타나 예수를 시험했습니다. 가장 절박한 굶주림을 알고 있기에 첫 번째 시험이 너가 하나님의 아들이거든 이 돌들을 명하여 떡이 되게 하라는 것이었습니다. 인간의 가장 기본적인 욕구를 통해 물질인지 아니면 또 다른 정신세계를 추구하는 존재가 인간인지를 보려고 한 것입니다. 예수는 사람이 떡으로만 사는 것이 아니라 하나님의 말씀으로 사는 존재임을 밝히며 인간됨이 무엇인지 다시금 생각게 했습니다. 물론 그 외에 명예의 문제와 권력의 문제에 관한 시험도 있었지만 어찌보면 인간에게 절실한 것은 결국 빵의 문제인 것 같습니다.


## 2. 오병이어 이야기

　누구보다 가난한 사람들과 함께 하나님 나라를 만들어 가고자 한 예수는 그들에게 먹는 문제가 얼마나 중요한지 알고 있었습니다. 그런데 어느 날 많은 사람들이 예수를 따르면서 그의 이야기를 듣게 되었습니다. 저녁 때가 되자 제자들은 이곳이 외딴 곳이라서 먹을 것이 없으니 군중들을 헤쳐 제각기 음식을 사먹도록 마을로 보내는 것이 좋겠다고 했습니다. 모두 굶주리신 것을 알고 예수는 이들에게 먹을 것을 주라고 제자들에게 말씀했습니다. 제자들 수중에 돈이 없었습니다. 이 많은 사람 남자 장정만 오천 명이 모인 자리에 빵을 사려면 무려 200일을 일해서 벌 수 있는 돈 200데나리온이 필요한데, 이 돈은 없고 단지 그들 수중에는 떡 다섯 개와 물고기 두

<오병이어성당> 작자 미상, (모르타르에 타일, 4세기 경, 타브가, 이스라엘)

마리뿐이었습니다. 예수는 그것을 가져오라 하시고 사람들을 삼삼오오 자리에 앉게 했습니다. 그리고 하늘을 우러러 기도하시고 떼어 제자들에게 줘 사람들로 먹게 했습니다.

오천 명이 넘는 사람들은 모두 배불리 먹었고 남은 음식을 모아보니 열두 바구니였습니다. 무한한 능력을 가지신 하나님의 아들이 일으킨 초월적 기적이었습니다. 사실 이 오병이어 이야기는 예수에 관해 기록하고 있는 4복음서에 공통으로 등장하는 것으로 예수 사건에서 상당히 중요한 역할을 차지합니다. 이전까지 예수는 예언자의 하나로 큰 주목의 대상이 아니었습니다. 그러나 오병이어 사건으로 예수의 추종자가 무려 오천 명이 넘는다는 소문은 당시 권력자들에게는 이제는 더 이상 간과할 수 없는 대상이 된 것입니다. 사람들은 가장 절실한 먹는 문제를 기적적으로 해결하는 예수를 보고 그를 왕으로 세우고자 했습니다. 로마식민지로부터도 유대종교지도자로부터도 벗어날 수 있는 능력을 지닌 분으로 인식했습니다.

그러나 예수는 이를 거절했습니다. 비록 오병이어 기적으로 빵의 문제를 해결하는 해결사처럼 보이기는 했지만 이것은 영구적인 빵의 문제를 해결하려는 것이 아니라 무언가 상징적인 것을 나타내려고 하신 것이었습니다. 그리고 오래 전 돌들로 빵을 만들라는 유혹을 받을 때도 인간은 어떤 존재인가를 물으신 예수였기에 물질의 문제는 그리 단순하게 결론 내릴 수 있는 것이 아니었습니다.

## 3. 도스토예프스키 『까라마조프가의 형제들』 중 '대심문관' 이야기

　이 시점에서 19세기 러시아의 문학가 도스토예프스키의 『까라마조프가의 형제들』을 살펴봅시다. 이 책의 백미라 할 수 있는 대심문관 이야기입니다. 무신론자인 형 이반은 예수 이후 1500년이 지난 중세 시대에 다시 예수를 등장시켜 예수의 엄청난 능력과 신비 등 온갖 것으로 예수를 찬양합니다. 그런데 그 시대에 예수의 이름을 팔아 자신의 권력을 누리는 대심문관이 예수를 체포하라고 명령합니다. 그리고는 붙잡힌 예수와 대화를 나눕니다. 당신이 만들어 나가고자 하는 세상은 너무 많은 사람들에게 고통을 줍니다. 정말 배고프고 헐벗은 사람들은 오늘도 고통 속에서 살아가는데, 정작 당신은 기적을 일으킬 엄청난 능력을 지녔으면서도 왜 당신은 기적을 베풀지 않는가? 돌을 떡으로 만드는 기적을 보여주기만 해도 수많은 사람들이 구원을 받을 수 있는데, 왜 당신은 마귀의 시험을 거절했는가?

　사실 형 이반은 이 대심문관의 입을 빌려 죄없는 민중이 당하는 고통에 주목을 하고 이들에 대한 구원은 죽어서나 얻는 내세의 구원이 아니라 바로 현실적 문제인 빵의 문제를 해결해 주는 것이 더 절실한 구원이라고 주장하는 것입니다. 과연 우리는 이 질문에 어떻게 답변할 수 있을까요? 그런데 우리는 이 이야기에서 중요한 것을 발견합니다. 이런 현실을 알면서 예수는 침묵으로 답변했다는 것입니다. 욥 이야기에서도 침묵은 무관심이 아니라 가장 힘있는 변론이 됨을 알고 있습니다. 아무 말 없이 퇴장하는 예수의 뒷모습으로 이야기는 끝나지만 그 힘없어 보이는 그분은 누구보다도 인간은 물질만이 아니라 하나님의 말씀인 마음과 정신으로 진정한 사람됨의 길을 걸어 나갈 수 있음을 말하고 있는 것입니다. 그래서 예수는 묵묵히 그 퇴장 마치 십자가를 짊어지고 나가는 모습을 보여주신 것입니다.

　도스토예프스키의 '대심문관'은 신약 마태복음 4장의 세 가지 유혹—빵, 기적, 권력—을 정치 신학으로 재해석합니다. 자유를 감내하기 어려운 대중을 위해 권력이 빵·기적·권위를 제공하고 복종을 요구하는 모델을 비판합니다. 예수의 침묵과 퇴장은 인간의 자유와 사랑의 관계가 강제·통제·공포와 양립할 수 없음을 보여줍니다. 오늘날 포퓰리즘과 권위주의 복지의 유혹을 분별할 기준이 됩니다.

## 4. 오병이어의 사회사적 해석

당장의 빵문제에 대한 해결은 아니지만 인간의 삶에 빵의 문제가 어느 위치를 차지해야 하는지를 말하고 있습니다. 개인으로는 절실한 빵의 문제지만 사회구조적으로 보면 굶주림은 사람들의 잘못된 구조와 질서에서 발생했음을 알고 있기에 우리는 예수의 오병이어 사건을 조금 다른 시각에서 풀어가고자 합니다. 먹는 문제로 권력을 잡으려는 당시 기득권자들의 그릇된 욕망을 비판하기 위해 그리고 빈곤은 사회적 책임임을 상기시키고 공동체적 연대를 통해 이를 해결해 나가야 함을 예수는 보여주고 싶었습니다. 바로 오병이어에 대한 사회사적 해석인 예수가 가르쳐준 하나님 나라의 경제원리가 양극화된 현실에서 사람들이 만들어갈 새로운 가치이며 새 세상임을 밝힌 것입니다. 자기 것을 자기 것으로만 소유하지 않는 나눔, 분배의 경제 원리를 보여주신 것입니다.

인간 개인과 사회를 통전적으로 보시는 예수는 가난하고 불쌍한 사람들에 대한 연민뿐만 아니라 이런 가난의 문제, 물질의 문제는 사회가 공동체적 책임을 갖고 풀어가야 할 문제로 인식한 것입니다. 그리고 어찌 보면 이런 사회변혁, 혁명으로 만들어갈 이상사회를 위해 수많은 이즘(ism)이 발생했는지 모릅니다. 그러나 예수는 이런 이즘에 의존한 것이 아니라 사람의 변화가 결국 사회를 변화시켜야 함을 보여주고 있습니다. 삭개오같은 예수 때문에 변화된 사람들이 예수로 감동을 받아 자기의 것을 나누는 분배사회, 한 어린아이의 보잘것없는 빵과 물고기에서 시작해 수많은 사람들이 심지어 예수조차도 감동되어 나누고자 하는 마음이 가득한 세상을 만들었습니다. 바로 예수가 꿈꾼 하나님 나라입니다. 그리고 이런 하나님 나라를 경험하게 함으로 사람들이 자발적으로 이 길로 나아가도록 하신 것입니다.

오늘 우리가 살아가는 사회에서 하나님 나라의 나눔의 가치를 실현할 수 있는 사례를 찾아보고자 합니다. 첫째, 사회적 기업입니다. 사회적 목적을 우선적으로 추구하면서 재화 서비스의 생산, 판매 등 영업활동을 수행하는 기업입니다. 쉽게 말해, 영리보다는 비영리적 가치를 추구하며 사회에 가치 있는 일을 하는 기업입니다. 예를 들어 아름다운 가게 같은 굿윌 스토어로 중고물품 판매 매장인데, 이 기업은 주로 장애인을 고용해 그들에게 일할 기회는 줍니다. 또 '행복을 나누는 도시락' 기업은 결식이웃에게 무상으로 도시락을 제공하고 저소득층을 위한 일자리를 제공함으로 지역사회에 공헌합니다. 또한 이 나눔의 가치를 실현하기 위해 공정무역도 생각해 볼 수 있습니다. 공정무역은 열악한 환경의 생산자들에게 노동착취를 가하지 않고 정당한 임금을 지불하는 무역의 방식을 말합니다. 여러분이 좋아하는 커피에도 공정무역 커피가 있습니다. 원두 생산량을 늘리기 위해 과도한 노동을 강요하는 것이 아니라 정당한 노동과 임금을 지불하며 생산된 커피입니다. 그리고 이런 공정무역의 상품을 선별해 소비하겠다는 의식있는 소비인 윤리적 소비도 생각해 볼 부분입니다. 또한 사회지도층이 책임 있는 행동을 다할 것을 강조하는 '노블레스 오블리주'와 같은 기부문화도 나눔 실천에 필요한 고려라고 봅니다. 이상사회는 우리 모두가 바라는 사회입니다. 그러나 현실은 이와 정반대의 모습입니다. 나눔, 분배, 정의보다 독식 등 자신만의 배를 채우려는 현실사회입니다. 예수가 보여주고 싶었던 하나님 나라의 경제, 물질에 대한 인간의 생각 등 현실사회에서 요원한 것처럼 보이지만 새로운 세상을 만들어가기 위한 예수의 노력은 '감동적 선행'에만 머물지 말고 정의 구현과 제도 개선을 위한 우리의 실천이 되어야 합니다.

1. '아무 데도 없는'(nowhere) 뜻을 지니면서 이상사회를 지향하는 그리스어의 이 말은 무엇인가요?

   답: ______________________________________________

2. 예수가 오병이어를 통해 남자 장정만 몇 명의 사람을 배불리 먹게 했나요?

   답: ______________________________________________

3. 오병이어 사건을 통해 예수가 보여주고 싶었던 하나님 나라의 경제 원리는 무엇인가요?

   답: ______________________________________________

   ______________________________________________

**1. 인간에게 물질이란 무엇을 의미할까요?**

**2. 우리 사회의 경제문제는 무엇이 있을까요?**

**3. '빵을 통한 통치'가 왜 위험할까요?**

**4. 경제문제를 해결하고 현실에서 만들어갈 수 있는 바람직한 사회의 모습은 무엇일까요?**

# 8. 죽음은 무엇을 의미하는가?
## -예수 죽음과 부활이 나타내는 의미 찾기-

## Ⅰ. 문제 제기

누구도 피할 수 없는 죽음, 이 세상에 태어나 살아가는 우리는 죽음이란 한계를 지닌 존재입니다. 인간이 신이 아닌 이상 이 세상에서 유한한 존재로 살아가야 함을 의미합니다. 죽음, 한계가 있음을 알기에 인간됨의 모습이 무엇인지 다시금 생각하게 됩니다. 이 자연스런 한계에서 생각해 볼 죽음이 있습니다. 바로 의로운 사람의 죽음입니다. 자연스러운 죽음과 달리 남을 위해 죽거나 거대한 권력 앞에 무참히 희생당하는 모습의 의로운 죽음은 우리에게 무엇을 말하는가? 예수의 죽음과 부활은 바로 이런 의미에서 들여다봐야 할 부분입니다. 의로운 죽음과 부활이 한 사회에 어떤 반향을 남기는지 고찰하고자 합니다. 이로써 더 나은 세상을 만들어갈 동력을 얻고자 합니다.

## Ⅱ. 개념 설명

### 1. 십자가의 정치·사회적 맥락

십자가는 고대 로마 제국에서 정치적 반역자, 노예 그리고 사회적 하층민에게 적용된 가장 잔인하고 굴욕적인 형벌로서 제국의 지배 질서를 유지하기 위한 강력한 정치적, 사회적 통제 수단입니다. 예수를 "유대인의 왕"이란 정치적 반역자의 이미지를 덧입혀 십자가형에 처했습니다. 처형은 공개적으로 이뤄지면서 죄수를 높은 곳에 오래 매달아 고통스럽게 죽게 함으로 일반 대중에게 본보기를 보이고 제국 권력에 대한 공포심을 심어주었습니다.

## 2. 의로운 죽음

의로운 죽음은 사회의 정의와 도덕적 가치를 지키기 위해 희생하는 죽음을 의미합니다. 개인의 안위보다 더 높은 가치와 신념 또는 타인의 생명을 위한 이타적인 행위의 결과라고 볼 수 있습니다. 이는 순교(마르튀리아)와 구별되는데, 순교는 '증언'입니다. 특정한 종교적 신념을 지키기 위한 죽음으로 동기에서 구별됩니다.

## 3. 기억과 부활의 사회적 윤리

기억과 부활의 사회적 윤리는 역사적 부정의에 대한 책임감 있는 기억을 통해 생명의 존엄성을 회복하고 사회적 정의를 실현하는 것을 핵심으로 합니다. 이는 단순한 종교적 교리를 넘어, 과거의 고통을 잊지 않고 적극적으로 기억하며, 그 기억을 바탕으로 현재의 불의에 맞서 싸우고, 궁극적으로 모든 생명이 존엄하게 여겨지는 정의로운 사회 구현 그리고 고통받는 이들과의 공감과 연대를 만들어가는 적극적인 윤리 실천을 강조합니다. 의로운 죽음을 잊지 않고 '기억-진실-개혁'으로 이어지는 부활 신앙의 사회적 형태입니다.

# III. 주제 강의

## 1. 죽음의 의미

구약의 욥 이야기를 통해 의로운 사람이 겪는 고난에 대해 생각해 보았습니다. 인간은 고통 앞에 절규할 수밖에 없고 아무리 이 고통에서 벗어나기를 기도해도 신은 여전히 침묵으로 일관하는 모습으로 비춰진 것을 기억하실 것입니다. 간혹 이런 침묵을 신의 무관심으로 이해할 수도 있지만, 이것은 무관심, 방관이 아니라 누구보다 더 아퍼하시면서 그 고난에 동참하시는 하나님임을 말하고 있습니다. 오늘 예수의 고난, 죽음도 이런 신의 아픔으로 이해할 부분이 있다고 봅니다. 인간으로서 철저한 죽음을 겪으신 것을 생각해 볼 수 있습니다. "엘리 엘리 라마 사막다니- 나의 하나님, 나의 하나님, 어찌하여 나를 버리셨나이까?" 처절한 절규 속에 신의 침묵은 그 절규보다 더 아파하시면서 고난, 죽음에 동참하는 신의 모습을 나타내고 있습니다.

그러면 왜 신의 아들인 예수는 이런 고난, 죽음을 겪을 수밖에 없었을까요? 고통, 죽음없이 살아가면 좋겠다고 생각하는 것이 우리 사람의 바램입니다. 하지만 우리 사람은 이런 바램과는 달리 고통, 죽음을 겪을 수밖에 없는 존재입니다. 다시 말해, 우리 인간은 본질적인 유한성을 지닌 존재입니다. 예수는 신의 아들이란 자리를 내려놓고 친히 우리와 같은 인간이 되신 분입니다. 우리와 다른 존재로 세상에 오신 것이 아니라 우리와 같아지기 위해 한 인간의 모습으로 이 땅에 오신 분입니다. 기쁘면 웃고 슬프면 울고 등 우리와 같은 존재이십니다. 왜 예수는 우리와 같은 연약한 인간이 되시고자 했을까요? 신의 초월적 능력으로 세상을 바꾸거나 하면 더 좋을 걸, 그렇게 하지 않으신 이유가 무엇일까요? 바로 사랑 때문입니다. 사랑하기에 같은 인간이 되셨고 같은 고통과 죽음을 겪고자 하신 것입니다. 우리와 같은 인간의 모습으로 함께 살아가며 이런 고통, 죽음이란 본질적인 유한성을 의연하게 받아들일 때 작지만 힘있게 세상을 바꿀 수 있다는 것을 보여주신 것입니다. 한계를 지닌 존재임을 인정하면서 가장 인간답게 살아가는 길이 어떤 모습인지를 나타내신 것입니다.

## 2. 예수의 죽음과 부활

예수의 죽음과 부활은 기독교의 핵심 진리입니다. 하나님 종교라 하지 않고 예수 그리스도의 삶을 중심에 두고 있는 것이 기독교입니다. 하나님께서 예수라는 사람을 통해 역사 한가운데 오셨고 우리 안에 오셨고 모두의 하나님이 되어 주셨기에 바로 예수를 통해 본 하나님을 믿는 종교라는 의미에서 예수교이고 기독교라고 합니다. 기독교의 기독(基督)은 그리스어 그리스도의 한자식 음역으로 기름부음을 받은 자, 곧 메시아를 의미합니다. 기독교는 곧 그리스도교입니다. 그 만큼 기독교의 핵심은 예수의 삶인데, 그 중에 그의 죽음과 부활이 가장 중요한 토대입니다.

그러면 기독교에서 예수의 죽음과 부활에 대해 어떻게 이야기하는지 볼까요? 예수의 죽음은 인류의 죄를 대신한 죽음입니다. 기독교에서는 인간의 죄를 하나님과의 관계 단절로 보고 있습니다. 아담의 범죄로 인간의 죄를 말하는 이것은 즉 하나님 중심에서 인간중심으로 살아가려는 인류의 모습 심지어 자신이 신이 되고자 한 모습을 반영하고 있는 이야기입니다. 사실 어떻게 보면 인간중심이란 의미가 나쁘게만 들리는 말은 아닙니다. 그런데 여기서 말하는 인간중심은 인간의 오만을 지적합니다. 신과 더불어 살아가는 존재라는 것은 인간이 조금 더 겸손하게 자신을 들여다보고 객관적으로 자신을 인식해 자신을 비울 수 있는 마음, 삶의 모습을 요청하는 것입니다. 그런데 이런 자신을 낮추는, 상대화시키는 장치를 잃어버리고 자신만 보게 되면 인간은 오만, 교만으로 이어질 수 있습니다. 그리고 이런 인간의 오만, 교만은 곧 멸망의 지름길이 됩니다. 선과 악을 알게 하는 나무의 열매를 따먹은 에덴동산에서의 일은 이런 인류의 범죄, 더 이상 하나님이 아닌 인간중심으로 살아가겠다는 의미입니다. 성서는 이런 의미에서 하나님과 인간의 관계가 단절되었다고 보는 것이고 이를 죄라고 말합니다. 그리고 이런 하나님과 관계 단절로 살아가는 것이 인류의 죄라고 본 것입니다. 바로 이런 인류의 죄를 대신한 죽음이 예수의 죽음입니다. 오랜 유목문화의 제사 모습에서도 하늘에 뭔가 잘못한 일이 있으면 그 사람을 대신해 소나 양 등 살아있는 짐승을 잡아 희생 제물로 바쳤습니다. 이 유형을 본받아 인류의 죄를 대신해 예수가 십자가에서 죽으셨습니다.

　예수의 부활은 하나님의 승리를 나타냅니다. 죽음은 현실 세계의 한계입니다. 죽으면 모든 것이 끝났다고 사람들은 말합니다. 그러나 기독교에서는 죽음 너머에 또 다른 세상이 있다고 말합니다. 이 세상에서 만들어갈 하나님 나라가 죽음의 한계에 갇히는 것이 아니라 죽음을 이겨내고 지속적으로 만들어가야 할 나라임을 주장하는 것입니다. 또한 예수의 부활은 사랑의 승리를 의미합니다. 인류를 사랑하셔서 자신의 외아들, 예수를 이 땅에 보내셔서 죽기까지 그 사랑을 보여주시고자 한 모습이 결국 진정한 사랑의 승리로 하나님의 사랑을 나타내 보이신 것입니다. 마치 해산하는 고통을 이겨내고 출산의 기쁨을 누리는 것처럼 하나님의 최종적인 승리를 나타냅니다. 이런 예수의 죽음과 부활은 기독교의 핵심으로 하나님과 인간의 관계에서 풀어나가는 기독교의 진리라고 할 수 있습니다.

## 3. 예수 죽음과 부활의 사회사적 의미

이런 기독교의 해석과 다르게 우리는 조금 다른 관점에서 예수의 죽음과 부활을 고찰하고자 합니다. 이를 위해 "무엇이 예수를 죽음으로 이끌었는지" 물어야 합니다. 이것은 죄, 대속, 승리 등이 아니라 당시 사회의 모습을 통해 왜 예수가 죽을 수 밖에 없었는지, 그리고 한 인간의 의로운 죽음이 당시 사회에 어떤 의미를 남기는지 살펴보는 것입니다. 오병이어 사건이 예수의 삶에서 중요한 변곡점이 되었다는 것을 기억하실 것입니다. 하나님의 나라, 사랑 등 예수의 가르침은 권력자들을 두렵게 했습니다. 거기에 수많은 사람의 추종자는 곧 힘을 의미했습니다. 바로 권력자들에 대한 도전으로 받아들인 것입니다. 이 때문에 권력자들에게 예수는 단순한 예언자가 아니라 더 이상 간과할 수 없는 대상으로 반드시 제거해야 하는 존재입니다. 예수 죽음은 바로 권력자들에 대한 도전과 이에 따른 희생의 모습이라도 볼 수 있습니다. 권력 앞에 무참히 희생당하는 모습의 의로운 죽음에 해당합니다.

그러면 예수의 부활은 이런 사회사적 죽음과 연결시켜 어떻게 이해하면 좋을까요? 권력자들은 자신의 기득권을 유지하기 위해 무수한 도전을 죽음으로 몰아냅니다. 체제에 대한 도전의 진실의 목소리를 군화발로 짓밟고 은폐시키려고 합니다. 만약 죽음으로 끝난다면 우리는 새 세상에 대한 희망도 모두 좌절하고 끝나버리는 것입니다. 이런 의미에서 부활은 은폐되고 짓밟힌 것들을 다시금 기억해 내어 새로운 세상을 만들어갈 약속으로 삼아야 합니다. 진실이 승리하고 정의가 구현된다는 약속으로 새 세상, 하나님 나라를 만들어가는 것입니다. 바로 부활은 기억의 언어로 끊임없이 새로운 세상으로 나가야 할 목표가 되는 것입니다. 한 인간의 남을 위한 죽음이나 거대한 권력에 의한 죽음이건 자연적인 죽음과는 다른 의로운 죽음으로 이해할 수 있습니다.

## 4. 사회사적 의미 확장: 기억이 열어 준 길

전태일은 1948년 8월 26일 대구에서 태어났습니다. 갓 스무 살도 안되어 서울로 상경해 청계천 평화시장의 의류제조회사에서 시다, 재단사 등으로 일합니다. 당시 1960년대 후반의 열악한 공장 환경, 1.5미터도 되지 않는 낮은 천장의 작업실에서 노동자는 허리도 못 펴고 일을 해야 했고 환기도 안 되는 좁은 작업실에서 하루 15시간의 장시간 노동을 하고 받는 월급은 겨우 3천원 정도였습니다. 전태일은 이런 열악한 작업환경을 보고 노동조건의 개선, 근로기준법 준수를 외쳤습니다. "우리는 기계가 아니다! 일요일은 쉬게 하라! 노동자들을 혹사하지 말라! 내죽음을 헛되이 하지 말라! 라고 외쳤습니다. 재단사들의 의식 계몽을 위한 바보회도 만들고 정부와 언론 등 다방면으로 노동조건의 개선을 외쳤지만 모두 좌절되었습니다.

1970년 11월 13일 평화시장에서 유명무실한 '근로기준법 화형식'을 거행하고 분신 항거하였으며, 그 날 밤 숨을 거두었습니다. 그의 나이 22살이었습니다. 그의 죽음은 이후 평화시장에 청계피복노동조합이 결성되어 민주노조운동을 전개하였습니다. 그리고 정부의 산업화과정에서 희생당하던 노동자의 삶이 사회문제로 크게 부각되는 계기가 되었고, 이후 한국 노동운동과 민주화운동, 학생운동에 큰 영향을 주었으며, 1970년대 이후 한국 노동운동과 민주화운동의 상징적 인물이 되었습니다. 군사독재 정권 때 산업화 등 발전과 개발의 논리 속에서 인간의 권리가 묻히는 사회 상황을 나타내고 있습니다. 그 속에서 청년 전태일은 이런 사회 체제에 대해 노동자의 권리 즉 더 이상 기계가 아니라 노동자도 인간임을 주장하는 외침이었습니다. 마침내 죽음으로 호소하며 사회의 의식을 전환하는 역할을 한 것처럼 한 인간의 의로운 죽음이 사회에 어떤 반향을 불러오는지 생각해봐야 합니다.

## 5. 미우라 아야꼬 『설령』

미우라 아야꼬는 사실 『빙점』으로 유명한 여류 작가입니다. 일본의 대표적인 기독교 작가로 주로 증오의 대상이 용서를 거쳐 중생에 이르는 아가페적 사랑을 많은 작품에서 다루고 있습니다. 그녀가 이런 기독교적 사랑과 용서를 문학적으로 형상화할 수 있었던 것은 그녀의 오랜 투병생활로 겪은 고난, 고통 속에서 만난 하나님이라고 할 수 있습니다. 그녀의 '아프지 않았으면' 이라는 시에 이렇게 쓰고 있습니다.

> 아프지 않으면 드리지 못할 기도가 있다
> 아프지 않으면 듣지 못할 음성이 있다

이런 하나님 체험 위에서 미우라 아야꼬는『설령』에서 노부오의 죽음이 많은 사람을 살리기 위한 의로운 죽음이라고 보았습니다. 시오카리 고개 열차탈선의 실화를 바탕으로 그린 이야기로 한 알의 밀이 땅에 떨어져 썩지 않으면 많은 열매를 맺을 수 없다는 성경 말씀처럼 남을 위한 의로운 죽음이 우리 살아있는 사람의 생명과 삶을 얼마나 다시금 소중하게 인식해야 하는지를 이야기하고 있습니다. 예수의 죽음과 부활은 기독교뿐 아니라 다시금 모든 인류가 들여다 볼 중요한 의미를 지녔다고 볼 수 있습니다.

죽음은 끝이 아니라 새로운 시작을 의미합니다. 이것은 어떻게 죽느냐와 연결된 문제입니다. 남을 위하거나 거대한 권력 앞에 무참히 희생당하는 모습을 통해 의로운 죽음을 생각해 볼 수 있습니다. 이 의로운 죽음을 통해 새로운 세상을 만들어갈 동력으로 삼아야 할 필요가 있습니다. 죽음 너머를 내다볼 수 있는 우리의 마음이 필요합니다.

**1. 예수 죽음과 부활의 기독교적 의미는 무엇인가요?**

답:

**2. 예수 죽음과 부활의 사회사적 의미는 무엇인가요?**

답:

**3. 일본 시오카리 고개 열차탈선의 실화를 바탕으로 한 미우라 아야꼬의 이 소설은 무엇인가요?**

답:

## 1. 우리에게 죽음이란 무엇인가요?

## 2. 의로운 죽음은 우리사회에 어떻게 받아들여져야 할까요?

# Part 4

# 현대사회이슈와 기독교

# 1. 현대 사회와 공동체

## Ⅰ. 문제 제기 : 공동체의 위기

오늘 우리 사회는 공동체의 위기를 겪고 있습니다. 타인을 배려하기보다 혐오하고 대립하고 갈등하는 모습이 곳곳에서 드러납니다. 이러한 갈등들은 지역 이기주의, 정치적 진영논리(이데올로기), 자신과 다른 사람들(장애인, 난민 등)에 대한 혐오, 가까운 사람들에 대한 폭력(가정 폭력, 데이트 폭력 등), 남녀 갈등 등의 모습으로 표출되고 있습니다. 이러한 현상은 개인을 더욱 고립시키고, 다른 사람과의 건강한 관계 형성을 방해합니다. 궁극적으로는 함께 살아갈 수 없는 사회를 만들고 있습니다.

안타깝게도 일부 개신교인들이 이러한 갈등을 부추기는 데 일조하고 있습니다. 이들은 '근본주의자'라 불리는데, 개신교 전체를 대표하는 집단은 아닙니다. 이들은 극우 이데올로기를 신봉하는 기독교인들로, 미국의 인종차별주의나 남성우월주의에 뿌리가 되는 집단입니다. 이들은 성서의 특정한 구절을 인용하여 다른 사람들을 혐오하는 극우 정치를 형성하는 데 앞장서고 있습니다.

우리는 인간의 가치를 파괴하는 다양한 폭력의 상황을 경험하고 있습니다. 2015 예멘 난민 입국 반대 시위 및 난민 혐오, 장애인 특수 학교 신설 반대, 아파트 단지 내 임대·분양 거주자 차별 등 다양한 혐오 사건이 끊이지 않습니다. 강남역 살인사건(2016), 신당역 스토킹 살인사건(2022)과 같은 끔찍한 범죄 또한 혐오의 시대가 낳은 비극입니다.

폭력은 공동체의 위기를 만들어냅니다. 폭력은 건강한 공동체를 만드는 대신, 자신들만의 극단적인 주장을 펼치는 폐쇄적인 온·오프라인 커뮤니티(일베, 워마드 등)로 숨어듭니다. 자극적인 혐오 논리로 돈을 버는 일부 유튜버들은 갈등을 더욱 부채질합니다. 과연 우리는 이 혐오의 시대를 넘어, 어떻게 다시 '함께 살아가는 공동체'를 만들 수 있을까요?

# II. 주제 강의

## 1. 인간은 사회적 동물이다

인간은 관계적 동물입니다. 관계가 잘 형성되면 사회도 건강하지만, 관계가 깨지면 사회는 한순간에 무너집니다. 그래서 오세영 시인은 <그릇>이라는 시에서

> 깨진 그릇은
> 칼날이 된다.
> 무엇이나 깨진 것은
> 칼이 된다.

고 노래했습니다. 이 시처럼 한 번 깨진 관계는 타인을 찌르는 흉기가 되어 더 큰 폭력을 낳습니다.

일찍이 그리스 철학자 아리스토텔레스가 말했듯 인간은 '사회적(정치적) 동물'입니다. 생존을 위해 무리짓는 다른 동물과는 달리 인간은 사회 속에서 문화를 만들고 인간다움을 실현하려는 존재입니다. 자원은 한정되어 있고 인간의 욕망은 크기에, 우리는 필연적으로 '나누는 법'을 배우며 관계를 맺습니다.

동양의 유교 사상 역시 건강한 인간관계(仁)를 중시했습니다. 맹자는 인간의 본성이 선하다는 '성선설'을 바탕으로 건강한 관계(인, 仁)를 강조했고, 순자는 본성이 악하다는 '성악설'을 주장하며 교육과 법을 통해 관계를 바로잡아야 한다고 했습니다. 이 두 유교 철학자는 모두 인간관계(仁)을 사상의 근거로 삼고 이러한 논리를 펼쳤습니다.

이처럼 동서고금을 막론하고 인간은 '관계'를 통해 성숙해지는 존재입니다. 하지만 오늘날 건강한 관계 맺기는 여간 어려운 일이 아닙니다. 우리 사회에 뿌리 깊게 박힌 '혐오 메커니즘' 때문입니다.

## 2. 혐오의 심리적 기원 (마사 누스바움, Martha Nussbaum)

혐오 현상은 오늘날에만 있었던 것이 아니고, 매우 오래된 것입니다. 인류는 오랫

동안 타인을 배제하고 혐오하면서 그 역사를 지탱해왔습니다. 미국의 교육 철학자 마사 누스바움은 『혐오와 수치심』을 통해, 법과 제도가 어떻게 인간의 원초적 감정인 혐오와 수치심에 뿌리를 두고 있는지 분석했습니다.

누스바움은 감정이 단순한 느낌이 아니라, 세계를 이해하고 해석하며 행동을 이끌어내는 '지적 작용'이라고 설명합니다. 이러한 지적 활동은 좋음과 나쁨을 구분하고, 이를 통해서 공적규제와 통제의 메커니즘을 만들어냅니다. 이런 과정에서 혐오와 수치심의 두 감정은 도덕과 법 성립의 한 근거를 제공하기도 합니다.

혐오는 분노와 다릅니다. 분노가 '부당함에 대한 복수심'이라면, 혐오는 '불결함, 역겨움 같은 인간의 감각적 반응으로, 마치 인간이 느끼는 사랑처럼 매우 보편적인 감정입니다. 문제는 이 혐오 감정은 특정 집단을 배척하기 위한 도구로 악용될 가능성이 매우 크다는 점입니다. 혐오는 취약성을 지닌 집단에 불결함의 이미지를 덧씌워서 사회화합니다.

이것은 '원초적 수치심'에 대한 '공격적 반응'으로 역사 속에서 매우 깊게 뿌리내려왔습니다. 이러한 인간 본래의 수치심과 그에 대한 혐오와 배척은 오랜 시간을 거쳐서 문명화되었습니다. 그것은 문화적인 차원에서 청결에 대한 관습과 연결되어 있습니다. 또한, 인간은 여러 관습을 거쳐 오면서 혐오스러운 것을 불법화하였습니다. 인간이 불결하다고 여기는 것들에 대해서 불법이라는 꼬리표를 달았습니다. 예를 들어, 특정한 냄새에 대한 혐오나 특수한 사람들을 위한 시설을 반대하거나 금지하는 법이나 풍습 등이 이런 것들입니다.

이러한 혐오가 심각한 이유는 이 감정을 바탕으로 특정 집단에 대한 사회적인 낙인찍기가 진행되어왔기 때문입니다. 너무나 자연스럽게 특정한 사람들에 대해서 '비정상'이라는 낙인을 찍어서 그들을 이 사회에서 배제하고 격리해버립니다. 혐오라는 감정이 법률과 도덕이라는 그럴듯한 옷을 입고 차별을 제도화합니다.


## 3. 혐오의 사회적 기원 (르네 지라르, René Girard)

르네 지라르는 인간의 '폭력성'과 '모방 욕망'에서 혐오의 기원을 찾습니다. 그에 따르면 서구 문화는 폭력에 대한 면역의 결과로 성립되었습니다. 폭력은 전염성이 있는

데, 폭력이라는 무서운 전염병을 해결하기 위한 가장 손쉬운 방법의 하나가 또 다른 폭력으로 대응하는 것입니다. 이러한 폭력은 그 사회 속에서 무의식의 상태로 벌어지고 있는데, 이 무의식의 상태에서 벌어지고 있는 폭력은 종교적인 희생 제의로 가장 많이 드러납니다. 왜냐하면, 이 폭력을 '성스러움'으로 포장할 수 있기 때문입니다.

이렇게 서구 문화는 '인지불능'의 무의식 상태로, 또 때로는 '성스러움'이라는 포장으로 폭력에 면역되어왔습니다. 이것은 모방의 메커니즘 속에서 발생하는 것으로 소위 '모방 욕망'으로 표현됩니다. 인간관계의 밀도가 높을수록 이러한 욕망의 강도는 강하게 드러나며 이것이 공동체 내에서 여과 없이 폭력의 관계로 그 긴장을 높이게 됩니다. 이러한 폭력의 관계는 수많은 제의 속에서 죽임을 당하는 희생물에서 여과 없이 드러나게 됩니다. 이것이 '희생양 메커니즘'입니다. 이러한 폭력은 박해를 정당화함으로 공동체 속에서 폭력의 메커니즘을 만들어냅니다.

이러한 폭력에는 두 가지 종류가 있습니다. 공동체의 일원들 사이에서 욕망의 상호작용 때문에 발생하는 '내재적 폭력'과 이 폭력을 제거하고 질서를 회복하기 위한 집단적 해결책으로서의 '초석적 폭력'입니다. 전자는 모방폭력, 후자는 희생폭력의 성격을 가집니다. 이 두 폭력의 메커니즘에는 차이가 있지만 서로 긴밀하게 연결되어 있습니다. 사회적인 위기의 순간인 내재적 폭력(모방 폭력)이 드러나면, 그것을 해소하기 위해서 초석적 폭력을 사용하는데, 그것이 바로 희생양에 대한 폭력입니다. 이것이 희생양 메커니즘입니다.

희생양은 내부의 위기를 외부로 돌리는 '대체 폭력'으로 기능하게 되는데, 여기에 '성스러움'의 가치가 부여되면서 그 폭력은 정당화됩니다. 마치 신에게 바치는 제물로 한 대상(타자)이 희생됨으로 공동체의 내부 폭력을 바깥의 대상(타인)에게로 대체하는 것입니다. 이러한 폭력은 인류가 그 문화를 지탱하는 하나의 기초로서 작용하여 왔습니다. 집단적 분노와 격정을 이성의 힘만으로 제어할 수 없었던 인류가 희생양에 가해지는 작은 폭력(?)으로 파국을 예방하고 성스러움을 덧씌워서 그 혼란을 극복하고자 했습니다. 폭력은 무섭게 인간을 몰아치지만 성스러움이라는 옷을 입은 폭력은 그것 자체로 거룩한 것이 되고 결국 인류를 위한 희생으로 막을 내리게 된 것입니다. 나쁜 폭력과 좋은 폭력, 혹은 폭력과 성스러움의 상반된 두 가지 성질이 이 속에 그대로 드러나게 됩니다.

## 4. 혐오를 넘어서는 예수의 가르침 : 선한 사마리아인의 비유

이상에서 우리는 폭력의 기원인 혐오에 대해서 살펴보았습니다. 예수의 시대에는 어땠을까요? 예수가 살던 시대에도 엄청난 폭력의 시대였습니다. 예수 시대의 민중들은 이중적인 폭력을 경험하면서 살았습니다. 당시 이스라엘은 로마의 식민지였습니다. 그래서 제국이 가하는 폭력을 경험해야 했습니다. 한편 로마제국은 자신들의 점령지에 자치정부를 두고 다스리게 했습니다. 로마제국은 이스라엘의 지도자들을 이용해서 민중들을 이중적으로 착취하는 구조를 만들어냈습니다. 이들이 통치 도구로 삼은

<선한 사마리아인> 고흐 (1890)

것이 '혐오'였습니다. 특히 이스라엘의 종교지도자들은 서로 편을 나누어 내 편이 될 수 있는 사람만 사랑하고, 그렇지 않은 사람은 '부정한 자'로 여겨도 된다고 주장했습니다.

이들을 향해서 예수는 어떤 가르침을 주었을까요? 예수는 어떻게 하면 혐오를 넘어서서 건강한 관계를 만드는 사람이 될 수 있을까에 대해서 사람들을 가르치려고 애썼습니다. 그 한 가르침이 바로 예수의 선한 사마리아인의 비유입니다. 어느 날 예수의 시대에 종교지도자 중 하나였던 '율법 교사'가 예수에게 묻습니다.

"어떻게 하면 하나님의 나라에 들어갈 수 있습니까?"
"율법에는 어떻게 기록되어 있냐?"
"온 마음을 다해서 하나님을 사랑하고 또 네 이웃을 사랑하라고
기록되어 있습니다."
"네 말이 옳다. 그렇게 살아라."

이때 율법교사는 자신의 옳음을 증명하려는 듯 대화의 주제를 바꿉니다.



이 질문은 아주 교묘한 질문입니다. 유대인들은 율법을 기준으로 '깨끗한 사람'과 '부정한 사람'을 나누어서 자신들의 논리대로 사람들을 혐오하는 일을 서슴지 않았습니다. '부정한 자'는 공동체에서 추방당했습니다. 더 심하게는 죽임을 당하기도 했습니다. 율법 교사는 예수를 시험하려고 '내가 사랑할 사람과 혐오해도 되는 사람을 구분해달라'고 말한 것입니다.

이때 예수는 비유를 들어서 설명합니다. "강도 만난 한 사람이 길거리에 쓰러져 있는데, 당시 종교지도자를 대표했던 제사장과 제사장 밑에서 보조를 하던 레위인이 그냥 보고 지나쳤습니다(요즘 교회식으로 표현하면 목사님과 전도사님은 그냥 지나쳤습니다는 뜻입니다). 그런데 한 사마리아 사람(당시 '부정한 사람'의 대표 격인 사람)이 그를 도와주었습니다." 이 비유를 말씀하신 후에 율법교사에게 다시 질문합니다.



이 질문에 대한 율법교사의 대답은 자신의 위선을 한 번 더 드러냅니다.



이렇게 대답한 이유는 유대인들은 자신들의 종교적인 관습으로 '사마리아'라는 이름은 입에도 담기를 꺼렸기 때문입니다. 이때 예수는 "너도 가서 강도 만난 자의 이웃이 되어주라."고 말합니다. 예수는 혐오와 배제의 논리를 깨고 진정한 '이웃 되기'를 하라고 하시는 것입니다.

# III. 나가는 말

 마사 누스바움과 르네 지라르는 혐오가 인간의 깊은 심리와 사회 구조 속에 뿌리박혀 있음을 보여주었습니다. 그리고 예수는 그 견고한 혐오의 벽을 '사랑'과 '이웃됨'으로 넘어서라고 도전합니다.

 편 가르기는 관계를 파괴하고 공동체를 병들게 합니다. 이제 혐오를 멈추고 서로에게 이웃이 되어주는 작은 실천이 필요합니다. 오늘 우리 시대, 내가 손 내밀어야 할 '강도 만난 이웃'은 누구일까요?

1. 혐오의 심리적인 기저를 수치심에서 발견하면서, 이러한 것이 법과 전통의 기초가 되기도 했다고 주장한 철학자는 누구인가요?

   ① 지라르　② 누스바움　③ 아감벤　④ 아리스토텔레스

2. 다음 중 르네 지라르가 설명한 사회적 혐오와 폭력의 대상이라고 부르는 것은 무엇인가요?

   ① 희생양　② 부정한 자　③ 사케르　④ 사피엔스

3. 유대 종교지도자들의 '혐오'의 논리를 깨부수기 위해서 예수가 말한 비유는 무엇인가요?

   ① 양과 염소의 비유　　　　② 씨뿌리는 자의 비유

   ③ 선한 사마리아인의 비유　④ 돌아온 아들의 비유

<h1 align="right">2. 현대 사회와 정치</h1>

## Ⅰ. 문제 제기 : 정치, 피할 수 없는 우리의 삶

정치는 다루기 어려운 주제입니다. 사람들에게 '정치적'이라는 형용사가 붙으면 매우 좋지 않은 사람으로 생각됩니다. 무엇인가 겉과 속이 다른 사람, 그럴듯한 말로 다른 사람을 현혹하는 사람을 가리켜 정치적이라고 하곤 합니다. 반면 정치적 능력이 없어서 여러 가지 어려움을 당하는 때도 있습니다. 조금만 더 힘이 있었더라면, 하는 하소연을 참 많이 합니다. 그래서 사람들은 '권력은 좋아하지만, 정치는 좋아하지 않는다.'라는 말을 많이 하는 것 같습니다.

한편, 정치인들의 모습이 그렇게 좋아 보이지는 않습니다. 정치인들이 자신의 힘을 활용해서 자신의 이익에만 몰두하는 이야기를 너무 많이 보게 됩니다. 또한, 정치인들은 선거 때만 되면 온갖 공약을 발표하지만, 그것을 잘 지키는 경우는 많이 없습니다. 그래서 사람들은 정치인들의 이미지를 도둑이나 사기꾼이 비유하곤 합니다. 그런데 이상하게도 사람들은 점점 더 나이가 들수록 정치를 하고 싶어 합니다. 왜냐하면, 권력욕은 인간의 기본적인 욕망이기 때문입니다.

안타깝게도 권력 지향적인 삶의 모습은 종교인들에게도 많이 드러납니다. 종교는 권력으로부터 멀리 있으면서 권력을 감시하고, 권력에 쓴소리할 수 있을 때 그 의미가 있지만, 실제 모습은 그렇지 않습니다. 권력자에 기대어서 자신의 종파의 이익을 얻어내려고 노력합니다. 그리고 그것을 정치적인 능력이라고 포장하기도 합니다. 과연 그런가요?

정치는 인류가 만든 가장 오래된 사회 시스템 중 하나입니다. 정치를 잘하면 매우 의미 있는 결과를 만들어내기도 하지만, 정치를 못 하면 나뿐만 아니라 다른 사람들도 헤치게 됩니다. 과연 우리는 정치를 어떻게 이해하면 좋을까요? 오늘 우리에게 정치는 어떤 의미가 있을까요?

# II. 주제 강의

## 1. 고대 그리스의 정치 : 아리스토텔레스와 플라톤

좋은 정치는 사람들에게 큰 희망을 줍니다. 사람들의 삶을 바꿔줄 수 있고, 희망을 심어줄 수 있습니다. 그러나 정치가 잘못되면 사람들의 삶은 피폐해집니다. 지구상에는 수많은 독재자가 있었습니다. 그리고 우리는 그들이 사람들을 망가뜨리고 파멸로 이끌어가는 것을 역사에서 많이 보아왔습니다.

현대 민주주의의 역사는 인류가 오랜 시간 동안 자유를 위해서 투쟁해서 얻은 값진 것입니다. 민주주의는 완전한 제도는 아닙니다. 그러나 민주주의는 사회가 적절하게 작용하기 위한 괜찮은 제도입니다. 일찍이 아리스토텔레스(B.C. 384-322)는 그의 책 『정치학』에서 이상 국가와 타락 국가를 구분했습니다. 이상국가는 정치가 '공적 이익을 위해서 봉사하는 국가'입니다. 반면 타락 국가는 정치가 '사적 이익을 위해서 봉사하는 국가'입니다.

이상 국가와 타락 국가를 구분한 아리스토텔레스는 국가 통치유형에 따라서 정치 체제를 세 개로 나누었습니다. 한 사람이 지배하는 체제, 소수의 사람이 지배하는 체제, 다수의 사람이 지배하는 체제입니다. 한 사람의 현명한 군주가 공적 이익을 위해서 봉사할 때, 국가는 잘 만들어져 갑니다. 소수의 지혜로운 대표(귀족)가 민의를 잘 대변하면서 공적 이익에 복무하기도 합니다. 또한, 시민들이 자신들의 관심사를 민주적인 방식으로 결정하는 민주주의도 좋은 정치 체제입니다. 아테네가 대표적인 민주주의 국가입니다. 아테네는 (당시의 시대적인 한계는 있기는 했지만) 시민(성인 남성 자유인)이 모두 함께 모여서 국가의 일을 결정하고 어려운 문제를 함께 해결합니다. 이상적인 국가입니다.

반면 타락 국가의 군주는 참주입니다. 어리석은 독재자입니다. 자신의 이익을 위해서 백성들을 억압합니다. 또한, 타락 국가의 소수 대표도 자신들의 이익만을 위해서 일하는 참주들이 되기도 합니다. 민주주의는 이상적이지만, 시민의 수준이 어리석은 결과를 만들어내기도 합니다. 이상의 설명을 하나의 도표로 만들면 아래와 같습니다.

| 구분 | 이상 국가<br>(공적 이익을 위한 국가) | 타락 국가<br>(사적 이익을 위한 국가) |
|---|---|---|
| 일인정치 | 군주정 | 참주정 |
| 소수정치 | 귀족정 | 과두정 |
| 다수정치 | 민주정 | 우민정(빈민정) |

<표1. 아리스토텔레스의 정치 체제 이해>

반면, 플라톤은 아테네의 민주정치가 스승 소크라테스를 사형에 처하게 만든 것을 지적하면서 민주정이 가장 나쁜 정치 체제고, 가장 지혜로운 사람(철학자)이 다스리는 체제(철인정치)가 가장 좋은 정치 체제라고 주장하였습니다. 소크라테스의 말년에 아테네의 정치는 현명한 귀족이 아닌 과두들이 활동하면서, 국가에 대해서 바른 소리를 하는 소크라테스를 공공의 적으로 돌렸습니다. 그래서 그들은 소크라테스를 없앨 궁리를 하다가, 소크라테스의 반대파들(멜레토스, 아니토스, 뤼콘 등)을 시켜서 소크라테스를 고발하게 했습니다. 당시의 재판은 모든 시민이 함께 모여서 공판을 하고, 변론은 고발당한 사람이 스스로 하는 제도였습니다. 소크라테스가 자신을 변호했지만, 이미 정치인들로부터 매수당한 시민들은 소크라테스에게 사형을 구형했습니다. 이 사실을 지켜본 소크라테스의 제자 플라톤은 민주주의에 크게 실망하여, 지혜로운 철학자가 다스리는 철인정치를 주장했습니다.

## 2. 원시 유교의 정치 : 맹자의 왕도정치

전국시대의 정치사상가 맹자(B.C. 372-298?)는 공자의 인의 정치사상을 이어받아서 왕도정치를 주장하였습니다. 군주가 힘으로 백성들을 억압하는 패도정치가 아니라, 인과 덕으로 나라를 다스릴 것을 주장한 것입니다. 이것은 아리스토텔레스의 군주정이나, 플라톤의 철인정치와 비슷하다고 볼 수 있는데, 다만 왕의 덕을 인이라고 한 것은 그리스 철학자들이 주장한 지혜로운 정치와는 사뭇 다릅니다.

『맹자』의 첫 장인 양혜왕장구 상편에 처음 부분에 다음과 같은 이야기가 나옵니다. 맹자가 양나라의 혜왕에게 찾아갑니다. 이때 혜왕이 너무 반가워서 맹자에게 질문합니다. '당신같이 위대한 분이 우리나라를 방문하셨으니, 우리나라를 이(利)롭게 할 방안이 무엇입니까?' 이때 맹자는 정색하면서 이렇게 대답합니다. '왕은 어찌하여 이(利)를 물어보십니까? 오직 인의(仁義)가 있을 뿐입니다.' 이렇게 말하면서 맹자는 부연 설명을 합니다. '만일 왕이 이익만 탐하면, 그 밑의 대신들도 이익만 탐할 것이고, 그렇게 되면 지방의 관리들도 이익만 탐하게 됩니다. 그러면 백성들도 이익만 탐하는 나라가 될 터이니, 그런 나라가 어찌 제대로 된 나라입니까? 왕은 오직 인으로 백성을 다스리십시오' 이후 맹자는 양혜왕장구 하편에 '왕이 인으로 백성을 다스리지 못하면, 왕을 바꿔도 됩니다.'라는 혁명적인 가르침을 주기도 하였습니다.

맹자의 유교가 이러한 정치 철학을 주장한 것은 당시 왕의 권력이 삼엄하던 시대에는 상당히 놀라운 것이었습니다. 흔히 유교의 정치 체제가 신분적인 위계질서를 옹호하는 계층구조에 기초한 체제라고 하는데, 이러한 비판은 반은 맞고 반은 잘못된 이야기입니다. 왜냐하면, 유교 정치가 중국의 지배적인 사상이 되면서 중국의 정치 체제가 계층구조에 기초해서 형성되어 온 것은 사실이지만, 맹자가 처음에 이야기한 정치는 계층을 옹호하는 패도정치가 아니라, 왕도정치였기 때문입니다.[1]

## 3. 한나 아렌트의 정치 : 노동, 작업 그리고 행위

유럽 사회는 근대적 변화의 과정을 통해서 자유와 평등의 가치 즉 인간의 가치를 발견하면서 정치이론을 발전시켰습니다. 대표적으로 존 로크는 인간에게 정치가 필요한 이유는 인간의 욕망은 무한하지만, 인간의 자원은 유한하기 때문이라고 설명하였습니다. 20세기를 대표하는 정치철학자 한나 아렌트는 전체주의의 기원에 관해서 설명하면서, 홀로코스트의 과정에서 유대인들의 정치적인 능력의 부재를 성찰하면서, '정치적인 것'과 '사회적인 것'을 잘 이해할 것을 주장하였습니다.

아렌트는 『인간의 조건』에서 이 부분에 대해서 매우 자세하게 설명하였습니다. 먼저 아렌트는 사회적인 것을 설명합니다. 인간이 살아가면서 기본적으로 필요한 것입니

---

1) 우리는 계층에 대해서 잘 이해해야 합니다. 계층에는 두 가지 종류가 있습니다. 하나는 존재론적 계층이고 다른 하나는 기능적 계층입니다. 존재론적 계층은 태어나면서부터 사람의 계층은 정해져 있다는 생각입니다. 이런 생각은 잘못된 것입니다. 그러나 기능적인 계층은 잘 이해해야 합니다. 이는 사회에서 맡은 역할에 따라서 사회적인 권위가 다르다는 것입니다. 예를 들어, 교수와 학생의 관계입니다. 교수가 태어나면서부터 학생들보다 높은 권위가 있는 것이 아니라, 그가 맡은 가르치는 역할이 주어져 있으므로 권위가 있는 것입니다. 이런 점에서 맹자는 계층을 기능적으로 이해한 것으로 봐야 합니다.

다. 먹을 것, 입을 것, 쉴 곳 등이 이런 필요들입니다. 그리고 이러한 필요들을 채우기 위한 인간의 일을 '노동(labor)'이라고 하였습니다. 한편 '노동'을 통해서 얻은 여러 가지 결과물들을 활용해서 삶을 영위하는 것을 '작업(work)'이라고 했습니다. 그리고 정치적인 것은 인간이 이러한 노동과 일을 통해서 얻은 결과들을 서로 다른 관심을 가진 구성원들이 모여서 대화와 타협을 통해서 합의를 얻어가는 과정이라고 설명하면서, 정치적인 것을 '행위(Action)'라고 불렀습니다. 그리고 '행위'이 인간의 삶에서 가장 의미 있는 것이라고 하면서, 아테네의 직접민주주의를 그 본보기로 주장하였습니다.

아렌트가 노동, 작업, 행위를 구분하고, 정치적인 활동으로 행위를 가장 가치 있는 일로 주장한 것은 현대 정치 철학에서 매우 의미 있는 분석입니다. 왜냐하면, 정치를 잘못 이해하면 삶의 필요한 것을 얻기 위한 투쟁이 정치라고 생각하기 쉽기 때문입니다. 물론 이러한 과정이 정치에서 필요한 것이기는 하지만, 정치는 다양한 관심을 가진 사회의 구성원들이 자신들의 이익과 관심을 펼쳐놓고, 대화와 타협의 과정을 통해서 공동선을 만들어가는 과정이기 때문입니다. 정치적인 행위를 통해서 이런 과정을 잘 배우는 것이 무엇보다도 필요합니다.


## 4. 예수 시대의 정치와 두 왕국론

그렇다면 과연 예수의 시대에 정치는 어떤 의미가 있었을까요? 당시 예수가 태어

<성전세> 요아킴 브테바엘 (1616)

난 이스라엘은 로마의 식민지였습니다. 로마는 식민지에 자치권을 부여하면서 황제 숭배 사상을 받아들이는 전제조건 아래, 피식민지 사람들을 다스렸습니다. 이에 이 스라엘 사람들은 로마의 지배와 로마의 자치정부로 인정을 받은 헤롯 왕가의 이중적 인 괴롭힘을 받고 살고 있었고, 이스라엘의 종교지도자들은 이런 정치인들과 결탁하 여 자신의 이익을 극대화하고 있었습니다.

이러한 시기에 등장하여 이스라엘 정치·종교 지도자들을 끊임없이 비판한 예수를 유대교의 지도자들은 그냥 두고 볼 수가 없었습니다. 그래서 이들은 예수를 잡아서 죽이려고 하였습니다. 그러나 그들에게는 사형을 구형할 권한이 없었기 때문에, 로 마의 법정에 세워야만 사형을 구형할 수 있었습니다. 이에 그들은 끊임없이 예수를 시험하였고, 마침내 그들은 예수를 로마 총독(빌라도)의 법정에 세우는 일에 성공하였 으며, 사형 선고를 받을 수 있게 하였습니다.

다음의 이야기는 이스라엘 지도자들이 예수를 시험한 하나의 예입니다. 이들은 당시 이스라엘 민중들이 너무 힘들어했던 세금을 내는 문제를 들고 예수를 찾아왔습니다.

> "로마에 세금을 내는 것을 어떻게 생각하십니까?"

이들이 이렇게 물어본 이유는 예수가 어떻게 대답하느냐에 따라서 예수를 고발할 구실을 찾기 위해서였습니다. 만일 그가 바쳐도 된다고 하면, 로마에 세금 바치는 것 을 싫어했던 이스라엘 민중들이 그를 떠나게 될 것이고, 바치면 안 된다고 하면, 당연 히 로마에 고발할 수 있었습니다. 이때 예수는 다음과 같이 대답합니다.

> "데나리온 하나를 가지고 오라. 여기 이 동전의 그림이 누구의 것이냐?"
> "시저 황제입니다."
> "시저의 것은 시저에게, 하나님의 것은 하나님께 바쳐라."

이렇게 대답함으로 예수는 이스라엘 지도자들의 계략에 빠지지 않고, 정치와 종교 의 의미를 잘 설명할 수 있었습니다. 기독교인은 현실 세계에 발을 딛고 살아가고 있

는 사람들로서 자신이 속한 곳에서 자신이 할 일을 잘 수행하는 그것과 하늘나라의
시민으로서 하나님의 법을 잘 따르면서 살아갈 이중적인 존재임을 말씀하신 것입니
다. 이것을 아우구스티누스는 두 왕국론으로 설명하였습니다. 신의 도성(하나님의 나
라)과 인간의 도성(세속의 나라)을 살아가는 사람으로서 적절한 균형을 지니는 것이 필
요합니다.

아우구스티누스는 기독교인이 삶의 방법을 설명하면서 '하나님의 나라'는 향유
(frui)의 대상이고 '인간의 도성'은 이용(uti)의 대상임을 알려주었습니다. 하늘의 가치
는 기독교인이 즐거워하고 누리는 대상이고, 세상의 가치는 적절하게 잘 이용하는
것입니다. 한편 아우구스티누스는 이 관계가 거꾸로 되면 문제가 생긴다고 했습니
다. 예를 들어서 성직자가 하늘의 가치를 이용하고 세상의 가치를 향유한다면 이는
성직자가 아니라 사탄의 도구일 뿐이라고 그는 이야기했습니다.

오늘 우리가 살아가는 시대에 정치와 권력도 이와 비슷한 의미를 지니고 있습니다.
정치 혹은 정치인이 되어서 누리는 권력은 우리의 향유의 대상이 될 수 없습니다. 그
것은 우리의 삶을 유익하게 해 주는 이용의 대상일 뿐입니다. 이런 점에서 정치는 우
리의 삶에 이용 가능한 유용한 것이 될 수 있기 위해서 다양한 삶의 과정에서 자원의
희소성으로 드러나는 문제들을 잘 조율하고 조정해서 함께 살아가도록(이용할 수 있도
록) 해 주는 것입니다.


## III. 나가는 말

정치는 좋음도 나쁨도 아닙니다. 우리의 삶에 그것이 어떻게 이용될 수 있는가에
따라서 매우 유용한 것도 될 수 있지만, 반면에 숭배의 대상이 되어버려서 가치의 전
도가 일어난다면 쓸모없는 것이 될 것입니다. 그런 점에서 이러한 분별력이 있는 지
도자들을 선택하는 것 역시 우리가 해야 할 일이기도 합니다.

플라톤, 아리스토텔레스, 맹자, 아렌트가 말하는 정치의 의미들을 어떻게 이해하셨
습니까? 과연 정치가 우리의 삶에 어떤 의미가 있을까요? 그리고 우리의 삶에 정치
가 의미 있는 것이 되게 하려면 어떻게 하면 좋을까요?

1. 다음 중 아리스토텔레스가 말한 바람직한 정치 체제에 들어가지 않는 것은 무엇인가요?

   ① 군주정   ② 귀족정   ③ 과두정   ④ 민주정

2. 로크가 정치가 필요하다고 말한 이유는 무엇인가요?

   ① 자원의 희소성        ② 경쟁의 치열함

   ③ 군중의 어리석음      ④ 권력의 냉험함

3. 아렌트는 인간의 일을 세 가지로 나누면서 정치적인 일의 가치를 부여했습니다. 다음 중 아렌트가 나눈 일이 아닌 것은 무엇인가요?

   ① 노동   ② 작업   ③ 행위   ④ 투쟁

4. 아우구스티누스가 신의 도성과 인간의 도성을 설명하면서 이 두 도성을 살아갈 두 가지 태도를 말하였습니다. 이 두 가지는 무엇인가요?

   ① 향유   ② 사랑   ③ 이용   ④ 중용

# Ⅰ. 문제 제기 : 황금만능주의를 넘어

우리는 각종 사건과 사고 속에서 살아갑니다. 이런 사건들은 자신의 실수로 발생하는 때도 있지만, 자신의 부주의함보다는 사회적인 문제에서 발생하는 경우가 더 많습니다. 지하철 노동자가 정비과정에서 당한 사고나, 한 제과점 노동자가 당한 사고로 목숨을 잃은 경우는 이익을 극대화하기 위해서 회사(사회)가 노동자의 권리를 충분하게 보장하지 못한 구조의 문제였습니다.

한편 우리 사회는 '공정함'에 대해서 매우 민감합니다. 그런데 함께 더불어 사는 공정함을 추구하는 과정에서 갈등이 발생하기도 합니다. 이러한 문제들이 바로 경제의 문제입니다. 경제적 불평등과 갈등을 만들어내는 다양한 원인이 있습니다. 그중 가장 심각한 원인은 부의 편중(양극화)입니다. 현재 전 세계는 구조적으로 양극화 현상이 점점 더 심화하고 있는 상황입니다. 더욱 안타까운 것은 기독교가 이런 현실 속에서 사람들에게 위로와 희망을 주지 못하고 있다는 점입니다. 교회는 소외당한 사람들과 함께 있어야 한다고 하지만, 현실 속에서는 교회 내부에도 양극화가 매우 심각한 것이 현실입니다.

인간은 경제적 동물입니다. 경제적 기반이 없이 살 수 있는 사람은 없습니다. 경제를 윤택하게 만드는 것은 인간이 가지고 있는 기본적인 욕구입니다. 한편, 우리는 경제를 우리의 삶을 윤택하게 만들어주는 도구가 아니라, 우리의 삶의 가장 중요한 목표라고 생각하는 사회에서 살아가고 있습니다. 모든 것이 '얼마나 돈을 많이 벌었는가?' 혹은 '벌 수 있는가?'로 환원되면서, 인간의 가치는 무시당하고 있습니다(소외). 과연 오늘 우리에게 경제는 어떤 의미가 있을까요?

사람들은 오늘 우리가 살아가고 있는 시대를 황금만능을 넘어서 황금 숭배의 풍조가 만연해 있다고 말을 합니다. 이런 현상을 '맘모니즘'이라고 합니다. 맘몬은 고대 근동지역에서 유행했던 돈을 숭배하는 종교입니다. 신, 인간, 자연, 모두 경제적인 가치로 환원되어서 평가되고 있습니다. 지난주 강의에서 우리가 생각해본 대로 '향유'와 '이용'의 가치가 바뀌었습니다. 경제(돈)는 이용의 대상인데, 숭배(향유)의 대상으로 바뀌어 버리고 말았습니다. 이런 구조 속에서 인간과 노동의 가치는 줄어들고 극단적으로 소외된 현실을 살아가고 있습니다. 오늘 강의에서는 이런 현실에 대해서 대답을 찾기 위해서 경제와 정의의 의미에 대해서 생각해보려고 합니다.

## II. 주제 강의

### 1. 정의의 고전적인 의미

플라톤과 아리스토텔레스는 고전적인 의미에서 정의에 관해 설명합니다. 플라톤은 그의 책『공화국』에서 정의는 선(올바름)의 이데아의 세계를 추구하는 것으로 설명하면서, 선의 이데아를 가장 잘 아는 철학자가 통치하는 국가가 이상 국가라고 주장하였습니다. 그러면서 통치자의 지혜의 덕, 수호자의 용기의 덕, 생산자의 절제의 덕이 조화를 이루어 개인과 사회가 제 기능을 잘하게 되면 정의가 이뤄진다고 설명하였습니다. 한편 아리스토텔레스는『니코마코스윤리학』에서 정의는 법과 윤리 규범을 따르면서 공정의 가치를 지켜내는 덕이라고 주장하면서, 분배적 정의와 교환적 정의에 관해서 이야기합니다. 분배적 정의는 개개인의 가치와 능력을 고려해서 올바르게 나누는 것이고, 교환적 정의는 매매뿐 아니라, 범죄와 처벌을 모두 포함해서 서로 동등하게 주고받는 것을 정의라고 하였습니다.

이러한 고전적인 의미의 정의론은 근대 이후 산업사회로 넘어오면서 중세까지의 농경사회에서 상업과 산업 중심의 경제가 발전하면서 시장을 중시하는 흐름으로 발전하게 됩니다. 상업을 중시하면서 국가의 통제가 아닌 자유 방임을 중시하는 체계를 형성합니다(애덤 스미스 『국부론』).[1] 근대자본주의의 발전은 이러한 가치를 기초로 발전했습니다. 하지만, 근대 후반기로 넘어오면서 근대적 자유 경제 체계에 질문을 던지게 됩니다. 왜냐하면, 이 경제체제가 더 많은 사람을 위한 혜택을 주는 것이 아니라, 사람들 간의 격차가 심해지는 현상을 만들어내었기 때문입니다. 이에 케임브리지 대학의 앨프레드 마셜은 그의 책『경제원론』'따뜻한 경제'를 주장합니다. 그는 경제학도는 '냉철한 이성과 따뜻한 가슴'을 지녀야 한다고 주장했습니다. 그리고 그는 가난한 사람들을 위해서 복지정책을 적극적으로 펼칠 것을 주장합니다. 이것이 유럽국가의 복지정책을 만드는 기초가 되었습니다.

## 2. 이데올로기와 정의

이러한 시대적인 배경으로 만들어진 것이 경제 이데올로기입니다. 특정인들에게 부가 더 많이 돌아가게 되는 사회는 불공정한 사회이기 때문에 국가가 조금 더 적극적으로 개입해서 공정하게 만들어주어야 한다는 주장과 국가가 너무 많이 개입하면 경제 활동의 자유를 침범하기 때문에 이런 과정은 최소화되어야 한다고 합니다. 여기에서 용어에 대한 이해가 필요합니다. 왜냐하면, 이데올로기는 정치적인 문제와 사회·경제적인 문제가 복잡하게 얽혀있기 때문입니다. 정치적으로 공적 이익을 위한 정치 체제인 이상 국가와 사적 이익을 위한 정치 체제인 타락 국가의 예는 앞 장에서 다루었습니다. 근대시대는 사적 이익을 벗어나서 시민들이 정치의 주인공이 되는 투쟁을 통해서 오늘의 민주주의 국가를 이루게 되었습니다. 근대 시민들의 투쟁은 정치적 자유를 위한 투쟁이었습니다.

한편, 경제적인 측면에서 자유 방임을 중시하고 경제적인 활동의 자유를 최대한 보장할 것을 주장하는 이데올로기가 자본주의입니다. 반면 20세기 초에 부의 편중을 막고 사람들에게 고르게 혜택이 돌아갈 것을 주장하면서 사회 혁명을 이끌었던 공산

---

1) 애덤 스미스의 '자유 방임'은 주의 깊게 이해할 필요가 있습니다. 왜냐하면, 이 말을 잘못 이해하면 경제적인 이익을 얻는 것이 최고의 가치라고 생각하기 쉽기 때문입니다. 그의 저작 중에『국부론』과 함께 중요하게 읽히는 책으로『도덕감정론』이 있습니다. 이 책에서 스미스는 경제적인 활동은 인간의 자연스러운 본성이며, 이를 추구하기 위해서는 신중함, 정의로움, 절제와 같은 적절한 덕을 갖추어야 한다고 말합니다. 다시 말해서, 스미스의 자유 방임은 도덕적 책임이 주어지는 자유입니다.

주의가 있습니다. 그러나 유럽의 공산주의는 권력의 한계(공산주의 국가의 권력자들이 사적 이익을 추구)로 거의 붕괴하였고, 지금은 세계적으로 공산주의 국가는 소수만 남게 되었고(쿠바, 중국, 북한, 베트남 등), 이들 국가 중에는 고전적인 의미의 공산주의 체제를 유지하지 않고, 자본주의 체제를 혼합하여 경제 발전을 꾀하고 있습니다.

여기에서 이데올로기에 대한 설명을 길게 드리는 이유는 정치적인 차원에서 이상적인 국가(공적 이익추구)와 타락 국가(사적 이익추구)에 대한 이해와 경제적인 측면에서 어떤 이데올로기를 추구하고 있는지에 대해서 명확하게 이해할 필요가 있습니다. 경제적으로 자본주의는 정치적인 자유를 추구하는 이상 국가이고, 공산(사회)주의는 자유를 말살하는 타락 국가라고 등식처럼 생각하는 것은 용어를 정확하게 이해하지 못하는 것입니다. 자본주의 국가도 권력자가 사적 이익을 추구하면 타락 국가가 되는 것이고, 그 반대도 가능한 것입니다. 물론 대한민국처럼 공산주의와 전쟁을 한 경험이 있는 국가가 자본주의를 지켜내기 위해서 노력하는 것은 의미 있는 일이지만, 자본주의 자체가 선이고 자유를 지켜내는 최고의 가치라고 말하는 것은 이데올로기를 잘못 이해하고 있는 것입니다. 자본주의도 공산주의도 사적인 이익을 추구하면서 개인의 자유를 억압하면(정의롭지 못하면) 타락 국가가 될 수 있는 것입니다.


## 3. 롤즈의 정의론

자, 이제 20세기의 정의론에 대해서 생각해보겠습니다. 정의에 대해서 현대 사회에서 가장 크게 문제를 제기하고 고민했던 철학자는 존 롤스입니다. 그는 1971년『정의론』을 출간하고, '과연 미국이 정의로운 사회인가?' 하는 질문을 던지면서, 미국이 약속했던 '기회의 균등'이 충분히 이뤄지지 않고 있음을 비판합니다. 그러면서 공동체가 정의로워지기 위해서는 새로운 차원의 조치가 필요하다고 합니다. 롤즈는 미국 사회가 공정해지기 위해 한 도덕적 관념으로의 원초적 입장 위에 정의의 원칙을 다시 세워야 함을 주장합니다. 롤즈의 원초적 입장으로 인간과 사회가 최소한의 합리성을 가지고 있다는 전제하에 '무지의 베일(Veil of Ignorance)'을 주장합니다. 무지의 베일이란 '개인의 자연적 재능, 사회적 지위, 인생 계획, 가치관 등에 대해서 알 수 없다'라는 조건입니다.

롤즈는 이러한 원초적 입장 아래 두 가지 정의의 원칙을 주장하는데, 그것은 '평등한 자유의 원칙'과 '차등의 원칙'입니다. 평등한 자유의 원칙은 인간이 사상·양심·정치 활동·재산 소유 등의 기본적인 자유가 있는 것처럼 기본적 권리의 평등도 자유와 동등한 차원에서 중요한 것이라는 생각입니다. 차등의 원칙은 공정한 기회를 보장해 주기 위해서는 최소수혜자에게 최대 이익이 될 수 있도록 하는 것입니다. 최소수혜자에게도 태어나면서부터 정해진 출발선은 동등하게 만들어주자 생각입니다. 다시 말해서 뒤처진 출발선에 서 있는 사람은 앞당겨서 출발할 수 있도록 더 많이 혜택을 주어야 합니다.

그렇다면 롤즈는 혁명을 주장하는 것인가요? 그런 것은 아닙니다. 롤즈는 앞서있는 모든 사람의 것을 다 빼앗아서 뒤에 있는 사람에게 주라는 것이 아니라, 앞선 사람은 자신의 능력을 충분히 발휘해서 살되, 뒤처진 사람을 앞으로 오게 해서 기회를 공정하게 나누는 것이 사회적 비용의 총량을 환산해 볼 때, 더 경제적이라고 주장하는 것입니다. 예를 들어서, 사회적으로 뒤처진 사람들이 불만을 품고 범죄를 일으키거나, 그들을 위한 막대한 복지비용을 지불하는 것 보다, 차등의 원칙을 적용하는 것이 공동체에 더 큰 유익이 된다는 뜻입니다.

## 4. 예수의 정의론: 교환을 넘어선 증여

그럼 예수의 시대에는 어땠을까요? 예수는 정의에 민감한 사람이었습니다. 정의롭지 못한 이스라엘의 정치·종교지도자들에게 저항하고 싸웠습니다. 예수는 하나님 나라에 대해서 비유로 설명하면서, 정의로운 주인의 이야기를 들려둡니다.

한 포도원의 주인이 매일 노동시장에 나가서 일꾼을 채용합니다. 일찍이 오전 6시에 나가서 일꾼을 채용합니다. 그리고 9시, 12시, 오후 3시, 오후 5시에까지 나가서 일꾼을 불러옵니다. 그리고 그들에게 하루 일당을 약속합니다.

일을 다 마치고 주인은 오후 5시에 온 사람들부터 일당을 지급합니다. 1시간밖에 일을 하지 않았는데도 하루 일당을 다 받습니다. 이에 다른 사람들은 속으로 더 받을 것을 기대합니다. 그러나 주인은 모두에게 하루 일당을 지급합니다. 이에 오전 일찍 온 사람들이 폭발해버립니다.

이때 이 주인은 이렇게 말합니다.



　포도원 주인은 하루 품삯을 받아서 돌아가야 그날 자신의 가족과 함께 식탁을 나눌 수 있는 일용노동자들에게 같은 방식으로 대한 것입니다. 재화를 다른 사람들에게 제공하는 방식은 두 가지가 있습니다. 하나는 정해진 양에 비례해서 서로 교환하는 방식이고, 다른 하나는 대가 없이 증여하는 방식입니다. 양에 비례는 물건뿐 아니라, 서비스나 노동도 포함됩니다. 이 포도원 주인은 재화를 제공하는 두 가지 방식을 모두 사용한 것입니다. 이렇게 함으로 자신의 가족과 함께 저녁 식탁 자리에 앉을 수 있게 해 준 것입니다.

　얼핏 보면 증여방식에는 문제가 있어 보입니다. 내가 일한 것에 대한 대가를 요구

<포도원의 품삯꾼> 안드레아 델 사르토 (16세기경)

하는 것은 너무나 당연하기 때문입니다. 그런데 교환방식만 고집하는 사회는 비인간적인 사회입니다. 왜냐하면, 인간의 능력은 모두 다 같지 않기 때문입니다. 일할 수 없는 사람들(실업자, 장애인 등)에게는 증여방식으로 재화를 제공함으로 공동체가 함께 살아갈 수 있는 길을 열어주는 것이 중요합니다.

최근에 이런 증여방식에 대해서 더 많은 논의가 되고 있습니다. 청년수당, 노인 기초 노령 연금 등이 이러한 방식입니다. 코로나 19로 생활이 어려워지자 국민에게 지원금을 준 것도 이와 비슷한 맥락입니다. 앞으로는 이러한 일들이 더 많아지게 될 것입니다. 왜냐하면, 기술의 발전은 노동시장의 엄청난 변화를 초래할 것이기 때문입니다. 이러한 논의가 기본소득과 같은 논의입니다. 물론 사회적인 합의의 과정이 필요하지만, 기계화로 인해서 인간은 일자리를 잃게 되지만, 기업은 여전히 많은 이익을 창출하는 구조에서 이러한 논의는 계속될 수밖에 없을 것입니다. 어떤 사회적인 논의가 필요할지 지혜를 모아야 할 것입니다.

교회는 이러한 논의와는 상관없이 증여방식을 실천하는 공동체입니다. 사회적으로 부족한 사람들에게 다가가서 사랑을 나누는 공동체입니다. 단순히 교회 다니는 사람들에게만 베푸는 것이 아니라, 예수께서 포도원 주인의 비유를 말씀하신 것처럼, 주변의 이웃에게 조건을 따지지 말고 나눔을 실천하는 것이 필요합니다.


## III. 나가는 말

현대는 황금을 숭배하는 배금주의(拜金主義) 시대입니다. 인간의 가치 자체가 평가되는 것이 아니라, 황금의 많고 적음이 인간의 가치를 판단하는 시대입니다. 사람들은 이러한 가치를 따라서 살면서 점차로 인간성을 잃어가고 있습니다. 이러한 시대에 돈을 숭배하지 않으면서도 경제적으로 유능한 삶을 살아가려면 어떻게 하면 될까요?

또한, 지금 정의에 대해서 생각하는 것은 의미가 큽니다. 우리가 살아가면서 공정이라고 말하는 것은 과연 어떤 의미인가요? 나에게 불이익이 되지 않는 것만을 공정이라고 생각하는 것은 편협한 생각입니다. 나와 공동체가 함께 살아갈 수 있는 공정을 생각해봐야 합니다.

**1. 다음 중 애덤 스미스와 관련이 없는 것은 무엇인가요?**

① 보이지 않는 손　② 자유 방임　③ 무한경쟁　④ 도덕감정

**2. 근대 후반기 사회경제적인 모순을 보고 따뜻한 경제학을 주장한 사람은 누구인가요?**

① 앨프레드 마셜　② 아리스토텔레스　③ 플라톤　④ 존 롤스

**3. 다음 중 존 롤즈의 정의 원칙 두 가지는 무엇인가요?**

① 평등한 자유의 원칙　② 분배의 원칙

③ 자유 지상주의 원칙　④ 차등의 원칙

**4. 다음 중 재화를 나누는 두 가지 방식은 무엇인가요?**

① 경쟁방식　② 증여방식　③ 교환방식　④ 입찰방식

## I. 문제 제기 : 300만 다문화 사회

대한민국은 다문화 사회입니다. 2021년 대한민국 법무부에서 제공한 출입국 자료를 보면 한국에 합법적으로 거주(장기 혹은 단기)하고 있는 외국인은 200만 명 정도 된다고 합니다.[1] 그리고 2000년도에 대한민국 인구조사 발표를 보면 외국인은 총조사에 응답한 외국인은 170만 명가량 되고, 그중에 한국인과 결혼한 다문화 가족은 37만 가구 정도가 된다고 합니다.[2] 합법적으로 대한민국에 거주하고 있는 외국인, 그리고 한국인과 결혼해서 가족을 이룬 37만 명을 4인 가구로 환산한다면, 대략 대한민국의 다문화 인구는 300만 명 정도 된다고 생각할 수 있습니다. 여기에 합법적인 신분을 잃고 체류하면서 노동하고 있는 사람들까지 합치면 그 수는 더 많아질 것입니다.

다문화 사회를 살아가는 현대인들에게 문화와 문화의 융합은 꼭 필요한 덕목입니다. 그러나 다른 문화를 이해하고 수용하여 존중하는 일은 매우 어렵습니다. 넘어야 할 장벽도 너무 많습니다. 전통, 환경, 언어, 인종 등 매우 다른 요소들을 이해해야 하기 때문입니다. 그래서 사람들은 쉬운 방법을 선택하곤 합니다. 사람들은 쉽게 다른 문화의 사람들을 구별 짓기도 하고 무시하기도 합니다. 사람들은 좋은 문화와 안 좋은 문화를 가려서 우월의식을 형성하기도 하고, 또 소외된 문화권에 있는 사람들을 무시하면서 배제하곤 합니다.

다문화 사회는 다양성을 존중하고 이해하면서 사는 기회를 제공해주기 때문에 바람직한 사회의 모습입니다. 그러나 서로를 이해하고 존중하면서 건강한 다문화 사회를 만들어가면서 사는 일은 매우 어렵습니다. 언어의 장벽, 경제적 갈등, 문화적 몰이

---

1) https://www.moj.go.kr/moj/2412/subview.do
2) https://www.korea.kr/news/policyBriefingView.do?newsId=156464002

해, 가정 폭력 등 여러 가지 이슈들이 자주 등장합니다. '좋은 것'이라는 이상만으로 다문화 사회를 살아가라고 하기에는 너무 큰 '현실적인 장벽'이 존재합니다. 우리는 어떻게 하면 건강한 다문화 사회를 만들 수 있을까요?

## II. 주제 강의

### 1. 용광로 모델에서 샐러드볼 모델로

다문화 사회를 만드는 문제는 오늘 우리만의 문제는 아닙니다. 유럽 사회도 비슷한 문제를 경험하였고, 북미(캐나다와 미국)도 같은 문제를 경험했습니다. 특히 북미는 이민자들이 세운 나라이기 때문에 다문화에 대해서 오랫동안 여러 가지 생각들이 있었습니다. 또한, 이러한 문제는 과거형이 아니라 현재형으로 진행되고 있는 문제이기도 합니다.

이러한 다문화 현상을 대비하고 함께 살아가기 위해서 정책적인 차원에서 크게 두 가지 모델이 있습니다. 첫 번째는 용광로 모델입니다. 용광로에서 쇠를 녹여서 새로운 철제를 만들 듯이, 외국에서 이주한 사람들을 그 사회에 동화시키기 위해서 이주한 사람들에게 교육과 복지 지원을 통해서 이들이 빨리 정착할 수 있도록 도와주는 것입니다. 이러한 모델을 동화주의 모델이라고 하는데, 동화주의의 장점은 국가와 사회의 같은 정체성을 유지하고 통일시키는 데에 있습니다. 이를 위해서 관습과 전통, 문화를 교육해서 동화시키는 방법으로 국가의 정책이 만들어집니다. 그런데, 용광로 모델은 성공하지 못했습니다. 왜냐하면, 다른 문화에 대한 존중과 이해 없이 하나로 만드는 것은 매우 폭력적이고, 다수의 문화가 소수를 흡수하는 방식으로 전개되었기 때문입니다.

이러한 용광로 모델의 단점을 보완하고 건강한 다문화 사회를 만드는 방법으로 제시된 것이 바로 두 번째 모델인 샐러드볼(Salad Bowl) 모델입니다. 샐러드 안에 채소들이 다양하게 있지만, 그 채소를 좋은 드레싱으로 섞어서 먹는 것처럼, 다양성은 인정하고 서로 함께 살아갈 방법을 찾아가는 모델입니다. 이러한 모델을 상호문화주의라고 합니다. 상호문화주의는 1990년대 후반부터 본격적으로 필요성이 제기되어 오늘날까지 이어져서 발전하고 있습니다. 상호문화주의는 한 국가에 이주한 다문화 이주민들이 일방적으로 이주 국가의 문화를 배우고 익혀서 그 문화에 적응하는 차원을 넘어서, 상호적으로 경험하고 학습하는 과정을 통해서 서로를 이해하는 방식으로 진행됩니다. 이주민은 단순하게 '머무는 사람'이 아니라 함께 새로운 가치를 만들어가는 존재입니다. 이는 타자의 가치를 이해하고 환대하는 포스트모더니즘 철학의 한 흐름으로 이해할 수 있습니다. 이에 다문화 사회는 서로를 인정하고 존중하면서 함께 살아가는 방식을 찾기 위해서 샐러드 볼 모델을 채택하고 상호문화주의를 견지하면서 그 길을 찾아가고 있습니다.

## 2. 다문화 사회를 위한 윤리적 성찰 : 배려(돌봄)의 윤리

다문화 사회를 살아가기 위해서는 윤리적인 실천이 중요합니다. 이러한 윤리적인 실천을 제시한 분들로, 스탠퍼드대학에서 교육철학을 가르친 넬 나딩스(Nel Noddings, 1929-2022)와 뉴욕대학의 캐럴 길리건(Carol Gilligan, 1936- )을 소개합니다. 이들은 미국 사회의 교육 현장을 분석하면서, 다문화 교육이 여전히 동화주의에 따라서 실시되고 있음을 비판하였습니다. 그들은 미국의 교육이 다문화의 중요성은 강조하면서도 다문화 이주민들이 살아가는 삶에 대해서는 구체적으로 이해하지 못하고 있다고 비판하면서 배려의 윤리(Ethics of Care)를 주장하였습니다.[3]

우선 이 두 분은 서구 윤리학이 남성 중심성에 머물러 있다고 비판합니다. 여기에서 잠깐 서구 윤리학의 전통을 간략하게 살피면서, 이 두 철학자의 비판을 이해해봅시다. 서구의 윤리학의 전통은 '목적론적 윤리'와 '의무론적 윤리'와 '덕 윤리'로 크게 구분됩니다. 목적론적 윤리는 인간의 보편적인 목적인 '행복'을 추구하기 위해서 공공의 이익을 따르는 윤리적 행동을 주장합니다. 목적론적 윤리의 대표자는 존 스튜어트 밀입니다. 그는 공리주의를 주장하면서 '최대 다수의 최대 행복'을 추구합니다. 의무론적 윤리는 인간 내면의 양심이 인간에게 윤리적인 행동을 하도록 만드는 무조

---

3) 'Ethics of Care'를 배려의 윤리라고 번역한 것은 그 의미를 잘 파악하기에는 조금 무리가 있다고 생각됩니다. 왜냐하면 'care'는 '배려'가 아니라 '돌봄'으로 번역하는 것이 타당하기 때문입니다. 두 철학자가 제시한 윤리적 실천도 '배려'의 측면이라기보다는 '돌봄'의 측면으로 보는 것이 더 타당합니다.

건적으로 명령을 따르라고 주장합니다. 의무론적 윤리를 주장하는 대표적인 철학자는 칸트입니다. 그는 '정언명령(무조건적 명령)'으로 '다른 사람을 목적으로 대하고 수단으로 대하지 말라'는 명제를 제시하였습니다.[4] 덕 윤리는 다른 사람들을 윤택하게 하기 위한 인격적 탁월성(덕)을 갖추는 것으로, 플라톤은 정의, 지혜, 용기, 절제의 네 가지 주요 덕을 주장했고, 아리스토텔레스는 중용의 덕을 주장하였습니다. 길리건과 나딩스는 이러한 서구의 전통적인 윤리가 행동의 규범을 일방적으로 정하고 있다는 점에서 남성 중심적이라고 비판하였습니다.

이러한 비판과 함께 길리건과 나딩스는 윤리적 행동을 여성성을 중심으로 새롭게 시작할 것을 제안합니다. 여성이 남성보다 탁월하게 드러내고 있는 '공감'의 능력을 윤리적 행동에 적용하는 '돌봄의 윤리(Ethics of Care)'를 제안합니다. 길리건과 나딩스는 돌봄의 윤리를 위한 행동으로 다섯 단계를 제안합니다. 첫째, 주변에서 벌어지고 있는 일들에 대해서 '도덕적으로 관심'을 가집니다. 둘째, 이러한 관심을 두게 되면 벌어진 일들을 '공감을 통해서 이해'하게 됩니다. 셋째, 공감을 통한 이해는 '관계를 발견'하게 만들어줍니다. 넷째, 관계의 발견을 통해서 일을 '수용'하게 되고, 마지막 다섯 번째 단계로 수용한 일에 대해서 '책임감 있는 대답'을 하게 됩니다. 길리건과 나딩스는 이러한 실천의 단계를 통해서 다문화 사회를 새롭게 이해하고 윤리적인 실천을 하도록 제안하고 있습니다.

돌봄(배려)의 윤리는 다문화 사회에서 타인을 이해하고 서로 함께 공감하면서 살아갈 수 있는 삶의 방법을 제시했다는 점에서 매우 의미가 있습니다. 이러한 윤리적인 생각은 타인의 가치를 '나 중심'으로 생각하는 것이 아니라, 공감의 눈으로 바라보고 서로 함께 살아갈 길을 찾아보는 일입니다. 오늘 우리가 깊게 생각해보아야 할 윤리적인 실천입니다.


## 3. 편견을 깨뜨린 예수

그렇다면 성서에서는 다른 문화에 대해서 어떻게 이야기하고 있을까요? 많은 사

---

4) 칸트는 위에서 제시한 명제와 함께 '너의 행동의 준칙이 모든 사람이 받아들일 수 있는 보편적인 것이 되게 하라'는 명제를 정언명령으로 제시하였습니다.

람이 가지고 있는 기독교에 대한 오해 중 하나는 기독교는 다른 문화에 대해서 배타적이라는 생각입니다. 실제로 제국주의 배경에서 선교를 진행했던 18~19세기 서구의 기독교는 다른 문화권에 들어가면서 힘으로 지배하려고 했기 때문에, 이런 현상들이 생겨났습니다. 그러나 기독교의 본래 정신은 다른 문화를 배척하고 기독교만이 우월한 문화임을 강조하지 않습니다.

예수가 살던 시대에 이스라엘은 유대인을 중심으로 유대인이 아닌 사람들을 이방인이라고 부르면서 철저하게 배척하였습니다. 유대인만 하나님의 선택을 받았고 다른 민족들은 그렇지 못한 사람들로 취급했습니다. 이런 상황에서 예수는 유대인 중심주의를 거부하면서 제자들을 가르쳤습니다.

하루는 이스라엘 국경 넘어 수리아와 페니키아 지역에 살고 있던 한 가나인 여성이 예수를 찾아왔습니다(마가복음 7장 24절~30절). 이 여인은 자신의 딸이 병에 걸려서 고쳐달라는 부탁을 하기 위해서 예수를 찾아왔습니다. 처음 예수는 이 여인에게 다른 유대인들과 비슷하게 대답을 합니다.

> "나는 유대인만을 고쳐주지 이방인들은 안 고쳐준다."

그러나 여인은 끝까지 매달립니다. 이때 예수는 매우 모욕적인 말을 합니다.

> "정통유대인이 아닌 개 같은 너희들에게는 음식을 나눠줄 수 없다."

그러나 여인은 자신의 딸을 살리기 위해서 끝까지 매달립니다.

> "개들도 주인의 상에서 떨어지는 부스러기는 받아서 먹습니다."

이 말을 듣고 예수는 여인의 딸의 병을 고쳐줍니다.

이 이야기를 보면 예수도 다른 이스라엘 사람들처럼 이방인과 자신들을 구분하는 것처럼 보입니다. 그러나, 이 이야기를 이해하기 위해서는 이 이야기가 나오기 이전의 이야기를 이해해야 합니다. 이 여인이 찾아오기 전에 정통유대인이라고 자부하는 바리새인들과 율법 학자들이 예수를 찾아와서 유대인의 전통을 지키지 않는 예수의 제자들을 보고 논쟁합니다. "당신의 제자들은 유대인의 전통을 지키지 않고 부정한 손(손을 씻지 않고)으로 음식을 먹었소. 이는 잘못된 것이오." 이러한 지적에 대해서 예수는 "손을 씻지 않고 음식을 먹는 것이 잘못이 아니라, 마음이 깨끗하지 못한 사람이 잘못된 것입니다."라고 대답합니다.

그러한 대화가 끝난 후에 한 가나안 여인이 예수께 찾아온 것입니다. 이 여인과 대화를 나누는 것 자체가 바로 손을 씻지 않고 음식을 먹는 행위와 같은 것이라고 이스라엘 사람들은 생각하고 있었습니다. 예수는 그들을 향해서 교훈을 주기 위해서 이 여인과 대화를 하면서 이 여인의 딸을 고쳐주었습니다. 예수는 이스라엘 사람들과 이방인을 구분 짓던 사람들을 향해서 가르침을 주었던 것입니다.


## Ⅲ. 나가는 말

대한민국은 다문화 사회로 발전하였습니다. 그러나, 여전히 다문화 이주민들은 살기가 어렵습니다. 사람들은 그들을 충분하게 이해하지 못하고 살아갑니다. 이런 상황이 계속되면 한국은 더 심하게 갈등하는 사회가 되고 말 것입니다. 돌봄(배려)의 윤리를 실천하는 것이 필요합니다.

아울러서, 위의 이야기에서 볼 수 있듯이, 기독교는 처음부터 다문화로 출발하였습니다. 교회가 다문화 사람들을 함께 받아주고 이해하고 존중하는 것은 당연한 일입니다. 또한, 이러한 정신으로 한국 사회에 만연한 다문화 거부 현상을 극복해 낼 수 있어야 합니다.

**1. 다문화를 이해하는 두 가지 모델을 모두 고르십시오.**

① 용광로 모델    ② 지하철 모델    ③ 샐러드볼 모델    ④ 커피잔 모델

**2. 길리건과 나딩스가 돌봄(배려)의 윤리를 주장한 이유로 타당하지 않은 것은 무엇인가요?**

① 미국의 교육이 다문화에 대한 충분한 이해의 시간을 만들어주지 못했습니다.

② 서구 윤리의 전통이 남성 중심성에서 벗어나지 못하고 있었습니다.

③ 미국 사회는 다문화 정책을 잘 만들어서 실천하고 있었습니다.

④ 여성적인 감성으로 윤리적 행동을 다시 제안할 필요가 있었습니다.

**3. 다음 중 배려의 윤리의 다섯 단계를 잘 설명한 것은 무엇인가요?**

① 도덕적 관심 -> 관계의 발견 -> 공감을 통한 이해 -> 수용 -> 책임감 있는 대답

② 도덕적 관심 -> 공감을 통한 이해 -> 수용 -> 관계의 발견 -> 책임감 있는 대답

③ 도덕적 관심 -> 공감을 통한 이해 -> 관계의 발견 -> 책임감 있는 대답 -> 수용

④ 도덕적 관심 -> 공감을 통한 이해 -> 관계의 발견 -> 수용 -> 책임감 있는 대답

# 5. 평화와 통일

## Ⅰ. 문제 제기 : 분단된 한반도, 전쟁은 끝났는가?

한반도는 지구상에 마지막 남은 분단국가 두 개가 있습니다. 일제강점기가 끝나고 남북으로 분단된 이래 70년이 넘는 시간을 분단된 상태로 살아온 우리에게 분단의 현실은 많은 아픔을 주고 있으며, 정치·경제적으로 더 발전된 선진국으로 나아가는 데에도 한계 상황을 만들고 있습니다. 남과 북의 대치 상황은 군사적인 갈등을 유발하기도 하고, 아주 어릴 때부터 상대방을 미워하는 심리적 갈등 상황을 겪고 있으며, 이러한 상황을 극복할 수 있는 정치적인 길을 모색하기도 쉽지 않습니다. 또한, 분쟁 상황은 국제 사회에서 경제적으로도 부정적인 영향을 주어서 '한반도 리스크'를 안고 살아가야 합니다.

만일 이 땅에서 다시 전쟁이 일어난다면 남북 모두에게 커다란 불행을 안겨줄 것입니다. 단순한 인명 피해뿐 아니라, 그동안 우리가 이루어 낸 여러 가지가 다 파괴되기 때문입니다. 우리나라의 국방력과 현대 무기는 가공할 파괴력을 지니고 있기에 북한이 더욱더 핵무기에 의존하게 될 것입니다. 이는 남북 모두의 파괴이며, 다시 회생할 수 없는 상태가 될 것입니다. 전쟁은 여러 가지 요소들이 합쳐져야 가능하지만, 언제든지 일어날 수 있습니다. 세계는 2차 세계대전의 엄청난 피해는 국제연합을 통해서 전쟁을 억제하는 길을 열었지만, 그 이후에도 한국전쟁, 베트남전쟁, 지금의 러시아-우크라이나 전쟁, 이스라엘-팔레스타인 전쟁 등 끊임없이 전쟁이 일어나고 있습니다.

그만큼 세계는 평화는 위협받고 있으며, 한반도도 언제 이런 위기가 다가올지 모릅니다. 그래서 더 절실하게 이 땅의 평화가 중요합니다. 한반도에 영구적 평화를 가져오기 위해서 해야 할 첫 번째 과제는 평화적인 통일입니다. 평화 통일을 이루어 한

반도에서의 전쟁의 위험을 없애고, 열강들의 이해에 따라 국가의 운명이 좌우되지 않도록 해야 합니다. 어떻게 하면 전쟁의 위기를 슬기롭게 극복하고 평화의 미래를 만들어 낼 수 있을까요?

## II. 주제 강의

### 1. 평화란 무엇인가? – 칼퉁과 칸트의 평화론

평화의 사전적인 정의는 '폭력이나 전쟁이 없는 상태'입니다. 폭력이나 전쟁이 발생하는 원인은 여러 가지 있겠지만, 전쟁의 중요한 원인은 해결되지 않은 갈등에서 비롯됩니다. 이 해결되지 않는 갈등은 좌절로 이어지고 결국 폭력이나 전쟁의 원인이 됩니다. 평화학을 체계화시킨 요한 갈퉁(Johan Galtung)은 자신의 책『평화적 수단에 의한 평화』(강종일 옮김, 서울: 들녘, 2000)에서 평화를 건강 연구와 같은 진단·예측·처방의 삼각 구도로 이해합니다. 그는 평화의 개념을 소극적 평화(negative peace)와 적극적 평화(positive peace)로 구분하고, 소극적 평화를 치료적 처방으로, 적극적 평화를 예방적 처방으로 설명합니다. 갈퉁은 폭력 원인에 대한 진단을 통해 미래를 예측하고, 그 갈등이나 폭력을 해결할 방안을 학문적으로 제시하고 있습니다. 갈퉁은 평화에 대해 다음과 같이 두 가지로 정의합니다.

1. 평화란 모든 종류의 폭력이 없거나 폭력의 감소이다.
2. 평화란 비폭력적이고 창조적 갈등의 변형(transformation)이다.

이 정의가 충족되려면 다음의 조건을 포함해야 합니다. "1. 평화작업(peace work)이란 평화적 수단으로 폭력을 감소시키는 행위입니다. 2. 평화 연구(peace studies)란 평화작업의 조건들에 관한 연구입니다." 갈퉁은 평화를 위해서는 두 번째 정의가 중요하다고 주장합니다. 즉 단순한 폭력의 제거나 감소는 부족합니다. 현존하는 갈등을 해소하는 것으로 만족하면 안 되고, 보다 적극적으로 행동해야 합니다. 진정한 평화는 창조적 갈등의 변형이 비폭력적으로 발생할 때 이루어지게 됩니다. 즉 갈등을 창조적으로 처리할 수 있는 사람들에 의해서 평화가 이루어집니다. 여기서 창조적이란 폭력을 사용하지 않고도 갈등을 풀 수 있는 능력입니다. 갈퉁은 폭력이나 전쟁을 하나의 병으로 보고, 의사가 분석하고 판단하며 치료하는 것과 같은 과정을 거쳐서 평화를 이룰 수 있다고 봅니다.

한편 칸트는 그의 책 『영구평화론』(이한구 옮김, 서울: 서광사 2008)에서 갈등의 해결이 평화를 이루는 가장 중요한 방법이라고 여겼습니다. 그는 영구 평화를 위한 첫째 조항에서 "장차 전쟁의 화근이 될 수 있는 내용을 암암리에 유보한 채로 맺은 어떠한 평화 조약도 결코 평화 조약으로 간주 되어서는 안됩니다."라고 주장했습니다. 갈등을 임시적으로 없는 것으로 하거나, 완전히 해소되지 않은 갈등을 덮어서 참된 평화를 가져올 수 없다고 본 것입니다. 존재하는 갈등을 덮어 두는 것은 잠시 휴전하는 것이거나 아니면 다음 전쟁을 위해 쉬는 것일 뿐입니다. 칸트가 제1 조항에서 갈등의 완전한 해소 없이는 영구 평화가 불가능하다고 본 것은 타당합니다. 평화는 갈등을 어떻게 해소하는가에 달려 있습니다. 더 나아가서 칸트는 전쟁은 인류를 파멸로 이끌어가는 가장 무서운 악임을 지적하면서, 이러한 근원적인 악을 극복하고 평화를 지키기 위한 수단으로 국제 사회의 국가 간의 연맹을 제안하기도 했습니다.

이처럼 칸트나 갈퉁의 공통점은 갈등 해결의 평화를 이루는 가장 중요한 점이라고 주장하였습니다. 칸트는 갈등 해소를 영구 평화의 전제조건으로 삼았고, 갈퉁은 갈등을 해소하기 위해 폭력이나 전쟁이 아닌 비폭력적 방법의 사용을 '창조적 변형'이라고 말했습니다. 따라서 두 사람 모두 평화를 이루기 위해서 갈등을 해소하는 것이 중요하다는 것을 강조하였습니다.


## 2. 한반도 평화와 통일의 의미

대한민국을 살아가는 사람들에게 통일과 평화는 해결하지 못한 과제입니다. 이미 70년 넘게 서로 왕래조차 하지 않고 살아가고 있는 두 나라는 완전 다른 별개의 정치 체제를 살아가면서, 심리적으로도 그 거리는 매우 멀리 떨어져 있습니다. 이에 어떤 사람들은 그동안 잘 살아왔는데, 꼭 통일이 필요한지에 대해서 반문하기도 합니다.

그냥 지금처럼 서로 간섭하지 않고 살아가면 될 것이라고 말을 하곤 합니다.

이런 주장을 하는 이유는 사회·심리적인 이유가 있고, 또 경제적인 이유도 있습니다. 사회·심리적으로 우리는 매우 오랜 시간 동안 서로의 존재를 부정하고 갈등하면서 살아왔습니다. 또한, 1991년 9월 17일에 남북한이 동시에 유엔에 가입한 이래로 서로 다른 나라로 살아가는 것에 대해서 크게 거부감도 없습니다. 서로에 대한 깊은 불신, 그리고 이미 오랜 시간 동안 떨어져 살아온 시간을 생각하면서 사람들은 통일 무용론을 제기합니다. 또한, 통일을 위해서는 막대한 경제적 비용을 감내해야 합니다. 실제로 독일이 통일을 이뤄내면서 3000조가량의 비용이 들었다는 점을 지적하면서, 막대한 비용을 지급하면서까지 꼭 통일해야 하는가에 대해서 질문하는 사람들도 많이 있습니다.

다른 한편에서는 그러므로 통일이 필요하다고 이야기를 합니다. 사회·심리적 갈등을 경험하면서 그 사회적 갈등 비용을 지불하는 것이 너무 막대하므로 통일해야 한다고 주장합니다. 서로 미워하고 적대시하는 감정을 해소하기 위해서 통일이 필요하다고 합니다. 또한, 분단상황을 유지하는 비용도 만만치 않음을 지적합니다. 통일을 위해서 사용하는 비용이 많이 들지만, 그것 못지않게 군사적 대치 상황으로 발생하는 비용도 크기 때문에 통일이 필요하다고 말을 합니다. 그리고 해외투자자들이 한반도의 분단상황을 리크스(위험요소)로 보고 있으므로, 경제 발전을 위해서도 통일은 필요하다고 주장합니다. 여러분들은 통일 무용론과 통일 필요성에 대한 각각의 주장에 대해서 어떻게 생각하시나요?

한편 통일을 평화의 관점에서 접근하는 사람들도 많이 있습니다. 평화는 인류가 지켜야 할 보편적인 가치 중 매우 중요한 것으로 반드시 지켜야 할 가치입니다. 평화의 반대는 무엇인가요? 그것은 바로 전쟁입니다. 고대 시대의 전쟁은 국가의 부를 획득하고 힘을 과시하는 도구가 되었지만, 근대 이후 기술의 발전은 인류에게 많은 편리를 제공해주었지만, 대량살상 무기를 만드는 데에도 활용되었습니다. 핵무기는 인류를 모두 파멸시킬 수 있는 엄청난 위력을 가지고 있습니다. 그러므로 인류가 파멸하지 않고 서로 공존하기 위해서는 평화는 반드시 지켜야 하는 과제가 되었습니다.

# 3. 전쟁에 대한 세 가지 의견

　전통적으로 전쟁에 대해 세 가지 의견이 있습니다. 그것은 거룩한 전쟁(Holy War, crusade), 평화주의(Pacifism), 정의로운 전쟁(Just War)입니다. 여기서 거룩한 전쟁은 현대에서는 인정되지 않는 개념으로, 전쟁을 신의 명령으로 이루어지는 일이라고 주장합니다. 현대에는 신의 명령으로 테러를 하는 집단이 존재합니다만, 이런 극단적인 경우를 제외하고 거룩한 전쟁 이론은 받아들여지지 않습니다. 평화주의(Pacifism)는 예수의 가르침을 따르려는 기독교 전통에서 비롯되었습니다. 예수는 갈등과 다툼이 있는 곳 어디에서나 평화를 선포하고 실천하는 모습을 보였습니다. 그는 삶을 통해 철저하게 평화주의로 일관했는데, 그 절정이 바로 십자가입니다. 이런 예수의 사상을 이어받은 초대교회는 전쟁 자체를 반대할 뿐 아니라, 전쟁에 참여하는 것도 거부하였습니다. 그러나 로마제국의 국교가 되면서, 소종파였던 기독교가 제국의 이념을 뒷받침하는 종교가 되면서 변하게 되어서, 평화주의 대신 정의로운 전쟁 이론이 주류 이론이 되었습니다. 평화주의는 최근 미국의 근본주의 기독교인 부시 대통령이 전쟁을 일으킨 것에 반대하면서 다시 주목을 받게 되었습니다.

　현재 전쟁에 대한 주류 이론은 정의로운 전쟁입니다. 정의로운 전쟁 이론은 전쟁을 피할 수 없는 것으로 보고 있습니다. 정의로운 전쟁은 기독교가 로마제국의 종교

러사이군과 첫 전투가 벌어졌던 우크라이나 동부 하르키우의 학교 건물 앞에 세워진 '평화의 십자가'

가 되면서, 이전에 기독교인들이 가졌던 평화주의적 전통을 버리고 전쟁에 대한 현실적인 대안으로 나온 이론입니다. 이는 4세기에 로마의 국교가 된 기독교가 전쟁으로 제국의 평화를 유지하던 모습을 계속 이어나가기 위해서 아우구스티누스가 제안한 이론입니다. 인간 세상에서 전쟁은 피할 수 없는 현실입니다. 특히 로마는 전쟁을 통해 평화를 이루고 있었습니다. 예수는 평화주의를 주장하였기에 초기 기독교는 평화주의를 주장했지만, 제국의 종교가 된 기독교는 더는 평화주의를 주장할 수 없게 되었습니다. 이에 전쟁을 피할 수 없다면 윤리적인 개념을 넣어서, 함부로 전쟁하지 못하게 하고자 하였습니다. 이것이 정의로운 전쟁론입니다. 전쟁은 이기는 것이 목적이 아닌 윤리적으로 맞는 전쟁을 해서 승리해야 한다는 것으로 변하게 되었습니다. 이런 정의로운 전쟁론은 로마 이후 중세 시대와 근대와 현대에 이르기까지 주류 이론으로 이어져 왔습니다. 이는 평화를 누구나 원하지만, 현실에서는 전쟁이 너무 쉽게 일어납니다. 전쟁에는 윤리는 없고 승리만 하면 되는 것이라고 군인들은 생각하겠지만, 전쟁에 윤리적 관점을 도입함으로 전쟁을 하되, 정의로운 전쟁의 요건에 맞춤으로 전쟁을 막으려는 것입니다.

## 4. 평화에 대한 예수의 가르침(샬롬, Shalom)

예수가 살던 시대로 가보면 로마 권력에 협력하는 일부 세력만 자신들의 지위를 유지하면서 평화(?)로운 상태를 유지하고 살 수 있었을 뿐, 민중들은 로마 식민 지배 하에 끊임없는 전쟁의 아픔을 경험해야 했습니다. 로마제국은 'Pax Romana(로마를 통한 평화)'를 실현한다고 했지만, 이 평화는 로마의 강력한 군사력에 복종할 때 주어지는 거짓 평화입니다. 이러한 시대에 예수는 하나님 나라를 가르치면서, 그를 따르던 제자들에게 이러한 구조를 깨뜨리고 함께 평화로운 삶을 살아가는 곳이 바로 하나님 나라임을 가르쳤습니다. 안타깝게도 예수는 이러한 평화 추구의 정신 때문에 로마제국의 반역자로 재판을 받고 십자가에 처형되었습니다.

예수가 제자들을 가르친 가장 핵심 내용이 마태복음 5장의 산상수훈에 등장합니다. 예수는 하나님 나라의 백성이 되는 행복의 길을 가르치셨습니다.

평화를 만드는 사람에게 진정한 행복이 주어지는데, 그 이유는 사람들이 그를 하나님의 아들로 불러줄 것이기 때문이라는 뜻입니다. 하나님 나라의 백성으로 살아가는 사람은 평화를 만드는 사람이라는 뜻이기도 합니다.

또한, 예수는 12년 동안 혈우병으로 고생한 여인의 병을 고쳐주면서 다음과 같이 말씀하였습니다.



예수는 12년 동안 계속해서 하혈하는 무서운 병에 걸린 여성을 고쳐주면서 이제 평화를 얻으라고 말씀하십니다. 이스라엘 전통에서 이 병은 이 여인을 사회적으로 배척당하면서 살게 했습니다. 이 여인은 두려움과 공포에서 벗어날 수 없었습니다. 이에 예수는 사회적 폭력에 희생당하고 있었던 여성에게 그만 떨고 평화를 얻으라고 말씀하셨습니다.

평화에 대한 예수의 가르침은 사회·심리·정치적인 차원에만 머물러 있지 않고 경제적인 차원으로도 확장됩니다. 예수는 빚을 탕감받는 과정을 하나님 나라의 삶이라고 가르치셨습니다. 예수는 제자들에게 "우리가 우리에게 빚진 자를 탕감해 준 것처럼, 우리의 빚을 탕감해 주십시오."라고 기도하라고 가르치셨습니다(마태복음 6장 12절). 마태복음 18장에는 완전히 빚을 탕감받은 채무자의 비유가 나옵니다. 비유의 내용은 이렇습니다. 어떤 기업인이 국가에 막대한 채무를 지어서 파산하게 되었는데, 그 국가의 원수가 이 사람이 불쌍해서 그 채무를 전부 탕감해 주었습니다. 이 사람이 너무 기뻐서 집에 돌아가다가 자신에게 3달 정도 임금 수준의 금액을 빚진 친구를 만났는데, 그에게 빚을 갚으라고 독촉하면서 그를 신고해서 감옥에 가두어 버렸습니다. 이 소식을 들은 국가 원수는 이 사람을 다시 불러서 다 갚을 때까지 벌을 받게 했습니다.

이렇듯 평화는 경제적인 차원에서도 이뤄져야 합니다. 서로 함께 자신이 노력한 만큼 원하는 삶을 살 수 있는 터전을 만드는 일이 바로 평화를 통해서 가능합니다. 또한, 나뿐 아니라, 다른 사람들도 경제적인 어려움이 없이 함께 살아갈 때, 그 국가(혹은 공동체)의 평화가 지켜질 수 있습니다.

## III. 나가는 말

오늘 한반도에 사는 우리가 기억할 점은 통일을 이뤄내는 것이 궁극적인 목표가 아니라, 평화를 만들어내는 삶을 사는 것이 목표라는 사실입니다. 평화는 우리의 심신의 건강을 지켜주고, 사회·정치적 안정을 주고, 경제적인 윤택함을 줄 수 있는 길입니다.

사실 한반도는 지금도 전쟁 중인 휴전 상태입니다. 다시 전쟁으로 갈지, 아니면 영원한 평화를 만들게 될지 갈림길에 서 있습니다. 다시 전쟁이 아니라, 평화의 길로 갈 수 있도록 하는 것이 우리의 과제입니다.

**1. 갈퉁은 평화를 이루기 위해서 어떻게 해야 한다고 주장하였나요?**

① 강력한 무력을 키워서 다른 국가가 침략하지 못하게 합니다.

② 적당한 타협으로 현재의 갈등 상황을 잘 조절합니다.

③ 폭력을 사용하지 않고 갈등을 창조적으로 해결할 방안을 모색합니다.

④ 로마 제국주의가 Pax Romana(로마에 의한 평화)를 실현한 것처럼, 강대국이 앞장서서 평화를 실현합니다.

**2. 칸트가 국제 사회가 서로 평화를 지키기 위해서 연합체를 구성해야 한다고 주장한 책은 무엇인가요?**

① 전쟁론　　② 영구평화론　　③ 사회평화론　　④ 근대국가론

**3. 다음 중 전쟁 이론의 발전 순서가 올바르게 된 것은 무엇인가요?**

① 거룩한 전쟁 이론 → 정의로운 전쟁 이론 → 평화주의 이론

② 평화주의 이론 → 정의로운 전쟁 이론 → 거룩한 전쟁 이론

③ 거룩한 전쟁 이론 → 평화주의 이론 → 정의로운 전쟁 이론

④ 정의로운 전쟁 이론 → 평화주의 이론 → 거룩한 전쟁 이론

**4. 평화를 지킴으로 얻을 수 있는 이익이 아닌 것은 무엇인가요?**

① 심신의 건강　　② 정치적 안정　　③ 경제적 번영　　④ 강력한 군사력

# 6. 기후위기와 인간

## Ⅰ. 문제 제기 : 인류세(Anthropocene)의 도래

기후위기는 갑작스럽게 인류에게 다가왔습니다. 정확하게 말하면, 갑작스럽기보다는 은밀하게 찾아왔습니다. 인류가 자신들이 이뤄놓은 발전에 감탄하면서 물질주의적인 생활에 만족하면서 살면서, 탄소에너지를 마음껏 쓰고, 플라스틱 제품을 만들어 쓰고 버리고, 잘 입지도 않는 옷들을 구매해서 옷장 속에 쌓아두는 삶을 살아가는 동안, 기온은 점점 더 올라가고 있었습니다. 마침내 쓰레기더미에 쌓여서 신음하고 있는 지구가 감당할 수 없는 수준으로 기온이 상승하면서 대멸종의 수준까지 도달하는데, 그 시간이 얼마 남지 않았습니다. 그런데도 인류는 여전히 같은 삶을 살아가고 있습니다.

네덜란드의 과학자 크뤼첸(Paul Crutzen)은 2000년에 지금 현시대를 지질학적으로 인류세(Anthropocene)라고 처음 제안하였습니다.[1] 그 후 사람들이 현재를 인류세의 시대라고 부르고 있습니다. 이 용어는 자연환경 파괴로 인한 환경의 변화와 이로 인해 다른 지질시대에 일어났던 대멸종이 다가오고 있음을 예견하면서 만들어진 용어입니다. 과연 100년 후에 인류는 어떤 모습으로 살고 있을까요?

인간은 자연 안에서 살아가는 존재입니다. 자연은 우리의 삶의 기반입니다. 그런데 언제부턴가 우리의 삶의 기반이 무너지기 시작했고, 지금은 매우 심각한 위기에 직면해있습니다. 자연 파괴로 인간의 삶의 터전이 점점 더 무너져 가고 있습니다. 그래서 머지않은 미래에 인류의 대멸종을 걱정하고 있습니다. 기후위기로 시작된 인류 대멸종의 가능성이 제기되고 있는 현 상황을 우리는 어떻게 이해해야 할까요? 그리고 이런 상황에 대해서 어떻게 대답을 해야 할까요?

---

1) '인류세(Anthropocene)'는 1980년대에 미국의 생물학자 유진 스토머(Eugene Stoermer)가 처음 제안한 것으로 알려져 있습니다. 이를 크뤼첸이 적극적으로 옹호하여 현재까지 이어져 온 것입니다.

# II. 주제 강의

## 1. 기후위기의 원인과 결과

기후위기의 원인은 무엇일까요? 물론 직접적인 원인은 무분별한 개발과 탄소에너지 사용으로 인한 대기 질의 악화가 그 직접적인 원인입니다. 우선 인류의 삶의 방식을 생각해볼 필요가 있습니다. 사실, 인류가 이렇게 기술적인 발전을 하고, 탄소에너지를 활용해서 편리한 생활을 하면서, 인구가 기하급수적으로 늘어나게 된 것은 불과 200년 정도밖에 되지 않습니다. 지금부터 500년 전에 살았던 인류는 막대한 이익을 얻기 위해서 자연을 마음대로 개발해도 된다고 생각하지 않았습니다. 그들은 인간은 자연의 일부로 생각하면서 살았습니다.

그러나 근대 철학이 시작되고, 이성 중심의 인간관이 형성되면서, 인간은 자연을 인간의 삶에 편리를 제공해주는 대상으로 생각하게 되었습니다. 자연의 일부로 자연에 순응하면서 사는 인간이 아니라, 인간 자신의 편리를 위해서 자연을 개발하고, 에너지를 적극적으로 활용해서 거대한 기계를 만들면서 기술의 발전을 이루게 되었습니다. 한때 인간은 이런 발전을 바라보면서, 이제 더는 신은 필요 없고, 인간이 스스로 낙원을 만들 수 있다고 생각했습니다. 그러나 기술의 발전은 인류에게 낙원 대신 대량살상무기를 만들어 세계전쟁을 일으키는 결과를 만들었고, 마침내 기후위기를 만들어서 대멸종 시대를 걱정하게 되고 말았습니다.

기후위기는 어떤 결과를 만들까요? 마크 라이너스가 쓴 『6도의 멸종』에 보면 기온이 1도씩 상승할 때마다 생기게 될 결과를 다음과 같이 설명하고 있습니다.

| 온도 상승 | 결과 |
|---|---|
| 1°c 상승 | 농토 밑에 모래층이 드러남, 만년빙 유실로 인한 산사태 발생, 북극곰 멸종 위기, 섬나라 투발루 침수 |
| 2°c 상승 | 이산화탄소가 바다로 흡수되어 산성으로 변함. 열사병 사망자 급속하게 증가 |
| 3°c 상승 | 아마존의 사막화 시작, 슈퍼 허리케인 등장, 뉴욕 침수 시작 |
| 4°c 상승 | 남극 빙하의 완전한 붕괴, 전 세계 곡창지대 유실로 인한 식량난 |
| 5°c 상승 | 북극 빙하가 녹아 거주 가능 지역이 급속하게 줄어들어 영토 쟁탈을 위한 전쟁과 대량학살이 시작됨 |
| 6°c 상승 | 지구상의 95% 생물 종이 멸종 |

<표2. 기후위기의 결과>

현재 기온이 1.3°c 정도가 상승하였다고 합니다. 국제 사회는 1.5°c가 상승하게 되면 엄청난 일들이 시작될 것이라고 합니다. 그야말로 심각한 결과가 우리를 기다리고 있습니다.

## 2. 기후위기의 근거: 인간중심주의

안타깝게도 인류가 처음 만나는 이 위기를 어떻게 극복할 수 있을지 걱정이 많이 됩니다. 비록 시간이 부족하기는 하지만, 차근차근 따져보고 인류가 걸어온 길의 방향을 바꿀 수 있는 대전환이 필요한 시점입니다. 오늘날 기후위기와 환경문제가 심각하게 된 사상적인 배경을 따져봅시다. 보통 두 가지 이유를 말합니다. 하나는 철학적인 이유이고 하나는 종교적인 이유입니다. 우선 철학적인 이유부터 살펴봅시다. 보통 철학에서는 오늘날 기후위기의 주범으로 데카르트의 근대 철학을 이야기합니다. 데카르트는 정신과 물질세계를 이분법적으로 구분하고, 물질세계(동물과 식물을 포함)는 기계처럼 움직인다고 주장합니다. 그리고 정신을 지닌 인간이 이 세계를 이끌어나갈 수 있다고 생각했습니다. 이러한 정신과 세계의 이분법은 인간이 세계의 일부가 아니라, 세계와 구분된 존재로 생각하게 되었고, 정신을 지닌 인간이 특별한 존재로 생각되었습니다. 결국, 인간은 세계를 대상화하여, 인간의 진보를 위한 도구로 인식하고, 인류 진보를 위한 개발 논리를 만들 수 있었습니다.

한편 이러한 철학적인 변화에 호응한 종교가 있었습니다. 그것은 바로 기독교입니다. UCLA의 교수였던 린 화이트(Lynn White, 1907-1987)는 1967년 <Science>에 "The Historical Roots of Our Ecologic Crisis"를 발표합니다. 이 글에서 그는 환경위기의 원인 중 하나로 기독교를 가리킵니다. 본래 기독교는 인간을 포함한 모든 세계는 하나님께서 창조하신 피조물로 인정하면서 함께 조화를 만드는 삶을 살아가도록 가르쳐왔습니다. 그런데, 근대 철학의 인간중심주의가 형성되면서, 하나님께서 에덴동산을 만들고 인류에게 해 주었던 축복인 '생육하고, 번성하라. 땅을 다스리고 정복하라'라는 말씀을 인간중심으로 해석하기 시작했습니다. 세계를 보호하는 존재로서의 인간이 아니라, 세계의 주인으로서 인간을 옹호하는데, 기독교가 앞장서게 된 것입니다.

과연 이런 생각은 맞는 것일까요? 물론 잘못된 생각입니다. 기후위기를 극복하려면 인간중심주의를 벗어나는 것이 시급합니다. 인간이 세계의 중심이 아니라, 인간도 세계의 일부임을 인정해야 합니다. 성서에서는 세계는 하나님이 만드셨고, 인간은 자연의 일부로 다른 자연과 더불어 살면서 자연을 보호하고 돕는 존재로 이야기를 합니다. 그리고 그러한 가르침의 가장 중요한 핵심은 '하나님 나라'입니다. 예언자 이사야는 하나님의 나라를 설명하면서 "젖 먹는 아이가 독사의 구멍에서 장난하며 젖 뗀 어린아이가 독사의 굴에 손을 넣을 것이라. 내 거룩한 산 모든 곳에서 해 됨도 없고 상함도 없을 것이니(이사야 11장 8~9절)"라고 예언하였습니다. 기독교적 인간은 자연을 보호하고 관리하는 존재이지 파괴하는 존재가 아닙니다.

## 3. 도나 해러웨이의 대안

자, 그럼 어떻게 하면 인간중심주의를 극복할 수 있을까요? 여러 가지 대안이 있겠지만, 저는 존스홉킨스대학의 과학사 교수이면서 작가인 도나 해러웨이를 소개하려고 합니다. 해러웨이는 1985년 「사이보그 선언」(A Cyborg Manifesto)과 2003년 「반려종 선언」(The Companion Species Manifesto)을 발표하여, 자연과 인간의 이분법을 넘어서 새로운 관계 맺기를 제시하였습니다. 이러한 관계 맺기의 은유적 방식으로 사이보그와 반려종 되기를 선언하였습니다. 이는 단순한 이용의 차원, 혹은 상호 보완의 차원이 아닌, 새로운 존재됨을 주장하는 것입니다. 그리고 최근 그녀는 퇴비라는 은유를 통해 '복수종 퇴비 공동체'(Multispecies Compost Community)를 강조하면서 퇴비 선언을 발표하였습니다. 해러웨이는 이러한 전복적인 사고가 다가오는 대멸종의 시대를 준비할 수 있는 유일한 길임을 제시합니다.

해러웨이는 이분법적 사고를 넘어서기 위해 '트러블과 함께하기'를 제안합니다. 이는 문제 해결을 위해서 종말론적 희망에 사로잡혀 과거의 문제를 말끔하게 지워버리는 방식을 취하는 것이 아니라, 현재와 새로운 관계 맺기를 통한 문제 해결 방안입니다. 해러웨이의 관심은 화해나 복구가 아니라, 평범한 가능성이고 그것은 바로 '트러블과 함께하기'입니다. 이에 해러웨이는 인간 중심성이 만들어낸 '인류세'라는 개념을 거부합니다. 해러웨이는 인류세라 불리는 이 시대를 재앙의 시대로 진단하면서, 지금은 인간뿐 아니라 다른 종들도 대규모 죽음과 멸종을 기다리고 있는 긴급성의 시대라고 진단합니다.

해러웨이는 인류세 대신 '쑬루세(Chthulucene)'를 제안합니다. 쑬루는 해러웨이가 한 마리 거미 피모아 크툴루(Pimoa cthulbu)의 철자를 바꿔 쑬루(chthulu)로 명기한 것으로, 그녀는 수많은 촉수로 세계와 세계를 연결하면서 실뜨기를 하는 모습을 연상해서 이 단어를 만들었습니다. 쑬루는 끊임없는 실뜨기 작업으로 자율생산(auto-poiesis)이 아니라 공-산(sym-poiesis)의 과정을 보여줍니다. 쑬루세는 지구의 생물 다양성의 힘을 회복하기 위한 공-산의 놀이를 하는 시대입니다. 인류세가 말하는 멸종이 아니라, 여전히 위태롭지만, 이 시대 안에서 복수 종들이 함께 만드는 이야기와 실천들로 구성되는 시대입니다. 결국, 쑬루세는 인간 중심이 아닌 모두 함께-살기가 가능한 공간과 시간을 만들자는 제안입니다.[2]

## 4. 예수의 겨자씨 비유

예수는 '하나님 나라'에 대해서 비유로 말씀하시면서 인간이 중심이 되는 세계가 아니라, 인간가 자연이 어우러진 세계를 말씀해주셨습니다. 예수의 하나님 나라 비유에서 자연과 인간의 관계를 재정립하는 비유를 '자연 비유'라고 합니다. 예수는 씨앗이나 나무 등을 활용해서 비유로 하나님 나라를 설명하였습니다. 예수의 자연 비유 중에서 마태복음 13장 31~32절에 나오는 겨자씨 비유를 생각해보겠습니다.

> "천국은 마치 사람이 자기 밭에 갖다 심은 겨자씨 한 알 같으니 이는 모든 씨보다 작은 것이로되 자란 후에는 풀보다 커서 나무가 되매 공중의 새들이 와서 그 가지에 깃들이느니라."

이 비유에서 주목할 것은 '공중의 새들이 와서 깃들이는 나무'라는 비유입니다. 새들이 깃들이는 나무는 아주 크고 웅장한 나무를 생각할 것입니다. 그 대표적인 나무가 레바논 백향목입니다. 백향목은 중동지역에 가장 중요한 건축자재로 크고 웅장

---

2) 해러웨이에 관한 내용은 저자가 2023년 2월에 『선교와 신학』에서 발표한 "도나 해러웨이의 『트러블과 함께하기』와 예수의 '하나님 나라의 비유' 교차 읽기 – 기후위기에 대한 기독교 윤리적 성찰"에서 발췌한 것입니다.

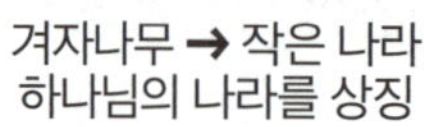

겨자나무 ➔ 작은 나라
하나님의 나라를 상징

레바논 백향목
➔ 제국을 상징

한 나무입니다. 구약성서에는 거대한 제국을 레바논 백향목으로 비유합니다.

그러나 겨자는 나무가 아니라, 1년생 풀입니다. 그 크기도 사람의 키보다 조금 큰 정도입니다. 웅장한 나무가 아니라, 사람 키만큼 커지는 1년생 풀에 깃들이는 새도 작은 새입니다. 그렇다면 하나님 나라는 거대한 제국이 아니라, 사람들과 함께 작은 생물들이 함께 사는 곳입니다. 인간이 중심으로 만든 거대한 나라가 아니라 모든 생물이 함께 살아가는 그런 곳입니다. 예수의 하나님 나라는 바로 인간이 중심이 아니라 하나님이 창조한 모든 세계가 함께 살아가는 곳입니다.

그렇습니다. 현재의 기후위기를 극복할 수 있는 길은 인간중심주의를 벗어나는 것입니다. 과연 우리는 어떻게 인간중심주의를 벗어나서 자연과 우리가 함께 살아갈 수 있는 길을 찾을 수 있을까요?

## III. 나가는 말

해러웨이의 진단대로 기후위기는 인간만 멸종하는 것이 아니라, 생물 종 전체에 심각한 문제를 만들게 됩니다. 그러므로 인간중심주의를 벗어나서 인간과 자연이 함께 살아갈 방법을 모색하는 것이 중요합니다.

린 화이트의 지적대로 기독교는 근대 철학의 기계론적 세계관과 인간중심주의를 옹호하기도 했습니다. 그러나 자연을 관리하고 보호하는 것이 기독교의 본래 정신입니다. 기후위기는 기독교와 비기독교 모두가 함께 공동으로 노력할 문제입니다.

1. 현재 기후위기의 사상적인 원인인 인간중심주의의 철학적인 기초를 제공한 사람은 누구인가요?

    ① 임마누엘 칸트    ② 르네 데카르트    ③ 자크 데리다    ④ 마틴 하이데거

2. 현재 기후위기의 사상적인 원인인 인간중심주의의 철학적인 기초를 제공한 종교는 무엇인가요?

    ① 불교    ② 이슬람교    ③ 기독교    ④ 유대교

3. 기후위기를 극복하기 위해서 해러웨이가 제안한 것을 모두 고르십시오.

    ① 트러블 제거하기    ② 트러블과 함께하기    ③ 인류세    ④ 쑬루세

4. 인간중심주의를 벗어나기 위한 방안으로 살펴본 예수의 비유는 무엇인가요?

    ① 어부 비유    ② 농부 비유    ③ 공장 비유    ④ 겨자씨 비유

# 7. 기술과 인간의 미래

## Ⅰ. 문제 제기: 특이점이 온다.

미국의 컴퓨터 과학자로 알파고를 개발한 구글의 기술 이사인 레이먼드 커즈와일(Raymond Kurzweil)은 2005년에 『특이점이 온다』라는 책을 발표하여 세계를 놀라게 했습니다. 특이점(Singularity)은 인공지능의 능력이 인간을 초월하는 시기로 레이먼드가 처음 이 주장을 했을 때는 2045년 정도로 예상을 했지만, 지금은 그 시기가 훨씬 더 빨라져서 2030년 정도면 특이점의 시대가 올 것이라고 예상합니다. 옥스퍼드 대학의 철학자 닉 보스트롬(Nick Bostrom)은 2016년 『슈퍼 인텔리전스』를 출간하여, 특이점의 시대가 오면, 인간 존재의 의미 자체가 변하게 될 것을 예고하였습니다.

로봇 기술은 매우 빠른 속도로 발전하고 있습니다. 10년 전만 해도 기술개발이 어려워서 상상으로만 존재했던 직립보행 로봇이 이미 등장했고, 하루하루 더 정교한 로봇이 만들어지고 있습니다. AI(인공지능)는 슈퍼컴퓨터이기 때문에 아직 먼 이야기이기는 하지만, AI를 소형화하여 발달한 로봇에 연결한다면, 가공할 만한 엄청난 존재가 등장하게 될 것이라고 사람들은 이야기합니다. 또한, 로봇 기술과 바이오 나노 기술은 의학 분야의 엄청난 변화를 주도하고 있으며, 인간의 몸에 인공적인 기계를 부착하여 인간의 능력을 향상시키거나(사이보그), 불치의 병을 치료하는 도구(나노봇)로 이용하고 있습니다.

이와 같은 과학 기술은 우리에게 새로운 존재의 출현을 예고합니다. 인간과 생김도 비슷하고 인간처럼 이성을 가진 존재이지만, 인간보다도 훨씬 더 연산 능력이 빠르고 육체적으로도 탁월한 존재입니다. 이러한 존재는 우리의 상상력 속에는 이미 존재해있고, 이러한 상상력에 맞춰서 기술이 개발되면서 점점 더 현실화되고 있습니다. 이러한 존재들은 바로 인간강화기술을 이용해서 인간의 몸에 기계를 연결한 사이보그와 인공지능 로봇(AI-Robot)입니다. 어쩌면 이들은 최고로 진화된 존재로 우리 앞에 등장하게 될 것입니다.

기술은 인간에게 새로운 시대를 전망하게 합니다. 인공지능 로봇(휴머노이드)은 인간의 힘든 노동을 대신할 것입니다. 바이오 나노기술은 인간 불치의 병을 치료해줄 것입니다. 인간능력향상기술로 만들어진 새로운 인간인 사이보그는 인간 능력을 극대화할 것입니다. 이러한 시대가 이미 시작되었습니다. 이 시대를 어떻게 살아가야 할까요?


## II. 주제 강의

### 1. 새로운 존재의 출현

과학 기술은 새로운 존재의 출현을 예고하고 있습니다. 이러한 존재들은 크게 세 종류고 분류할 수 있습니다. 첫째, 기계화된 인간입니다. 인간향상기술과 인간강화기술로 만들어진 인간인 사이보그입니다. 사이보그 기술은 이미 시작되었습니다. 우리 몸에 각종 기술을 붙여서 약화한 기능을 강화하는 기술(보청기, 임플란트, 인공장기 등)이 바로 여기에 해당합니다. 더 나아가서 영화 아이로봇에서 등장한 주인공이 바로 사이보그입니다. 인간의 몸에 기계를 붙여서 강력한 몸을 만들었습니다. 우리가 좋아하는 슈퍼히어로 아이언맨도 일종의 사이보그라고 볼 수 있습니다.

둘째는 인간화된 기계인 인공지능 로봇입니다. 현재의 기술은 인공지능은 덩치가 매우 큰 슈퍼컴퓨터입니다. 그런데 이 인공지능을 인간의 뇌만큼 소형화하거나 클라우드 기술을 적용해서 로봇에 장착하게 되면 인공지능 로봇이 됩니다. 인공지능과 로봇이 따로 작용하는 것도 매우 강력하지만, 이 두 개가 합쳐졌을 때는 엄청난 존재가 될 것이 분명해 보입니다. 영화 터미네이터처럼 인공지능 로봇과 인간이 한판 전쟁을 벌여야 하는 상황이 될 수도 있습니다. 물론 과학자들은 이러한 일들은 일어나지 않을 것이라고 하지만 말입니다.

셋째, 인간의 손으로 만들어진 생명도 우리의 상상으로는 가능한 일입니다. 바로 복제인간입니다. 물론 아직 그 기술은 매우 먼일이기는 합니다. 그러나 다른 과학적인 존재들도 과거에는 불가능하다고 여겨졌던 것들이기 때문에 복제인간도 불가능하다고만 볼 수는 없을 것 같습니다. 영화 블레이드 러너를 보면 복제인간과 인간의 경계가 모호해지는 미래의 모습을 그려두었습니다. 아마도 그런 세계가 머지않은 미래에 펼쳐질 수도 있을 것 같습니다.

## 2. 기술을 바라보는 두 시선 : 트랜스 휴머니즘과 포스트휴머니즘

이러한 기술에 대한 인류의 견해는 크게 두 가지로, 첫째는 낙관론적인 입장에서 기술의 철학적인 의미를 부여하는 트랜스휴머니즘(trans-humanism)과 둘째는 새로운 존재의 출현으로 인한 인간 존재의 변화 가능성을 철학적으로 탐구하는 포스트휴머니즘(post-humanism)입니다.

낙관론적인 입장에서 인간 성능 향상을 통해서 인간에게 새로운 능력을 부여해 줄 것으로 생각하는 트랜스휴머니즘은 유물론적인 환원주의와 기능주의에 그 뿌리를 두고 있습니다. 환원주의는 높은 단계의 개념이 낮은 단계의 요소로 분할된다고 생각하는 철학적인 사고로 근대 철학의 아버지 르네 데카르트(1596-1650)가 시작한 것으로 알려져 있습니다. 유물론적 환원주의는 존재가 물질적인 것의 낮은 요소로 분할된다고 보는 입장입니다. 기능주의는 19세기 과학 사조 중에 하나로 존재는 기능으로만 있는 것이지, 아리스토텔레스가 주장한 최초의 원인으로서의 실체는 인식 가능하지 않다고 보는 입장입니다. 인간을 포함한 존재를 이러한 트랜스휴머니즘의 관점에서 보게 되면, 인간 역시 물질적인 요소에 의해서 구성된 존재이기 때문에, 사이보그 기술과 AI-Robot 기술은 인간의 삶을 향상시킬 수 있습니다.

포스트휴머니즘은 낙관적인 입장을 펼치지 않고, 새로운 존재에 대해서 철학적인 관점에서 이해하면서, 기술이 인간에게 가져다줄 존재에 대한 새로운 의미를 찾아갈 것을 주장합니다. 이러한 철학적 사유는 포스트모더니즘과 연결되어 있습니다. 근대 철학이 강조하던 자아의 동일성과 확실성의 존재론적인 사유에서 벗어나서 혼종성과 차이에 근거한 타자의 중요성을 이해하면서 존재에 대해서 사유하는 방식입니다. 페미니즘, 생태 철학, 탈식민주의 등이 이러한 포스트모던 철학의 대표적인 예입니다. 포스트휴머니즘은 이처럼 기존의 가치를 해체하고 새로운 존재의 출현을 사유합니다. 예를 들어서 사이보그나 AI-Robot은 기존 인간이 드러내고 있는 성적인 역할, 인종적인 구분, 죽음의 절대적 의미 등이 상대화되게 됩니다. 기존의 가치가 상대화됨으로 인간에 대한 상상력을 기초로 하는 인문학이 새로운 방향으로 흘러가게 됩니다. 이처럼 새로운 인간에 대한 철학적인 사유를 추구하는 포스트휴머니즘은 포스트모더니즘의 기본 생각인 '중심성의 해체'와 직접 연결되어 있습니다.

## 3. 당면할 과제들

한편 새로운 존재에 대한 이러한 접근은 인류에게 장밋빛 미래를 가져다주지 않을 것이라고 주장하는 사람도 많습니다. 인간 존엄성의 문제, 사회정의와 계층 간의 격차의 문제, 심리적인 적응 등의 문제가 제기될 수 있습니다. 첫 번째는 철학적인 과제입니다. 오랜 시간 동안 인간의 존엄성과 주체성을 매우 중요한 가치로 여겨온 인류는 새로운 존재 앞에 인간만이 존엄한 존재라고 주장할 수 없게 될 것입니다. 포스트휴머니즘과 같은 새로운 철학적인 사유가 더욱 요구될 것입니다.

두 번째 과제는 사회적인 이슈입니다. 기술이 혜택을 볼 수 있는 부유한 계층과 그렇지 못한 계층으로 나뉘게 될 것입니다. 인간의 노동을 대신하는 로봇들의 권리를 인정하는 문제(법적인 문제)도 생기게 될 것입니다. 또한, 자율주행 자동차같이 인간을 대체하는 여러 분야에서 사고가 발생했을 때 그 책임 소재를 따지는 것도 과제가 될 것입니다.

셋째, 새로운 존재를 받아들이지 못하는 사람은 심리적 갈등을 경험하게 될 것입니다. 특히 세대 간의 차이가 극심하게 될 것입니다. 이는 사회적인 갈등으로 발전할 수도 있습니다. 과연 이러한 과제들을 어떻게 해결해야 할까요? 성서적인 관점에서 이러한 과제들을 어떻게 다뤄야 할까요?

## 4. 기독교적 성찰: 이분법을 넘어서

먼저 중요한 관점을 말씀드리고 싶습니다. 성서는 과학 기술에 대해서 구체적인 대답을 줄 수 없습니다. 과학 기술은 기능주의적이고 유물론적인 세계관과 직접 연결되어서 세계에 관해서 설명하는 반면, 성서는 초월적이고 보편적인 사랑과 구원에 관해서 이야기하고 있기 때문입니다. 그러나 성서는 윤리적인 차원에서 트랜스휴머니즘이나 포스트휴머니즘의 부족한 부분을 성찰할 수 있습니다. 또한, 인간과 기술의 대립 구도가 형성될 가능성에 대해서도 대안을 제시해 줄 수 있습니다.

첫째, 우리는 인간중심주의에 대해서 깊게 성찰할 필요가 있습니다. 인간중심주의에 대해서는 앞서 기후위기와 환경 이슈에 대한 강의와 생명윤리에 대한 강의에서도 다룬 적이 있습니다. 성서는 인간과 세계는 모두 신이 창조하신 것으로 인간은 세계의 중심으로 존재하는 것이 아니라, 세계를 위해서 봉사하는 존재입니다. 인간과 세계를 이분법적으로 구분하지 말고, 인간을 세계의 일부로 이해해야 합니다. 이런 관점에서 생각해보면, 인간이 만들어 놓은 기술도 자연과 조화를 이루어내는 관점에서 이해할 필요가 있습니다.

둘째, 인간중심주의를 벗어나듯이, 영혼과 육체의 이분법적인 사고에 사로잡혀서 물질적인 세계는 열등하고, 영적인 세계만 우월한 것이라는 생각을 벗어나야 합니다. 성서는 영혼은 처음부터 불멸하는 존재가 아니라, 신이 인간을 창조할 때에 육체와 함께 만들어진 것으로 기록하고 있습니다. 영혼은 육체와 함께 만들어졌기 때문에, 영혼과 육체는 모두 중요한 가치가 있습니다. 영혼(영적인 세계)만이 중요하고 육체(물질적 세계)는 열등하다는 생각은 성서적인 가치가 아닙니다. 이런 점에서 인간과 세계, 인간과 기술로 만들어진 존재들에 대해서 새롭게 이해할 필요가 있습니다.

셋째, 윤리적인 차원에서 하나님 나라는 사랑의 공동체임을 기억해야 합니다. 사랑의 공동체는 타인의 고통에 함께 책임을 다합니다. 사랑의 공동체는 수많은 다양한 종들이 함께 살아갈 토대를 만들어냅니다. 사랑의 공동체는 '나 중심'이 아니라 '타자(세계) 중심'의 삶을 실천합니다. 예수께서 세계를 위해서 섬겼듯이 사랑으로 섬기는 공동체가 하나님 나라입니다. 이런 관점에서 기술과 기술로 만들어진 새로운 존재들을 이해하고 존중해야 합니다.

그동안 기독교는 이원론적인 사고를 통해서 종교적인 지위를 유지해 왔습니다. 기술의 발달로 종으로서의 인간이 아닌 새로운 종의 출현이 예상됩니다. 만일 기독교가 주장해왔던 대로 이원론적인 사고를 고집하면서 새로운 존재에 대한 이해와 존중이 없게 된다면, 기독교는 물론 인류 전체에 커다란 어려움이 생기게 될 수도 있습니다. 이런 관점에서 종교가 그리고 기독교가 포스트휴먼 시대를 준비해야 합니다.

그러나 이 일은 쉽지 않아 보입니다. 기술의 발전은 종교까지도 변화시켜버릴 수도 있어 보입니다. 유발하라리가 그의 책『호모데우스』에서 데이터교와 같은 새로운 종교의 출현을 예상했듯이, 기독교를 비롯한 신의 직접적인 계시를 신앙하고 있는 유대교와 이슬람교에 심각한 위기가 닥쳐올 수 있습니다.

반면 기독교가 극단적인 이분법을 벗어나서 인간과 세계, 그리고 인간과 기술의 관계를 깊게 성찰하면서 사회에 윤리적 대안을 제시할 수 있다면, 그것으로 충분히 의미를 추구하면서 가치를 드러낼 것입니다. 어떤 미래가 펼쳐지게 될까요? 지켜보면서 각자의 길을 걸어야 하겠습니다.


## III. 나가는 말

새로운 존재의 출현은 이미 시작되었습니다. 앞으로 더욱 발전해서 우리의 삶 깊숙이 들어오게 될 것입니다. 그들이 우리에게 위협이 될지 아닐지는 지금부터 인류가 어떻게 하느냐에 달려 있습니다. 존재의 의미에 대해서 새롭게 성찰하면서 새로운 윤리적인 기준을 만들어야 할 것입니다. 새로운 존재의 출현이 예상되는 지금 이 시점에 '인간'으로서 우리는 새로운 존재의 출현을 어떻게 이해하면서 미래를 기다려야 할까요?

**1. 레이먼드 커즈와일이 주장한 개념으로 인공지능이 인간의 능력을 추월하게 되는 시점을 무엇이라고 부르나요?**

① 특이점　② 발화점　③ 특수점　④ 성장점

**2. 과학 기술의 발전으로 예상되는 새로운 존재에 대한 철학적 성찰을 시도하는 것을 무엇이라고 하나요?**

① 포스트환원주의　② 포스트휴머니즘　③ 포스트모더니즘　④ 포스트기술주의

**3. 새로운 존재의 출현으로 인류가 직면하게 될 과제에 해당하지 않는 것은 무엇인가요?**

① 철학적 과제　② 사회적 과제　③ 심리적 과제　④ 물질적 과제

**4. 기술을 이해하고 성찰하기 위해서 우리에게 필요한 자세가 아닌 것은 무엇인가요?**

① 인간중심주의에 대해서 성찰하고 벗어난다.

② 기술을 파괴하고 자연으로 돌아갑니다.

③ 이분법적인 사유를 넘어선다.

④ 윤리적 관점에서 기술과 인간의 공존을 모색합니다.

# 모범답안

추구하는 신앙이 증가했습니다.

## Part 1 공통 과정

### 1. 숭실대학교의 역사   23p.

1. 한국근대교육사에 있어서 최초로 초등학교부터 대학교 까지를 총망라한 광범위한 교육 시스템의 창출이었습니다.

2. 베어드는 평양 숭실에서 반식민지적 민족교육을 실시하였습니다. 특히 조선어를 중심한 토착적 교육체제와 숭실이라는 교육공간은 식민 지배를 받던 조선인들에게 조선총독부의 정책에 저항하는 하나의 대안으로 비쳐졌으며, 다수의 민족지도자들을 배출할 수 있었던 것입니다.

3. 베어드의 토착적 교육론은 숭실이 한국기독교계에 한경직, 박형룡, 배민수, 손정도 같은 다수의 기독교지도자를 배출케 하였습니다.

### 2. 한국 기독교의 역사-어떻게 한국에 기독교가 들어왔는가?   40p.

1. 한국천주교의 전래는 선교사에 의한 것이 아니라 한국인들이 주도적으로 수용한 특징을 갖습니다. 주로 부경사(중국에 간 사신단)로 중국에 간 지식인들이 한역서학서인 <천주실의>와 <교우론> 등을 조선에 가지고 들어와 주체적으로 강독모임을 진행하며 서학과 천주교를 접했습니다. 당시 지식인들이 중화사상을 극복하고 서방 과학에 눈을 뜰 수 있는 기회였습니다. 특히 천주교의 보유론(補儒論:유교를 보완한다)적 관점을 지지해 그 주체적 수용의 관점을 확립했습니다. 그러나 1791년 진산사건을 통해 천주교는 조선사회의 거센 비판에 부딪혔습니다. 조상의 위폐를 패하는 제사 금지령은 조선사회 반상의 질서를 파괴하는 것으로 많은 천주교 신자들이 박해를 받았습니다. 이 때문에 문화적, 학문적 입장의 보유론적 신앙이 쇠퇴하고 중인과 서민을 중심으로 하는 내세의 복락과 영생을

2. 선교사들의 눈에 한국은 다종교 또는 무종교 상황으로 비춰졌습니다. 한국은 샤머니즘, 유교와 불교가 공존하는 종교상태였지만, 서방종교의 기준에 의하면 한국은 아예 종교가 없거나 있다 하더라도 퇴락해서 한국인의 마음을 붙잡지 못한다고 인식했습니다. 샤머니즘은 한국인의 오랜 종교행위이며 인구 4분의 3이 이것에 사로잡힐 정도로 한국인에게 큰 영향을 미칩니다. 특히 이것은 정령숭배의 특징이 있어 한국인의 신 관념이 다신론으로 흐를 수 있는 경향을 만들었습니다. 이 때문에 선교사들은 선교의 가장 강팍한 적으로 간주할 정도였습니다. 또한 선교사들은 조상숭배와 관계된 유교에도 관심을 가졌는데, 유교에 남아있는 유일한 종교적 요소로 인식했습니다. 그러나 이런 인식에는 반대의견도 있었습니다. 종교라기보다 효도에 기초한 하나의 윤리체계로 인식하려는 모습도 있었습니다. 선교사들은 한국의 종교상황을 마치 진공상태로 인식했습니다. 그러나 이런 인식들은 한국 종교와 문화에 대해 이해하면서 바뀌기 시작했습니다. 점차 한국인들 심성 속에 있는 고유한 종교적 정서를 이해하기 시작했습니다. 그리고 기독교가 이런 이해 위에 어떻게 기독교를 뿌리내릴지 그리고 사회적으로 한국인들에게 어떤 민족적인 자각을 불러 일으켜야 할지 모색하게 되었습니다.

### 3. 성서란 무엇인가?   51p.

1. 하나님의 말씀이라고 믿고 있는 성서는 하나님이 직접 썼거나 예수가 직접 기록한 부분은 전혀 없고, 40여 명의 사람들에 의해 약 1,600여년에 걸쳐 기록되었습니다. 이 중에 구약성서는 기원전 1,400년경부터 천년에 걸

쳐 기록되었고, 신약성서는 기원후 50년경부터 약 60년에 걸쳐 비교적 짧은 기간 안에 기록되었습니다. 특히 성서를 기록한 사람들은 이상주의자들이 아니라 자기가 살아가던 시대의 유랑자, 목동, 제사장, 예언자, 왕, 농부, 어부, 세리, 의사 등 다양한 직업군에 속하여 현실에 충실했던 사람들이었습니다.

2. '약속의 책'으로서 성서는 크게 구약성서와 신약성서로 나누어져 있습니다. 원래 '율법과 예언과 성문서'라고 불리었던 구약성서는 모세오경이라고 불리는 5권의 율법인 '토라'(Torah)와 전기예언서와 후기예언서로 나뉜 21권의 예언서인 '네빔'(Neviim)과 13권의 성문서인 '케투빔'(Kethubim) 등 39권의 책으로 구성되어 있습니다. 그런데 예수 이후 새로운 문서들이 등장하자 기독교인들은 새로운 약속의 문서들인 그 책을 '신약'(新約, New Testament)라고 부르면서 자연스럽게 그때까지 사용했던 성서인 옛 약속을 '구약'(舊約, Old Testament)이라 부르게 된 것입니다. 신약성서는 예수의 언행록인 4권의 '복음서'와 사도들의 행적을 기록한 1권의 '역사서' 그리고 사도들이 각 교회에 보내어 회람했던 21권의 '서신'과 1권의 '묵시서' 등 27권의 책으로 구성되어져 있습니다.

## 4. 기독교란 어떤 종교인가?    62p.

1. '하나님 나라'는 예수의 모든 가르침과 행위의 주제이자 목적입니다. 하나님 나라는 헬라어 '바실레이아 투 테우'(βασιλεία τού θεύ)의 번역으로 바실레이아(βασιλεία)라는 낱말은 동사 '다스리다'(βασιλεύω)와 명사 '왕'(βασιλεύς) 등과 연결되는 개념으로 '나라'보다는 '왕권', '주권'이 정확한 번역입니다. 그러므로 공간 개념이기보다 통치 개념으로 보는 것이 적당하며, '하나님의 다스림'이라는 뜻으로 이해하는 것이 맞다. 마태복음에서는 '하늘나라'(βασιλεία τών ούρανών)라고 표현하고 있는데, 이것은 '하나님'을 직접 언급하기를 꺼리는 유대 전통에 따른 것으로 하나님 나라와 같은 뜻입니다.

2. 부활에 대한 현대인들의 과학적 의심은 나름대로 합리성을 갖고 있지만, 과학이란 것이 현재의 지식수준을 반영하는 것으로 절대적일 수 없다는 점에서 이 문제는 과학으로 그 사실 여부를 증명할 수 있는 성질은 아닙니다. 다만 한 가지 분명한 것은 예수의 제자들이 부활한 예수를 체험했고 그러기에 그들 자신의 부활을 믿었다는 것, 그리고 그 부활 신앙이 그들의 삶을 바꾸어 놓았다는 사실입니다. 그들에게 예수 부활은 오늘 현대인에게서처럼 이성의 잣대로 이리저리 재보고, 과학 지식으로 이모저모 측정하여 타당성을 따져본 뒤 수용 여부를 결정하는 지식이나 교리가 아니라, 보고, 듣고, 만지고, 함께 어울리면서 직접 겪은 사건이었습니다. 그러므로 예수 부활 사건을 겪은 뒤 그들은 모두 놀랍게 변화하였습니다. 그들의 생각과 말과 행동을, 그들 삶의 가치와 방향을 송두리째 바꿔놓았습니다. 이것은 그들이 이제껏 살아온 삶을 예수 부활 사건의 빛으로 재조명하고, 그들이 살아야할 삶을 부활 신앙에 터하여 재구성했다는 뜻입니다.

## 5. 인간이란 어떤 존재인가?    72p.

1. 인류 역사상 다양한 사상가들이 나타나 인간의 존재론적 본성에 대하여 정의해 왔습니다. 이러한 정의들은 보편 인간이 다른 동물과 달리 주어진 환경을 변화시키며 인간의 유한성을 극복하고자 노력하는 존재라는 사실입니다. 인간은 본능적 감각에 의존하지 않

고 사고하는 존재이며, 도구를 가지고 문명과 문화를 창조하는 존재이며, 자기 유한성을 극복하고자 하는 종교적 존재로 정의합니다. 그럼에도 불구하고 이러한 정의들은 인간은 누구이며, 어디에서 왔으며, 우리는 어디로 가는지에 대한 궁극적 질문에 대한 대답을 제공하지 않고 있습니다. 그러나 기독교 인간학은 인간이 어떤 존재이며, 어디서 왔으며, 어디로 가는지에 대한 분명한 방향을 제시해 주고 있습니다.

### Part 2 인류문명과 기독교

#### 1. 인간, 존엄한 존재가 맞는가?　84p.

1. 만약 인간의 존엄성이 능력이나 성취에 근거한다면 어떤 일이 벌어질 것인지 생각해봅시다. 약자·노인·장애인·아동처럼 사회적으로 취약한 존재의 가치는 쉽게 상대화될 수 있지 않을지요. 존엄성을 존재 자체에 두는 관점은 모든 인간을 동등하게 보호하는 최소한의 기준을 마련하며, 인간을 수단이 아닌 목적 그 자체로 존중해야 한다는 윤리적 요청으로 이어지기 때문입니다.

#### 2. 힘이냐, 사랑이냐?　95p.

1. 법과 제도라는 형식의 힘은 인간 사회의 질서 유지에 필요한 부분입니다. 규범과 책임 없이 공동체는 쉽게 무너지기 때문입니다. 고대 그리스 철학이 강조한 질서와 필연성은 인간 세계를 안정시키는 중요한 통찰이었습니다. 인간 삶의 시간과 역사 속에서 함께 하시는 신에 대한 히브리적 사유의 통찰 또한, 인간이 제도를 유지하는데 신에 대한 순종으로 나아가게 하는 중요한 기여였습니다. 하지만 질서와 힘, 율법만으로는 인간을 끝까지 지탱할 수 있을까요? 힘은 행동을 통제할 수는 있지만, 마음을 진정으로 열게 하지는 못합니다. 히브리적 사유가 보여주듯 관계와 책임은 질서를 인격적인 것으로 만듭니다. 기독교는 한 걸음 더 나아가 질서가 유지되는 최종 근거를 사랑에서 구합니다. 사랑은 질서를 와해하는 감성, 감정이 아닌, 질서가 폭력으로 변하지 않도록 우리를 성찰하게 하고 선함으로 인도합니다. 우리는 성숙한 인간으로서 힘과 질서를 존중하되, 궁극적으로는 사랑의 방향 안에서 나아가고자 노력할 때 건강한 사회가 비로소 가능해짐을 깨닫고 실천해 나가야 할 것입니다.

#### 3. 아브라함 기원의 세 종교　106p.

1. 아브라함 기원의 세 종교에 대한 고찰은 종교 교리의 차이에 대한 단순 비교를 넘어, 종교가 역사와 사회 속에서 어떤 방식으로 기능해 왔는지를 고려할 필요성을 제시하고 있습니다. 현대 사회에서 종교는 더 이상 특정 집단 내부의 신앙 문제에 머무르지 않음을 목도합니다. 종교적 정체성은 민족, 정치, 경제, 문화와 결합하여 국제 관계와 사회 갈등에 직접적인 영향을 미치고 있으며, 이러한 현상은 국내외의 다양한 사례를 통해서도 확인할 수 있기 때문입니다.

그럼에도 불구하고 종교적 갈등은 종종 '종교 대 종교'라는 단순한 대립 구도로 환원되어 이해되며, 그 역사적·문화적 배경에 대한 성찰은 충분히 이루어지지 않는 경우가 많습니다. 본 논의는 이러한 문제의식에서 출발하여, 아브라함 기원의 세 종교가 공유하는 신앙적 토대와 그 분화의 과정을 살펴본 것이었습니다.

우리는 종교 간 차이를 갈등의 원인으로만 바라보거나, 단순히 신념의 문제로만 바라보는 대중적 시각을 넘어, 역사적·사회적 맥락 속에서 이해할 수 있는 시각을 가져야 할 것입니다. 이를 통해 상호 이해와 공존을 가능하게 하는 종교문화적 문해력(religious-cultural literacy)을 가져야 할 것입니다. 이를 토대로 하여야만 비로소 평화적 미래를 위한 사유의 가능성을 모색할 수 있기 때문입니다.

### 4. 과학과 기독교    115p.

1. 현대 무신론적 과학자들 가운데 일부는, 과학이 점점 더 많은 것을 설명할수록 하나님은 '틈새의 신'으로 밀려난다고 주장합니다. 번개, 질병, 지진 같은 현상은 과거에 신의 개입으로 설명되었지만, 이제는 전기, 세균, 지질학적 과정으로 자연스럽게 설명되므로, 종국에는 '신'이라는 가설도 필요 없게 될 것이라는 주장입니다. 이에 대한 기독교적 응답은, 하나님을 자연법칙의 설명 불능 영역을 메우는 임시 가설로 보는 시각 자체가 잘못되었다는 데 있습니다. 기독교는 하나님을 "자연 법칙이 아직 설명하지 못하는 부분"이 아니라, 자연법칙 자체와 존재의 근원을 주시는 분으로 이해합니다. 다시 말해, 과학이 설명하는 것은 "세계가 어떻게 작동하는가"에 관한 것이고, 신학이 말하는 하나님은 "왜 이런 세계와 법칙이 존재하는가"라는 차원의 답입니다. 과학이 성공하면 할수록, 그 법칙과 질서의 존재 자체에 대한 경이와 질문은 오히려 더 깊어진다. 따라서 과학의 성공이 하나님을 쫓아내는 것이 아니라, 존재의 근원에 대한 신학적, 철학적 질문을 더욱 또렷하게 만든다고 볼 수 있습니다.

2. 흔히 과학은 관찰, 실험, 검증에 근거한 학문이지만 종교는 아무 근거 없는 맹신이라는 여기는 사람들이 있습니다. 이들의 관점에서 보면, 과학과 신앙은 인식론적으로 양립하기 어려워 보인다. 그러나 실제로 신앙과 과학의 관계를 탐구해 온 기독교 과학자들과 신학자들은, 둘 사이에 중요한 차이와 더불어 공통점도 있다고 말합니다. 우선, 과학 자체도 완전한 증명의 체계라기보다, 가장 좋은 증거에 근거한 가설과 이론을 세우고 끊임없이 수정-보완해 가는 과정입니다. 신앙 역시, "아무 이유 없이 믿어라"가 아니라, 역사적 증언(특히 예수 그리스도의 삶, 죽음과 부활에 대한 증언), 인격적 경험, 공동체의 전통 등을 바탕으로 한 신뢰의 결단입니다. 물론 신앙의 대상이 자연 현상과 달리 인격적 하나님이라는 점에서, 신뢰와 헌신이라는 차원이 더 강하게 개입되지만, 그렇다고 해서 신앙이 전적으로 이성과 증거와 무관한 것은 아닙니다. 기독교 전통에서 중요한 덕목 가운데 하나는 지적 정직성입니다. 하나님이 진리의 하나님이라면, 어떤 영역에서든 진정한 진리 발견은 하나님과 모순될 수 없다는 확신이 여기에 깔려 있습니다. 그래서 많은 기독교 과학자들은 과학 연구에서 요구되는 비판적 사고, 검증, 정직한 데이터 보고를 신앙과 긴장되는 것이 아니라, 신앙이 요구하는 성실함의 한 표현으로 이해해 왔습니다.

### 5. 포스트모더니즘과 기독교    129p.

1. "No!" 그렇다고 "모든 종교는 같다"도 아니고, "우리만 옳다"도 아닙니다. 기독교는 예수를 통해 드러난 삶의 길이 분명히 독특하다고 말합니다. 다만 그 독특함은 다른 종교를 낮춤으로써 드러나지 않습니다. 오히려 예수가 보여준 인간 이해, 약자를 향한 태도, 권력에 대한 거리 두기 속에서 드러납니다. 기독교는 이 삶의 방향이 인간과 사회를 깊이 이해하게 만든다고 믿는다.

2. 하나님 나라는 완성된 유토피아를 설명하는 개념이라기보다, 지금 여기에서 선택할 수

있는 방향에 가깝습니다. 예수가 말하는 하나님 나라는 거대한 혁명으로 시작되지 않았습니다. 작은 돌봄, 경계를 넘는 만남, 식탁을 나누는 행위에서 시작되었습니다. 이는 현실을 부정하는 이상이 아니라, 현실을 다르게 살아보려는 시도입니다.

3. 포스트모더니즘 이후의 사회에서 개인의 자유는 매우 중요한 가치가 되었습니다. 그래서 공동체나 연대라는 말은 개인을 억압하는 구조로 오해되기도 합니다. 그러나 예수가 성경에서 보여주는 연대는 개인을 지우는 집단주의가 아닙니다. 오히려 그것은 각자의 고유성을 지키면서도, 타인의 고통에 무관심하지 않는 관계를 뜻합니다. 하나님 나라의 연대는 개인을 흡수하지 않고, 서로를 책임지는 방식으로 연결합니다.

## 6. 트랜스휴머니즘과 기독교　140p.

1. 과학과 기술은 인간의 많은 문제를 실제로 해결해 왔고, 앞으로도 중요한 역할을 할 것입니다. 질병 치료, 장애 보완, 생명 연장과 같은 영역에서 기술의 기여는 분명합니다. 기독교 역시 이러한 발전을 부정하거나 거부하지 않습니다. 문제는 기술이 무엇을 할 수 있는가가 아니라, 무엇을 할 수 없는가에 있습니다. 기술은 고통을 줄일 수는 있지만, 고통받는 사람 곁에 어떻게 머물러야 하는지는 가르치지 않습니다. 더 강한 신체를 만들 수는 있지만, 약한 이들을 어떻게 대해야 하는지는 말해주지 않습니다. 트랜스휴머니즘이 인간을 '향상 가능한 존재'로 이해할 때, 예수는 인간을 관계 속에서 의미를 갖는 존재로 바라봅니다. 예수가 병자를 고칠 때, 그는 단순히 문제를 제거하지 않았습니다. 혈루병 여인을 공동체 앞으로 불러 세우고, 문둥병자에게 손을 대며, 죄인으로 낙인찍힌 사람과 식탁을 나

누었습니다. 이는 기술이 제공하지 못하는 질문―"우리는 서로에게 어떤 존재인가?"―에 대한 응답이었습니다. 기독교는 기술의 대안이 아니라, 기술이 놓치기 쉬운 인간다움의 방향을 묻는 목소리로 남는다.

2. 기독교가 약함을 말할 때, 그것은 무기력이나 포기를 의미하지 않습니다. 기독교는 인간이 유한하고 취약한 존재라는 사실을 인정하는 것에서 출발합니다. 이 인정은 발전을 거부하는 태도가 아니라, 인간을 성취와 성능만으로 평가하지 않겠다는 선언에 가깝습니다. 예수의 삶을 보면, 그는 약함을 방치하지 않았습니다. 병든 이를 고치고, 굶주린 사람을 먹이며, 억압받는 이들을 해방했습니다. 그러나 동시에 그는 자신의 약함을 숨기지 않았고, 십자가라는 가장 취약한 자리에서 도망치지 않았습니다. 이는 인간이 강해지지 않아서가 아니라, 강함만으로는 인간이 완성되지 않기 때문입니다. 초기 기독교가 여성과 노예, 가난한 이들을 중심으로 형성되었고, 이후 로마 사회 전체에 영향을 미쳤습니다는 사실은 약함이 사회를 변화시킬 수 있음을 보여줍니다. 기독교의 약함은 패배가 아니라, 연대와 책임을 가능하게 하는 조건이었습니다. 현대 사회가 기술을 통해 더 강해질수록, "누가 뒤처지는가"라는 질문은 더욱 중요해진다. 기독교는 이 질문 앞에서 약함을 중심에 놓는 급진적인 시선을 제안합니다. 이는 발전을 멈추자는 주장이 아니라, 어떤 방향의 발전이 인간을 살리는가를 묻는 질문입니다.

## 7. 기후 위기와 기독교　152p.

1. 기후 위기는 온실가스 배출과 같은 과학적, 기술적 문제로 보이지만, 그 근본에는 인간의 생활방식과 가치관이 자리하고 있습니다. 과도한 소비, 편리함 중심의 생활, 고도성장

에 대한 집착, 자연을 단순한 자원으로 보는 태도 등이 지금의 생태 위기를 만들어낸 배경입니다. 이러한 문제들은 단순한 기술적 해결만으로는 해결될 수 없으며, 인간이 무엇을 중요하게 여기며 어떻게 살아가야 하는지에 대한 윤리적, 문화적 성찰이 필요합니다. 기독교 전통은 자연을 하나님이 창조한 세계로 보고, 인간에게는 이를 돌보고, 보호해야 할 책임이 있다고 가르친다. 예수의 가르침에서도 절제, 나눔, 공동체, 과도한 염려와 탐욕의 경계 등 오늘날 지속 가능한 삶에 필요한 가치들이 나타납니다. 따라서 기독교는 기후 대응에서 정책을 대신하는 역할을 하는 것이 아니라, 인간 삶의 방향을 성찰하게 하는 가치적, 윤리적 기반을 제공함으로써 중요한 역할을 수행할 수 있습니다.

### Part 3  인문학과 성서

### 1. 우리의 삶에서 용서란 무엇인가?    166p.

1. 막내 베냐민
2. 『벌레이야기』
3. 야곱

### 2. 어떻게 하면 삶의 의미를 찾아나갈 수 있을까?    178p.

1. 오늘날의 세계를 휩쓸고 있는 것이, 과학기술 문명과 함께 서구에서 발달된 인문학인데 그 기저에는 직·간접적으로 기독교 문화가 깔려 있습니다. 따라서 현대 인문학을 이해하려면 기독교에 대한 이해가 필수적입니다. 기독교를 이해하는 길에는 기독교 자체를 분석하고 해석하는 직접적인 방법이 있는데, 이는 신학적 작업으로서 성서와 교리와 교회 역사 등을 연구하는 것입니다. 또 다른 길에는 일정한 인문과학의 본질 파악을 위해 그 뿌리가 되는 기독교를 해명하는 간접적인 방법입니다. 그 전형적인 것이 막스 베버의 『프로테스탄티즘의 윤리와 자본주의 정신』일 것입니다. 아울러 제3의 길은, 기독교를 더 잘 이해할 목적으로 기독교와 인문학을 점검해보는 방식인데 즉 인문학의 눈을 통해 기독교를 이해하려는 시도입니다. 한마디로 정리하여 인문학의 도움으로써 기독교 이해를 더 깊고 풍요롭게 해줄 수 있으며, 또 기독교를 좀더 이해함으로써 인문학의 이해가 더 깊고 풍요로워질 수 있습니다.

### 3. 어떤 지도자가 되어야 하는가?    187p.

1. 나단
2. 권력으로 비판을 억압하지 않고 나단의 경고를 경청해 죄를 인정·회개했습니다. 책임 수용과 반성, 제도적 견제를 받아들이는 태도를 보였습니다.
3. 시민·언론·의회·사법·감사(내부·외부) 등 견제 장치 전체와 조직 구성원 모두. 특히 내부 고발 보호와 독립 감시의 제도화가 핵심.
4. 피해 인지-책임 인정-구체적 시정 조치-재발방지 체계-추적 공개까지 포함된 '완결형' 사과.

### 4. 더 큰 나를 만들어 갈 수 있나요?    198p.

1. 예언자
2. 나비
3. 박넝쿨
4. 조지 오웰

### 5. 신은 왜 인간의 고통에 침묵하나요?    207p.

1. 우스 땅
2. 폭풍우
3. 성화상
4. "다 이유가 있어요" "믿음이 약해서 그래요" 같은 조기 해석·도덕화 발언.